문명연구 총서 6

한국문명론

문명연구 총서 6

한국문명론

이한구 · 김기봉 · 신중섭 편

경희대학교 출판문화원

발간사

이 책은 2014년부터 지금까지 계속되고 있는 '인류 문명의 새로운 패러다임에 대한 탐구' 세미나의 결과물이다. 대주제는 '인류 문명의 새로운 패러다임에 대한 탐구'이지만, 소주제는 정치, 경제, 사회문화 등 우리 사회가 당면한 다양한 주제들을 다루었다. 시간이 지나면서 비슷한 주제들로 묶이는 논문들이 축적되었다. 그동안 개최된 70여 회의 세미나 결실이 문명연구 총서로 출간되고 있다.

이 세미나는 대주제가 암시하듯이 문명의 전환 시기에 논의할 수 있는 다양한 주제들을 다루면서, 특히 세 가지 차원에 초점을 맞추었다. 첫 번째는 농업혁명과 산업혁명에 이은 세 번째 혁명인 정보통신혁명이 진행되면서 인류 문명이 어떻게 변화하고 있는지를 밝히는 것이고, 두 번째는 이런 문명의 전환이 어떤 새로운 문제점들을 야기하고 있는가를 규명하는 일이며, 세 번째는 이런 문제점을 해결하기 위해 방책을 제시하는 것이다. 말하자면 인류 문명에 대한 해석, 문제점 진단, 새로운 패러다임의 제시를 통한 처방 등 세 영역이라 할 수 있다.

문명에 관한 저서는 꽤 많이 출간됐지만, 지나치게 전문적이거나 거대 담론에 치우친 경우가 많다. 이 책은 이런 부류와는 다른 특색을 갖는다. 너무 전문적인 수준도 아니지만, 너무 거대 담론에만 치우쳐 실증적 근거가 약한 상태도 아니다. 어느 정도 수준의 전문성을 가지면서도 일반인이 읽을 수 있는 담론을 담았다.

《현대문명의 전환》, 《자유주의와 민주주의의 새로운 모색》, 《과학기술 문명에 대한 성찰》, 《인공지능과 포스트휴먼》, 《계몽주의와 근대문명의 재조명》 등에 이어 이번에 《한국문명론》을 총서 6권으로 출간하게 되었다.

우리는 한국문명을 이야기할 때, 종종 서구 중심의 보편적 문명 개념 속에서 우리의 정체성을 찾으려 한다. 하지만 이제는 한국문명이 단순한 변방의 사례가 아니라, 인류 문명사에서 그 자체로 독특한 의미와 철학적 가치를 지닌 하나의 독자적인 문명으로서 조명되어야 할 때이다. 《한국문명론》은 바로 이러한 문제의식에서 출발하여 한국문명의 본질을 철학적으로 탐구하고자 한다.

한국문명은 오랜 역사 속에서 외세의 도전과 내부적 갈등을 겪으면서도 자신만의 고유한 사상과 가치체계를 발전시켜왔다. 특히 유교, 불교 그리고 토착 신앙이 복합적으로 융합된 사상적 지형은 한국인 특유의 공동체 의식, 자연과의 조화 그리고 겸손과 인내의 미덕을 형성하는데 지대한 영향을 미쳤다. 이러한 정신적 자산은 단순한 문화적 특성을 넘어 한국 사회가 급변하는 현대 세계 속에서 어떻게 균형과 조화를 추구하며 생존해왔는지에 대한 철학적 답변을 제시한다.

오늘날 한국은 정치경제적 근대화를 빠르게 이룬 나라로서 세계적 주목을 받고 있지만, 그 내면에서는 여전히 전통과 근대, 세계와 지역, 자율성과 수동성 사이의 긴장이 지속되고 있다. 한국문명론은 바로 이 긴장의 지점에서, 한국이라는 문명적 독자성을 단지 문화적 특이성의 차원이 아니라, 인류 문명의 전환기 속에서 새로운 보편성을 제안할 수 있는 하나의 철학적 자산으로 탐색하고자 한다. 이는 단순한 민족주의적 주장이나 지역주의적 해석을 넘어서 한국이라는 '구체적 보편'의 가능성을 성찰하려는 사유의 실험이다.

《한국문명론》은 한국을 이해하려는 책이자, 동시에 한국을 통해 인류 문명의 미래를 다시 사유하려는 책이다. 동서양의 경계를 넘어서는 복합적 사유의 모형, 감성과 윤리가 결합된 문명의 상상력, 그리고 공동체적 삶의 다른 가능성을 한국의 경험 속에서 발견하고자 한다. 이는 단지 한국의 특수성을 말하려는 것이 아니라, 지금 여기에서 새로운 문명 패러다임을 꿈꾸는 이들을 위한 보편적 사유의 한 길이 될 것이다.

2025년 11월

인류사회재건연구원장 이한구

목차

제2부 한국문명의 전환과 역사

서문

김기봉* 신중섭**

한국은 세계 2차 대전 이후 식민지에서 독립한 85개국 가운데 산업화, 민주화라는 근대 이중 혁명을 성취해서 세계에서 유일하게 원조받던 나라에서 원조를 주는 선진국으로 도약한 국가다. 그런 한국의 성공 요인은 무엇인가? 2024년 노벨 경제학상을 공동 수상한 대런 애쓰모글루, 제임스 로빈슨은《국가는 왜 실패하는가》에서 국가의 운명을 결정하는 가장 큰 요인은 포용적 제도를 가졌는가이고, 그것을 입증하는 가장 명확한 사례가 한반도의 남한과 북한의 차이라고 했다. 위성으로 한반도의 밤을 찍은 사진을 보면, 남한은 조명 빛으로 환하지만 북한 지역은 어두운 암흑세계다. 한반도에서 남한과 북한을 경계 짓는 휴전선은 문명과 야만을 나누는 구분선처럼 보인다.

국가의 흥망을 결정하는 근본 요인은 제도인 것은 분명하다. 하지만 제도적 요인만으로 남한, 곧 대한민국이 '한강의 기적'을 이룩한 것을

* 경기대학교 사학과 명예교수.
** 강원대학교 윤리교육과 명예교수.

설명할 수는 없다. 오늘날 세계 속에서 한국의 위상을 대변하는 것은 '한류'라 불리는 문화의 힘이다. 실제로 2014년 노벨 경제학상 공동 수상자 가운데 한 명인 제임스 로빈슨 미국 시카고대 교수는 인터뷰에서 이렇게 말했다.

"한국은 하나의 문화 현상이다. 이 현상의 근본엔 '창의성(creativity)'이 있다. (문화를 통해) 국민의 잠재력을 끌어낼 수 있는 방법을 찾아낸 것이다. … 한국의 가장 큰 매력은 '문화적 폭발'이다. … 내 아들은 한국이 세계에서 가장 멋진 곳이라고 생각한다."

제도가 국가 성공의 충분조건이라면 문화는 필요조건이다. 20세기에는 근대화를 통한 문명의 전환에 지각했던 한국이 21세기 디지털 전환을 선도적으로 할 수 있었던 것은 열린 문명 체계로의 이행과 더불어 디지털 시대 문화적 폭발의 뇌관을 터뜨렸기 때문이다.

아놀드 토인비의 말대로 한 국가의 흥망이 문명의 도전과 응전으로 결정된다면, 문명의 전환은 위기면서 기회다. 21세기 한국은 디지털 문명 전환의 응전에 성공했기에 선진국으로 도약했다. 그렇다면 20세기 근대문명 전환에 실패했던 조선인들이 대한민국이란 국민국가를 수립하고 21세기 디지털 문명 전환에 성공할 수 있었던 문화적 잠재력은 무엇인가? 《한국문명론》은 그 답을 찾아보려는 문제의식으로 기획되었다.

한국 문화가 있다는 것을 부정하는 사람은 없어도 '한국문명'이 존재한다는 확신을 갖기는 아직은 시기상조다. 문화는 공동체의 정체성과 고유한 삶의 방식을 지칭하는 용어지만, 문명은 개체성을 넘어 교류와 전파의 대상이 되는 보편적 세계 모델을 함축하는 개념이다. 인간이 사는 곳은 시간과 공간이고, 한 공동체나 지역이 인간 존재의 의미와 세계관을 함축하고 그 둘을 조합하는 패턴을 보유할 때 비로소 '문명'을 가졌다고 말할 수 있다. 예컨대 중세 사학자 자크 르 고프(Jacques Le Goff)는 중세는 '암흑시대'라는 근대문명 패러다임이 낙인찍은 오명을 타파할 목적으로, 유럽 중세인들도 기독교 세계관을 중심축으로 시간과 공간을 씨줄과 날줄로 짠 나름의 패턴을 보유했다는 근거로《서양 중세 문명사(Civilisation de l'Ocident medieval)》를 저술했다. 그렇다면 한국인에게도 그런 '문명' 개념에 입각한 한국문명이 있는가?

이 같은 물음을 갖고 본서는 두 가지 측면에서 한국문명론을 탐구한다. '한국문명'이란 무엇인가는 '한국'과 '문명'의 두 단어 가운데 방점을 어디에 두느냐에 따라 이중의 의미가 있다. 첫째는 문명에 방점을 두고 한국이란 공간적 범주에서 탐구하는 문명론이다. 둘째는 한국을 문명 전환의 주체로 설정하고 한국문명론에 접근하는 방식이다. 이 두 방식의 분류에 따라 본서는 목차를 "제1부 문명론의 한국적 담론"과 "제2부 한국문명의 전환과 역사"로 구성했다. 제1부와 2부에는 각각 4편의 글을 배치해서 총 8편의 글로 한국문명론의 입체적 그림을 그리고자 했다.

"제1부 문명론의 한국적 담론"의 서두를 여는〈한국·동아시아·세계문명〉(조동일)은 '한국문명론'의 시작과 끝의 전 과정을 포괄하는 화두를 제시한다. 조동일은 "한국문명이란 과연 있는가?"의 난제를 푸는 하나의 해법을 제시한다. 먼저, 논란이 되는 문화와 문명의 차이에 대해 문화는 말, 문명은 글로 이뤄진다는 구분법을 제시하고, 문명은 세계문명을 의미하므로 한국문명이란 문화를 가리킨다고 한다. 문화가 작고 특수한 것의 대내적 인식이라면, 문명은 크고 보편적인 것의 대외적 확인이다. 그런데 오늘날 우리는 한류를 통해 그 가능성을 보듯이, 한국문화는 문화이기만 하지 않고 문명이 될 수 있다. 조동일은 한국문명론의 성격을 '차등론'이 아닌 '대등론'으로 규정한다. 서구 근대문명이 저물어가는 문명의 전환기에 이규보-서경덕-최한기로 이어지는 기학(氣學)을 한글로 재창조해, 대등론을 생극으로 실행하는 '대득생극론'을 펼칠 기회가 도래해 있다고 한다. '대득생극론'의 핵심은 만인·만생·만물대등생극의 연속 해명과 실현이며, 이를 통해 한국문명은 세계 문명을 살려내는 역할을 할 수 있다는 것이다.

〈한국 학문의 역사와 K-인문사회과학의 전망〉(정수복)은 한국 학계가 서양 학문을 수용하고 발전시킨 150년의 역사를 조망하면서 K-학술의 현재 문제점을 진단하고 미래를 전망한다. 정수복은 "문제의식을 공유하는 학자들 사이에 토론과 비판, 격려와 지지를 통해 '집합적인 지적 흥분 상태'를 자아내는 '살아 있는 학문공동체'를 만들지 않는 한 자생적인 지식 생산의 구조는 만들어지지 않을 것"이라 했다. 외국 학계의 흐름을 읽어서 외국 학자들과 소통할 수 있는 능력을 키우는 동시에 우리 나름의 문제의식을 담은 개념과 이론을 그들에게 보여줄 수 있는 연구 성과를 낼 때 "한류의 세계화"와 조응하는 K-학술이 생겨날 수 있다는 것이다.

〈문명론의 관점에서 본 한국의 근현대사: 문명소와 문명상을 중심으로〉(신중섭)는 외형을 갖추어 드러난 문명을 '문명상'이라 부르고 '문명상'을 구성하는 요소를 '문명소'로 지칭하면서 끊임없이 '문명상'의 변화 요인을 새로운 '문명소'의 도입에서 찾고 있다. 새로운 문명소는 동일 문명권에서 자생적으로 발생할 수도 있고, 외부에서 유입될 수도 있다. 고려 문명에서 조선 문명으로의 전환은 불교와 유교라는 문명소의 교체로 이루어졌다. 고려 문명에서 조선 문명으로의 전환을 이룬 가장 핵심적인 문명소는 국정 철학으로서 유교의 채택이라고 할 수 있다. 오늘의 한국문명은 19세기 말부터 도입되기 시작한 새로운 문명소에 의해 구성되었다고 할 수 있다. 신중섭은 문명소에 대한 탐구가 문명의 변화와 발전을 이해하고 새로운 문명의 창조를 위한 발판이 될 수 있다고 주장한다.

〈열린 문명이 우리의 미래다: 현대문명의 두 패러다임에 대한 철학적 성찰을 기반으로〉(이한구)는 서구 문명보편주의와 문명다원주의를 현대문명의 두 패러다임으로 설정하고 현대문명의 나아갈 길을 고찰하면서 우리가 추구해야 할 미래 문명으로 '열린 문명'을 제안한다. 그동안 서구 문명은 '강자의, 강자에 의한, 강자를 위한 문명'으로 많은 문제점을 초래했기 때문에 '각자의, 각자에 의한, 각자를 위한 문명'으로서 문명다원주의가 대안이 될 수 있다는 주장도 비판적으로 검토한다.

문명다원주의도 서구 문명보편주의와 동일하게 위험 부담을 안고 있다고 진단한다. 문명은 서로 통합이 불가능하다는 문명다원주의는 하나의 생활 공간에서 많은 것들이 뒤섞이고 있는 현대문명에 적합하지 않을 뿐만 아니라 원형적 정체성을 모색하는 문명다원주의는 미래 지향적 창조적 관점에서 볼 때 바람직하지 않다고 주장한다.

우리가 살고 있는 세계화 시대에 적합한 문명관은 무엇인가? 이한구는 서구 문명보편주의와 문명다원주의를 닫힌 문명으로 규정하고, 닫힌 문명은 여러 문명이 여러 방식으로 다양하게 만나는 세계화 시대에는 더 이상 실효성이 없다고 주장하면서 그 대안으로 열린 문명을 제안한다. 열린 문명은 모든 문명이 자유롭게 뒤섞이고 융합되어 탄생하는 하나의 새로운 보편 문명이다. 여기에서 말하는 보편은 고정된 어떤 것이 아니라 앞으로 형성되어갈 보편이라는 의미에서 열린 보편이다. 열린 문명으로의 길은 필연적 과정이라기보다는 우리의 자유로운 선택이 초래할 미래이며 우리의 최선의 합리적 선택이라고 주장한다.

"제2부 한국문명의 전환과 역사"는 〈고조선 문명의 특징과 그 현재성〉(신용하)을 첫 단추로 삼아 이후 문명사적 전개의 초기조건을 탐구한다. 신용하는 한국문명의 최초 단계는 고조선 문명이며, 한국인은 고조선 문명을 기본과 핵심으로 AD 5세기부터 불교 문명, 10세기부터 유교 문명, 19세기부터 기독교 서양 문명을 수용하여 교류하고 통합하여 발전시키면서 현재의 문명 생활을 누리고 있다는 관점으로 고조선 문명론을 제시한다. 그는 각 분야에서 한국 학자들이 '고조선 문명'을 발굴하여 연구 결과를 발표하면, 인류는 새 패러다임으로 동아시아 역사, 유라시아 역사, 세계사를 고쳐 써야 할 것이란 주장으로 고조선 문명의 현재성을 부각한다.

〈두 거대 문명의 주변에서: 청인과 조선〉(이혜경)은 중화 문명과 서구 문명 시빌라이제이션의 변방으로서 "조선-한국인의 문명관은 어떤 것이어야 하는가"라는 문제의식에서 중화 문명 및 시빌라이제이션과 대결한 청나라를 살펴보고, 박은식의 글을 분석하여 자신의 결론을 도출한다.

자신의 문명을 보편 문명으로 규정한 중화와 시빌라이제이션의 창시자들은 자신의 문명을 완성태로 상정하고, 자신들이 그 문명을 체현하고 있다고 생각하였다. 막강한 군사력으로 광대한 영토를 장악하면서 천하의 주인으로 자부했던 청나라는 영국과의 두 차례의 전쟁으로 시빌라이제이션의 위력을 인정하면서도 그것이 중화를 대체할 새로운 세계관이라고 생각하지는 않았다. '중체서용'이나 '삼세설'을 통해 시빌라이제이션을 수입하면 유학의 질서체계를 보전하고 중화를 유지할 수 있다고 믿었던 것이다. 그러나 성공하지 못하고 몰락하였다.

이혜경은 청나라의 사례가 보여주는 것처럼 어떤 문명론에 완전히 종속하는 것은 가능하지도 않고 바람직하지도 않다고 주장한다. 우리는 만주족처럼 문명론을 장악하고 팽창을 주도할 만한 물리적인 힘도 없지만, 그럴 힘이 있다고 해도 그것은 위선과 전쟁으로 나아가는 것이기 때문이다. 이혜경은 박은식을 따라 올바른 문명의 길은 보편을 가장한 자기중심주의가 아니라 진정한 보편을 찾아내고 그것을 실천하는 것이라는 결론에 도달한다.

박은식은 중화와 시빌라이제이션 모두를 비판하면서 "인(仁)", "법신(法身)", "곡신(谷神)", "영혼"이라는, 그가 알고 있었던 동서양의 모든 최고의 가치들을 동원하여 명실상부한 보편을 찾으려고 하였다. 박은식은 조선 민족의 분발을 촉구했지만, 민족이 원하는 것은 민족의 영화가 아니라 이 숭고한 가치들을 회복하여 "인류 자격"에 참여하는 것임을 분명히 하였다.

〈자유, 평등, 권리 개념의 등장: 19세기 후반 개화파 지식인들의 공적 가치 연구〉(김충열)는 1880년대와 1990년대 개화파 지식인들이 자유(自由), 평등(平等), 권리(權利) 개념을 어떻게 수용하고 사용했는가를 내재적 맥락에서 밝히고 있다. 자유, 평등, 권리가 영어의 liberty/freedom, equality, 그리고 rights의 번역어지만, 이 개념들은 새롭게 만들어진 말이 아니라 오랫동안 동아시아에서 한자어로 존재했다고 주장한다. '自由'는 '자유롭다'는 의미를, '權利'는 rights의 '능력'의 의미를 '權' 자 속에 포함하고 있었고, '平等'은 equality의 직접적 의미를 가지고 있었다는 것이다. 이러한 맥락에서 본다면 자유와 권리, 평등이라는 관념은 서양 근대사상에서 전파된 것이라는 입장은 하나의 편견이 된다. 동아시아에서 자유, 평등, 권리와 같은 서양 개념은 번역 과정에서 새롭게 창조된 것이 아니라 이미 존재하는 관념과 어휘가 그 의미를 확장하여 보편적 가치를 의미하는 개념으로 발전했다는 것이다.

나아가 이 글은 당시 개화파 지식인들이 자유, 평등, 권리와 같은 공적 가치에 주목한 이유는 당시 한국 사회의 내적 필요성을 인식했기 때문이라고 주장한다. 구미(歐美) 사회를 모범으로 삼아 허약한 국가를 부강하게 만들기 위해서는 개인의 자유권이 더 확장되고, 사회의 악풍(惡風)과 악속(惡俗)을 개선하기 위해서는 자유와 평등 가치의 강조가 필요했다는 것이다.

〈한국문명의 계보학: 우리는 어떻게 세계 문화강국이 됐는가?〉(김기봉)는 "한강 작가의 노벨 문학상 수상을 개체적 보편성의 한국 문화에서 보편적 개체성의 한국문명으로 전환하는 변곡점"으로 본다. 김기봉은 "한국의 문화적 진화 성공 요인은 고유성이 아닌 혼종성으로 창의성을 발현한 것"으로 설명한다. "한류의 세계화"는 "가장 한국적인 것이 세계적인 것"으로 된 것이 아닌 둘의 이분법을 넘어선 접합 내지 혼종(hybrid)의 성과물이다. 한국 문화의 특성은 '비빔밥' 문법으로 구성된다는 점이다. 그 성과물에 전 세계인들이 열광하고 그 구성 방식이 하나의 독자적 스타일인 밈(meme)으로 복제되면서 개체적 한국 문화의 단계를 넘어 보편성을 가진 한국문명으로 탄생할 가능성이 생겨났다는 것이다.

《한국문명론》은 '인류사회재건연구원'과 '한국문명연구회'가 앞으로 진행할 한국문명 연구의 밑그림을 그린다는 취지로 기획됐기에, 아직은 스케치 수준에 머물러 있다. 이어지는 문명 총서를 통해 부족한 부분을 채우고 애매한 모습을 좀 더 세밀하게 다듬는 후속 연구들을 기약한다.

제1부

문명론의 한국적 담론

한국·동아시아·세계 문명*

조동일**

무엇을 할 것인가?

사람이 잘살려고 이룩한 가치관 및 그 실현 방법을 문화라고도 하고 문명이라고도 한다. 둘이 어떻게 다른가에 관한 수많은 이론을 검토하고, 헤아리기 어려운 사례를 고찰하면, 분량이 늘어나는 것만큼 논의가 모호해진다.

복잡한 문제에 쉽게 접근하고, 난해한 논의를 쉽게 전개하는 길을 찾는다. 반드시 필요한 일반론을 갖추어 근거로 삼고, 연구 현황을 파헤치고 들어가 시비를 가린다. 그릇된 논의가 빚어낸 착오를 바로잡고, 부당한 주장을 시정하는 대안을 제시한다.

문명이 무엇인지 분명하게 정의해 수많은 논란을 해결하고자 한다. 한국·동아시아·세계 문명의 관련을 논의하면서, 한국의 기여와 사명을 확인하는 것을 특히 긴요한 작업으로 한다. 나아가 세계 문명의 진

* 이 글은 학술대회 '한국문명론-인류 문명의 새로운 패러다임에 대한 탐구'(2024.11.15.) 발제문을 수정·보완하였다.

** 서울대학교 국문학과 명예교수.

로를 제시하는 데까지 이르고자 한다.

말의 쓰임새를 들어 차이점을 규정하는 것이 적절한 방법이다. 문화는 한국문명이라고 하고, 문명은 세계 문명이라고 하는 것이 적합하다. 한국문명과 세계 문화를 말한다면, 분별이 어긋나 혼란이 생긴다. 문화는 작고 특수하며, 문명은 크고 보편적이다.

한국과 세계 사이의 동아시아는 어떤가? 동아시아 문화도 말할 수 있고, 동아시아 문명도 말할 수 있다. 동아시아 문화는 친근함을 확인하려고 하는 대내적 인식이다. 동아시아 문명은 다른 문명과의 관계를 의식하고 하는 대외적 확인이다.

둘을 합쳐 다시 말해보자. 문화는 작고 특수한 것의 대내적 인식이다. 문명은 크고 보편적인 것의 대외적 확인이다. 문화는 각기 다른 것이 당연하지만, 문명은 범위를 넓혀 통합되는 것이 바람직하다.

한국 문화도 문화이기만 하지 않고 문명이기도 하다. 크고 보편적인 의의가 있는 것을 찾아 한국문명을 말하고, 한국문명이 동아시아 문명이고 세계 문명이라고 하는 것이 바람직하다. 이 작업은 개념론의 차원에서 언어유희로 하지 말고 실질적인 의의가 있는 논의를 해야 한다.

관점 시정

"반도사관을 넘어서서 대륙사관으로 나아가야 한다." 이런 말이 자주 들려 정신을 혼미하게 한다. 논의가 빗나가게 한다. 검토의 대상으로 삼고 시비를 가리지 않을 수 없다.

"반도사관을 넘어서"야 한다는 것은 반도는 열등하다고 전제하고 하는 말이다. 이런 생각은 예전부터 우리 스스로 한 것이 아니다. 일본이 식민지 통치를 하면서 우리 민족을 낮추어보려고 '한토우진(半島人)'이라고 일컬은 데서 유래했다.

'반도(半島)'는 문자 그대로 도서의 절반 등급이다. 대륙도 아니고 도서도 아니어서 정체가 모호하다. 반도인은 양쪽의 세력에 휘둘리지 않을 수 없으며, 자기 주견이 없는 기회주의자가 되고 만다. 이런 말을 일본 식민사관의 기초로 삼았다. 유래를 모르고 되풀이하면 무식꾼이고, 알고 따르면 매국노이다.

반도사관을 버리고 대륙사관으로 나아간다고 질곡에서 벗어나는 것은 아니다. 대륙사관이라는 것도 일본의 조작물이다. 일본은 위대한 신국(神國)이어서 더 부러워할 것이 없다는 자랑은 허세다. 영특하다고 자부하는 일본인은 생존 위협을 당하며 섬에 갇혀 지내야 하는 것이 싫어 대륙 진출의 꿈을 키워왔다. 대륙사관을 조작해 실현 가능한 이념이라고 여기고, 침략이 성전(聖戰)이라고 했다.

우리는 사정이 다르다. 자연재해가 적고 생물종이 다양해, 질 좋은 물산이 풍부한 곳에 자리를 잡은 행운을 누리며 잘 살았다. 공연히 험한 고생을 하며 춥고 황량한 땅을 싸워서 빼앗을 필요가 없었다. 인구 비례 군인 수가 가장 적어 일차 생산자 농민들이 수탈을 적게 당했다. 뜻하지 않은 봉변을 당해 관군이 무너지면 의병이 일어났다.

대륙사관을 일본은 버려야 하지만, 우리는 새삼스럽게 가져야 한다. 대륙 장악을 일본이 하면 죄악이지만, 우리가 하면 영광이기 때문이다. 이중의 잣대를 가지고, 이런 헛소리를 하지 말아야 한다. 일본을 추종하는 방식으로 일본을 이기려고 하는 것은 어리석다. 항일투쟁을 이렇게 하면 공격이 되돌아와 자해가 심각해진다.

이 정도로 논의를 마치지 말고, 반론을 확대해 일반론을 갖추어야 한다. 먼저 다른 반도는 어떤지 살펴볼 필요가 있다. 캄차카반도, 말레이

반도, 아라비아반도, 발칸반도, 이탈리아반도, 이베리아반도 등에서 이루어진 역사에 공통점이 발견되지 않는다. 반도사관이라는 말이 성립될 근거가 없다. 반도는 불행한 곳이라고 말할 것도 아니다. 반대의 평가도 할 수 있다. 반도는 대륙과 연결되어 있으며 삼면이 바다여서, 양쪽의 이점을 겸비하고 있다. 대륙 문명과 해양 문명을 합쳐서 함께 이룩할 수 있다. 그 덕분에 이탈리아는 유럽 대륙과 지중해 양쪽을 제패하는 로마제국을 건설했으며, 지금도 잘 나간다.

반도사관도 대륙사관도 부당하다고 하고, 이런 사실을 있는 그대로 파악한다고 할 일을 다 하는 것은 아니다. 사실에 매여 사관은 무용하다고 여기고 부정하면, 가시(可視)만 인정하고 거시(巨視)를 잃어 학문을 포기하게 된다. 무엇이든 하나하나 끝없이 길게 말해야 하고, 총괄은 불가능하다. 세계사는 거짓말이라고만 여긴다.

대륙·반도·도서의 구분은 부적절하므로 더욱 타당한 것으로 바꾸어놓고, 거시의 통찰을 가능하게 하는 사관을 마련해야 학문을 제대로 할 수 있다. 전환을 적절하게 하려면, 몇 가지 지표를 갖추어야 한다. 무용사관에서 문명사관으로, 민족사관에서 보편사관으로, 차등사관에서 대등사관으로 나아가야 한다. 이 작업을 우리가 모범이 되게 수행해 일본이 따르지 않을 수 없게 도와주는 것이 최상의 항일이다. 원수를 은혜로 갚자.

여럿을 합쳐 말해보자. 자기 민족이 우월하다고 하는 언설은 보편성이 결여돼 있어 학문이라고 할 수 없다. 힘을 자랑하며 실지회복을 하자고 외치는 주장, 피악(彼惡)과 아선(我善)을 극단적으로 구분하는 억설, 이런 선동이 학문으로 행세하지 못하게 힘을 모아 막아야 한다.

먼저 동아시아 문명을, 더 나아가 세계 문명을, 비교 고찰을 갖추어 거시적으로 파악하는 작업을 대등론의 견지에서 수행해야 한다. 식민지 시대 제국주의 학문의 오류를 철저히 시정하고 보편타당한 대안을 제시해야 한다. 이 작업을 국내외의 동참자를 계속 확대하면서 힘써 해야 한다.

대륙·반도·도서를 대치하는 개념은 문명의 중심부·중간부·주변부이다. 동아시아 한문 문명권에서는 중국이 중심부, 한국이 중간부, 일본이 주변부이다. 다른 문명권에도 중심부·중간부·주변부가 있다. 이것들의 우열은 고정되어 있지 않고, 경우에 따라 달라진다.

공동문어문학을 일으킨 순서를 보자. 중심부 중국이 선진이어서 우월하고, 중간부 한국이 그다음이며, 주변부 일본은 후진이어서 열등하다. 민족어문학의 성장은 이와 반대이다. 주변부 일본이 선진이어서 우월하고, 중간부 한국이 그다음이며, 중심부 중국은 후진이어서 열등하다. 양쪽을 함께 고려하면 서로 대등하다.

중심부에서 일으킨 고대문명이 중세문명으로 나아가려면, 중간부가 참여해 보편적인 가치를 인정하고 새롭게 다시 구현해야 한다. 이에 주변부까지 동조하게 되어야 중세문명의 판도가 일단 완성된다. 공동 문명을 혁신하고 향상하는 재창조는 중간부에서 주도한다. 주변부도 자기 임무를 수행해 중세를 버리고 근대를 이룩할 수 있다.

중심부·중간부·주변부의 구분은 모든 문명권에 다 있다. 두드러진 본보기를 골라 표를 그려 정리한다.

	중심부	중간부	주변부
한문 문명권	중국 중원	한국	일본
산스크리트 문명권	인도 중원	남인도 타밀	인도네시아
아랍어 문명권	아랍	페르시아	스와힐리
라틴어 문명권	이탈리아	프랑스	영국

산스크리트 문명권의 중간부 남인도 타밀은 독립국이 아니지만 문명 재창조의 업적이 뛰어나다. 주변부는 스와힐리만 해안이고 다른 곳들은 모두 섬이다. 어느 정도의 필연성이 있다. 주변부가 중세를 버리고 근대를 이룩하는 작업을 영국과 일본이 함께 선도했다. 인도네시아나 스와힐리는 식민지가 되어 기회를 놓쳤다.

근대에는 문명권 문명이 세계 문명으로 통합되어 중심부·중간부·주변부의 관계가 달라졌다. 근대 형성을 선도한 라틴어 문명권이 중심부를 차지했다. 한문 문명권은 중간부가 되었다. 그 주변부 일본은 중심부로 이동한다고 했다. 산스크리트 문명권이나 아랍어 문명권은 주변부에 머물러야 했다.

이렇게 이루어진 세계 문명의 차등 구조가 침략을 합리화하고 억압과 고통을 초래해 세계사의 위기를 조성했다. 지나치면 뒤집어지는 것이 당연하다. 이제 근대가 종말에 이르고 다음 시대를 이룩해야 할 때가 되어 선후 역전이 일어나고 있다.

근대 형성의 선도자 영국과 일본의 하강은 막을 수 없다. 일본과 한국의 선후·우열·강약 역전이 세계사적 의의를 가진다. 중간부가 차등과 침략의 시대를 청산하고 대등생극론을 실현하는 새로운 창조를 선도하는 것이 당연하게 된다.

문명사를 위한 한국의 기여는 둘로 요약된다. 하나는 중심부에서 일으킨 고대문명이 중세문명으로 나아갈 수 있게 참여해 보편적인 가치를 인정하고 다시 구현한 것이다. 이것은 동아시아 문명을 위한 기여이다.

또 하나는 근대가 종말에 이르고 다음 시대를 이룩해야 할 때가 되어 차등과 침략의 시대 근대를 청산하고 다음 시대로 나아가며, 대등생극론을 실현하는 새로운 창조를 선도하는 것이다. 이것은 세계 문명을 위한 기여이다. 지금 하고 있는 작업이다.

동아시아 문명을 위한 기여

문화와 문명을 구별하는 수많은 징표 가운데 말과 글이 가장 분명하다. 문화는 말로, 문명은 글로 이루어진다고 하면, 복잡한 시비가 일단 분명해진다. 글로 문서 작성, 역사 기록, 사상 표현 등을 한 증거가 있으면 문명으로 인정할 만한 필요조건을 갖추었다. 표현한 사상이 천지만물의 보편적인 원리에 관한 것이어야 충분조건까지 구비해 온전한 문명이 된다.

이런 문명이 여러 대륙 여기저기에 나타난 시기가 고대이다. 그 주역은 원시시대 말 문화의 대등론을 고대 글 문명의 차등론으로 바꾸어놓았다. 자기중심주의 사고방식을 가지고, 안팎의 다른 집단을 멸시했다. 이것은 발전이기만 하지 않고 후퇴이기도 했다. 후퇴를 그냥 둘 수 없어 중세로의 전환이 필요했다. 자기중심주의가 마땅하지 못해 보편주의로 바꾸어놓아야 했다.

문명은 다양하게 지칭된다. 지역(메소포타미아문명), 자연물(나일강 문명), 국가(잉카문명), 종교(이슬람 문명), 글(한문 문명) 등을 징표로 한다. 그 어느 하나로 통일할 필요는 없다. 여러 징표 가운데 변별력이 큰 것을 수시로 선택하면 된다. 특징 발견을 선결 과제로 삼고 체계화로 나아가야 한다. 사실을 되도록 포괄적으로 집약해 수많은 논란을 명확하게 해결하는 이론을 정립해야 한다.

고대문명은 [가] 그 자체로 끝난 것도 있고, [나] 중세문명과 관련을 가진 것도 있다. 그 관련이 간접적인 [나 1]도, 직접적인 [나 2]도 있다.

잉카문명이나 인더스문명은 [가]이다. 나일강 문명이나 메소포타미아 문명은 [나 1]이어서 그리스·로마 문명, 기독교 문명, 이슬람 문명 등의 성립을 촉진했다. 갠지스 문명이나 황하문명은 [나 2]여서 중세의 산스크리트 문명과 한문 문명으로 이어졌다.

중세문명은 글이 공동문어이고 사상이 보편주의여야 한다. 고대 자기중심주의와는 다른 중세 보편주의를 유교, 힌두교, 불교, 기독교, 이슬람 등의 보편종교를 근거로 이룩했다. 그 교리를 기록하는 한문, 산스크리트, 라틴어, 아랍어 등이 공동문어가 되었다. 이렇게 해서 큰 문명권 넷이 일제히 자리 잡은 시기가 중세이다.

이것을 근거로 삼고 시대 구분의 방법을 정비한다. 기존의 갖가지 방법이 빚어낸 혼선, 특히 사회경제사의 시대 구분에서 생긴 심각한 차질을 청산하는 명백한 대안을 제시한다. 공동문어의 시대가 중세이고, 그 이전은 고대, 그 이후는 근대라고 하면, 구름이 걷히고 시야가 열린다. 동쪽 일본에서 서쪽 모로코까지, 북쪽 아이슬란드에서 남쪽 마다가스카르까지 천 년 이상, 공동문어를 보편종교의 경전어로 삼은 시대가 중세라고 분명하게 말할 수 있다.

어느 중세문명이든 시공의 변이가 있다. 공간적으로는 중심부·중간부·주변부로 구분되고, 시간적으로는 전기·중기·근대로의 이행기의 변천이 있었다. 전기에는 중심부의 우위가 분명하고, 후기에는 중간부가 올라서고, 근대로의 이행기에는 주변부가 깨어났다.

이에 대해 자세하게 논의하면 문명의 세계사가 알차게 이루어진다. 나는 그 작업의 일단을《공동문어문학과 민족어문학》에서 확고하게 했다. 그 성과를 바탕으로 삼아《세계문학사의 전개》를 이룩했다. 여기서는 요점만 들고 재론한다.

한국 문화와 동아시아 문명은 어떤 관계인가? 이에 대해 고찰하는 것이 더욱 긴요한 과제이다. 이것을 두고 오래 고심하면서 얻은 성과가 있어 가져온다. 《한국문학통사》, 《동아시아 문학사 비교론》, 《하나이면서 여럿인 동아시아 문학》, 《동아시아 문명론》 등에서 이미 한 작업을 필요한 만큼 압축해 가져와 보완한다. 그 덕분에 어려운 과제를 쉽게 감당할 수 있었다. 뒤의 세 책은 일본어로, 마지막 한 책은 중국어와 월남어로도 번역되었다.

동아시아의 중심부는 중국이고, 중간부는 한국이고, 주변부는 일본이다. 남조(南詔)나 월남도 중간부이다. 유구(琉球)도 주변부이다. 중국에 흡수된 여러 나라도 생각해야 한다. 이처럼 많은 나라의 공유물인 동아시아 문명을 중국 문명이라고 하는 것은 부당하다. 차등론의 그런 잘못을 대등론으로 시정해야 한다.

중심부·중간부·주변부의 생극 관계를 중국·한국·일본이 특히 선명하게 보여주었다. 이것을 논거로 삼아 논의를 여러 문명으로 확대하고, 세계적인 범위의 일반론을 이룩할 수 있다. 유럽의 경우를 문명사 이해의 규범으로 삼고 정형과 변형, 정상과 비정상을 판정해 온 과오를 청산할 수 있다.

중심부 중국이 고대문명을 이어받아 이룩한 중세문명을 중간부에 전해준 것이 주변부까지 이르렀고 이로써 동아시아 문명권이 이루어졌다. 이 모두 중심부의 공적이라고 하는 것은 잘못이다. 중간부 한국은 물론 주변부 일본도 동아시아 문명 형성에 능동적인 기여를 한 것을 알고 평가해야 한다.

고대문명에서 중세문명으로의 전환은 중간부의 참여 덕분이다. 공동의 문명이 각자의 문화와 만나 생동하게 하는 작업을 중간부가 선도하고 주변부가 뒤따랐다. 공동 문명의 보편성 못지않게 각자 문화의 특수성도 소중하다는 것은 주변부가 앞서서 알려주었다.

중심부 중국은 공동문어문학의 본고장임을 자랑하지만, 민족어문학의 성장은 가장 뒤떨어졌다. 주변부 일본은 공동문어문학이 초라한 반면에 민족어문학은 일찍부터 대단한 경지에 이르렀다. 중간부 한국에서는 공동문어문학과 민족어문학이 대등생극의 관계를 밀접하게 가지고 함께 성장했다. 시야를 확대하면, 중심부 중국과 주변부 일본의 양극도 대등한 관계를 가지고 생극한다.

이에 대해 한국 문화와 동아시아 문명의 관계 속에서 구체적으로 논의를 해보자. 전체의 경과를 서술하려면 품을 많이 들여 혼란을 일으키고, 달관 언어의 이로움을 저버리게 된다. 잘 알려진 몇몇 예증을 재론해 새로운 이론을 분명하게 한다.

고조선의 '홍익인간(弘益人間)'은 천지만물의 원리를 다 말하지는 않았으나 보편성을 지닌 발상이라고 할 수 있다. 고대를 넘어서서 중세까지 나아가는 문명의 원천일 수 있었을 것 같으나, 글을 갖추지 못해 퍼져나가지도 이어지지도 못했다. 그 기풍이 생활문화에 남아 있다고 할 수 있으나 입증이 쉽지 않다.

앞으로 나아가려면 한문을 받아들여야 했다. 한문을 받아들이기만 해서 중국 문명을 연장시킨 것은 아니다. 한문을 공공문어로 사용해 중국 문명을 동아시아 문명으로 확대하고 개조했다. 동아시아 문명이 여러 나라, 많은 민족의 공동작이고 공유물임을 구체적으로 입증할 수 있다.

그 작업에서 고구려가 앞선 것을 '광개토대왕릉비(廣開土大王陵碑)'가 말해준다. 시조 추모(鄒牟)의 위업을 광개토대왕이 되살리고 키워, "국부민은 오곡풍숙(國富民殷 五穀豊熟)"[1]의 이상을 실현했다는 예찬을 한문으로 적은 것이 획기적인 처사이다. 한문이 공동문어이게 하고 민족문화의 역량으로 동아시아 문명이 다채롭고 생동하게 했다. 그 뒤에 남조(南詔)의 '덕화비(德化碑)'를 좋은 본보기로 하는 후속 작업이 여러 나라에서 이루어졌다.

신라에서 원효(元曉)와 설총(薛聰) 부자가 한 일은 더욱 명백하다. 원효는 "不羈(불기)"하고 "角乘初開三昧軸 舞壺終掛萬街風(각승초개삼매축 무호종괘만가풍)"이라고 했다(《삼국유사》). "불기(不羈)"는 "매이지 않는다"는 말이다. "각승초개삼매축(角乘初開三昧軸)"은 "소를 타고 뿔 사이에 종이를 얹어, 《금강삼매경(金剛三昧經)》 두루마리를 처음 열고 풀이하는 글을 썼다"고 풀이할 수 있다. "무호종괘만가풍(舞壺終掛萬街風)"은 "흔들고 춤추는 표주박을 만인의 거리에 매달아 새로운 풍류를 일으켰다"는 뜻으로 이해할 수 있다. 설총은 "性明銳 生知道術 以方言讀九經(성명예 생지도술 이방언독구경)"(《삼국사기》), "訓解六經文學(훈해육경문학)"(《삼국유사》)이라고 했다. "성명예 생지도술(性明銳 生知道術)"은 "성품이 영민해 태어나자 도리와 학술을 알았다"는 뜻이다. "이방언독구경(以方言讀九經)"은 "방언(方言)으로 구경(九經)을 읽었다", "훈해육경문학(訓解六經文學)"은 "육경문학(六經文學)을 풀이해 이해했다"는 것이다.

민족문화의 역량으로 동아시아 문명이 다채롭고 생동하게 하고, 동아시아 문명의 수준에 맞게 민족문화를 향상한 것을 확인할 수 있다. "不羈(불기)"나 "性明銳 生知道術(성명예 생지도술)"은 무엇을 본뜨지 않고

1 국부민은(國富民殷): 나라는 부유해지고 백성은 잘 살며, 오곡풍숙(五穀豊熟): 오곡이 풍성하게 익었도다.

스스로 창조하는 역량이다. "角乘初開三昧軸(각승초개삼매축)"과 "讀九經(독구경)" 또는 "解六經文學(훈해육경문학)"에서는 그 역량으로 동아시아 문명을 다채롭고 생동하게 한 것이 확인된다. "舞壺終掛萬街風(무호종괘만가풍)"과 "以方言讀(이방언독)" 또는 "訓解(훈해)"에서는 동아시아 문명과 대등한 수준으로 민족문화를 고양시켰다.

이에 대한 해석과 평가를 거듭할 수 있다. 구체적으로 지적하면, 아버지와 아들이 불교와 유교에서 한 작업이 외유내불(外儒內佛)의 유불 문명을 분명하게 정비했다. 이것은 동아시아를 위해 대단한 기여를 한 것이다. 일반화해서 재론한다면, 문명과 문화가 밀접한 관계를 대등하게 가지고 상극이 상생이게 했다. 이것은 세계적인 의의를 가진다.

문화의 측면을 더 살펴보자. "以方言讀(이방언독)" 또는 "訓解(훈해)"는 말에 그칠 수 없어 적는 글이 필요했다. 한자를 이용해 독해 방법을 표기하는 구결(口訣)을 마련했다. 한자를 이용해 스스로 하는 말을 적는 향찰(鄕札)도 이룩해 향가(鄕歌) 표기를 남겼다. 이런 작업이 일제히 이루어져 일본은 가명(假名)과 와카(和歌), 월남은 쯔놈(字喃)과 베트남어시(國音詩), 남조(南詔)는 백문(白文)과 백문시(白文詩)를 내놓았다.

이 모든 글은 한자를 직접 이용하므로, 자기 말과 들어맞지 않고 익히기도 어려운 이중의 난점이 있다. 한국에서만 해결책을 찾아 훈민정음(訓民正音)이라는 소리글자, 지금은 한글이라고 하는 것을 만들었다. 이것이 동아시아 문명을 더욱 다채롭게 하고 한국문명을 이룩하는 바탕이 되었다.

전환을 주도한 작업

동아시아 문명의 정통 사상은 이학(理學)이라고 하는 이기이원론(理

氣二元論) 철학을 근간으로 했다. 이에 대한 반론이 기학(氣學) 또는 기일원론(氣一元論)으로 나타났다. 이학(理學)이 대등론을 부정하는 차등론의 작업을 확고하게 한 위업을 밑에서 뒤집어, 차등론을 부정하는 대등론의 역전을 기학(氣學)이 성취했다.

밑에서 뒤집었다고 하는 것은 민족문화의 저류에 근거를 두었다는 말이다. 그 증거인 구비전승이 일찍 기록에 오른 것도 있어 충격을 준다. 《삼국유사》의 〈사복불언(蛇福不言)〉 대목을 보자. "寡女 不夫而孕(과녀 불부이잉)" 즉 "과부가 지아비 없이 잉태한 자식"이어서 가장 미천하고, "至年十二歲 不語亦不起(지년십이세 불어역불기)" 즉 "나이 열둘이 될 때까지 말을 못하고 일어서지도 않았다"고 할 만큼 못난 아이 사복(蛇福)이 당대의 석학 원효(元曉)더러 "詞煩(사번)" 즉 "말이 번다하다"고 나무랐다. 말이 많아 진실과 멀어지는 것을 경계한 것만이 아니다. 못나고 잘난 것을 구분하고 차별하는 과오를 시정하고, 진정한 대등이 어떤 것인지 알려주었다.

대등의 진실이 차등론을 거부하는 기학의 근거이다. 하층에서 민초(民草)가 이어오던 그런 기학의 발상이 이규보(李奎報)가 "物自生自化(물자생자화)"라고 할 때 표면에 나타났다. 차등론의 이치를 잘 가다듬은 이학이 들어와 자리를 잡고 위세를 떨치자, 기학의 반론이 본격적으로 등장했다. 이미 지닌 사고를 철학의 용어와 논리를 갖추어 가다듬는 글을 써냈다.

그 선두에 선 서경덕(徐敬德)이 16세기에 이미 말했다. "虛卽氣也 虛本無窮 氣亦無窮 氣之源 其初一也(허즉기야 허본무궁 기역무궁 기지원 기초일야)" 즉 "허(虛)가 바로 기(氣)이다. 허(虛)는 본디 끝이 없고, 기(氣)도 또한 끝이 없다. 기(氣)의 기원은 원래 하나이다." "一不得不生二 二自能

生克 生則克 克則生(일부득불생이 이자능생극 생즉극 극즉생)" 즉 "하나가 둘을 낳지 않을 수 없고, 둘은 스스로 능히 생극(生克)한다. 생(生)하면 극(克)하고, 극(克)하면 생(生)한다." 이런 말에 기학의 원리가 일단 다 들어 있고, 기학이 생극론(生克論)으로 나아가야 할 방향도 제시되었다.

그 뒤 17세기부터 19세기까지 기학(氣學)이 동아시아 거의 전역에 등장해 이학(理學)을 종식시키는 문명 전환을 주창했다. 중국의 왕부지(王夫之)나 일본의 안도 쇼에키(安藤昌益)의 활약을 평가해야 한다. 유구의 채온(蔡溫)이나 월남의 레꾸이돈(黎貴惇)도 함께 고찰할 수 있다. 한국에서는 임성주(任聖周)·홍대용(洪大容)·박지원(朴趾源)·최한기(崔漢綺)가 이어서 나와 기학을 다양하고 세차게 발전시켜 대전환을 주도했다.

그 도달점을 보여준 최한기는 〈물아호관(物我互觀)〉에서 말했다. "天者積氣之統名 心者推測之總名 以我心比乎天 則範圍相準 以推測比于積氣 則規模相倣 是故大而容天地萬物 密而透金石毫髮(천자적기지통명 심자추측지총명 이아심비호천 칙범위상준 이추측비우적기 즉규모상방 시고대이용천지만물 밀이투금석호발)." 번역하면 이런 말이다. "천(天)이라는 것은 적기(積氣)를 총괄한 이름이다. 심(心)이라는 것은 추측(推測)을 총괄한 이름이다. 내 심(心)을 천(天)과 견주면 범위(範圍)가 상준(相準)하다. 추측(推測)을 적기(積氣)와 견주면, 규모(規模)가 상방(相倣)하다. 그러므로 장대하면 천지만물(天地萬物)을 용납하고, 정밀하면 금석호발(金石毫髮)도 뚫는다." 천기(天氣)라고 하는 기(氣)의 총체와 사람이 추기측리(推氣測理)하는 능력은 대등하다고 했다. 사람의 능력은 아주 큰 것도, 무척 작은 것도 알아낼 수 있다고 했다.

천(天)에 대한 숭앙을 보편적 원리의 근거로 삼는 잘못을 청산하고, 만물의 크기와 인류의 슬기가 대등하다고 했다. 이것은 획기적인 의의를 가진, 문명 전환의 논리이다. 한국문명이 동아시아 문명을 재창조하고 세계 문명을 쇄신해, 다음 시대를 이룩할 수 있는 설계도를 작성했다고 할 수 있다.

유럽 문명권은 산업혁명에서 얻은 근대의 힘으로 침략을 일삼고, 식민지를 만들고 통치해 세계사의 진행이 그릇되게 했다. 이에 편승한 일본이 한국을 식민지로 삼고 의식의 교란을 일으켰다. 서양 근대문명을 수입해 추종하면서, 다른 한편으로는 일본의 고유문화를 신비화해 숭앙했다.

식민지 한국은 일본의 서양 추종을 추종하기도 하고, 일본의 고유문화 숭앙을 한국의 고유문화 숭앙으로 대치하려고 하기도 했다. 그 어느 쪽이든 정신을 혼미하게 하는 것이 그리 다르지 않았다. 그 때문에 최한기까지 이른 기학(氣學)을 망각했다. 한국문명이 동아시아 문명을 재창조하고 세계 문명을 쇄신할 수 있게 하는 설계도가 폐기되게 되었다.

정신을 차렸다는 사람들은 근대 지향의 실학(實學)을 평가해 위안을 얻고자 했다. 서양 근대와의 간격을 줄이려고, 먼저 일본 근대를 바짝 따르려고 했다. 그런데 이제 시대가 아주 달라졌다. 간격 줄이기가 무의미해진 것을 알고 근본적인 반성을 해야 한다. 선후 역전이 일어나는 것이 당연하게 되었다.

세계 문명을 살리는 임무

근대화로 치달은 역사의 행보는 목표에 이르자 동력을 잃었다. 이상이라던 것이 폐해로 바뀌어 상승의 선도자가 먼저 하강한다. 그 증후가 나타나 일본이 어려움을 겪는 것을 본다. 시야를 넓히면, 일본이 모범으로 삼고 추종을 일삼던 유럽이 길을 잃고 헤매고 있는 것도 확인된다. 이에 관해 누구나 흔히 하는 말을 옮겨놓는 것은 아니다. 분명한 증거를 들어 명확한 진단을 하는 작업을 내 스스로 한다.

2024년 5월 프랑스 파리의 대형서점에서 철학 신간 일곱 권을 사와 읽어보니, 자기 말을 하고 있는 것이 둘이다. 하나는 사람들끼리의 경쟁이 극도에 이르러 일상적 개인의 파시즘이 창궐하고 있다고 개탄했다(Éric Sadin, *L' ére de l' individu tyran, la fin d' un monde commun*, 2020). 또 하나는 만남의 철학을 제시한다고 하고, 모든 만남에 최상의 찬사를 바쳤다(Charles Pépin, *La rencontre, une philosophie*, 2021).

구제 불능의 비관론도 터무니없는 낙관론도 철학이기를 포기했다. 철학은 유럽 문명의 산물로 인정해 힘써 모방하고 이식해야 한다는 주장을 무효로 만들었다. 공백이 생긴 것을 어쩔 수 없다고 여기고, 방관하고 침묵하지 말아야 한다. 한국·동아시아 철학이 나서서 세계 철학을 살려 인류가 희망을 가지고 다음 시대로 나아가도록 해야 한다.

유럽이나 그 추종자 일본의 몰락은 근대의 종말을 말해줄 따름이다. 이제 선진이 후진이 되고, 후진이 선진이 되는 대역전이 일어나 세계 문명의 위기를 극복하고, 근대 다음의 시대를 슬기롭게 창조해야 한다. 이 과업을 맡아 수행하기 위해 우리가 분발해야 한다.

구체적인 작업을 제시한다. 최한기까지의 기학(氣學)을 망각에서 찾아내고, 미래를 위한 설계도 폐기한 것을 되살려 오늘날의 요청에 잘 부응할 수 있게 가다듬어야 한다. 한문으로 하던 철학 창조를, 한국문명을 이룩하는 바탕인 한글로 옮겨와 더욱 생동력 있게 해야 한다. 이런 요청을 실현해 대등생극론을 이룩한다.

대등생극론은 대등론과 생극론으로 이루어져 있다. 둘 다 인류 공유의 마음가짐이고 생활 태도이므로 새삼스럽게 말할 필요가 없다고 하겠으나, 다른 데서는 차등론이나 평등론의 그릇된 철학이 심한 횡포를 자행한 탓에 많이 마멸되었다. 한국은 반격의 진원지가 될 수 있는 조건을 갖춘 데다 각별한 노력을 보탰다.

민간전승이 자위권을 행사한 구비철학을 기학으로 가다듬어, 하나인 기(氣)가 둘로 나누어진 음양(陰陽)이 대등한 관계에서 생극한다고 했다. 이 철학을 대등생극론으로 재창조해, 가깝고 먼 임무를 수행한다. 현실 문제를 해결하는 구체적인 임무를 수행하고, 한국·동아시아·세계 문명을 하나로 하여 미래를 바람직하게 창조하는 지침을 제시한다.

오랜 차등론을 철폐해도 남아 있는 종교와 정치의 본질인 차등론을, 창조주권의 대등한 발현을 일상화해 최대한 봉쇄한다. 평등론을 폭력혁명으로 실현하고자 해서 생긴 새로운 차등론을 해결하는 대등론의 대안을 제시한다. 생극론은 형이상학적 상생론의 허위, 상극에 치우친 변증법의 과오, 이 둘을 함께 바로잡는다.

계급 모순을 상극의 투쟁으로 해결해야 한다는 강령을 민족 모순이나 문명 모순에도 적용해 세계사를 파국으로 몰아가는 사태를 상극이 상생이게 하는 생극론으로 해결하고자 한다. 기독교 문명과 이슬람 문명의 충돌이, 어떻게 하면 파국으로 치닫지 않고 화합하는 쪽으로 방향을 돌릴 수 있는가? 이 물음을 받아들이고, 한국·동아시아의 유불(儒佛) 문명이 앞으로 나서야 한다.

유교와 불교의 상극이 상생이게 해서 유불 문명을 이룩한 경험과 공적으로 중재자 자격을 얻어 충돌을 줄이는 활동을 실질적으로 할 수 있다. 더 나아가 유불 문명이 대등생극론으로 나아가 인류의 미래를 바람직하게 창조하는 세계 문명을 이룩하는 거대한 과업에 기독교 문명과 이슬람 문명도 종교의 독선을 줄이고 철학의 지혜를 늘여 동참하도록 권유할 수 있다. 이것이 부당하다는 반론을 어느 누가 제기할 수 있는가?

거기까지 나아가려면 먼저 할 일이 있다. 대등생극론이 국내에 잘 알려져 한국문명의 진로를 말해준다고 인정하도록 해야 한다. 이웃 여러 나라도 공유해 동아시아 문명을 새롭게 창조해 인류를 위기에서 구출하는 사명을 함께 수행해야 한다. 이 작업을 대등한 위치에서 생극의 토론과 합작을 하면서 진행하는 범위가 세계 전역으로 확대되어야 한다.

소통 방법

"이 작업을 대등한 위치에서 생극의 토론과 합작을 하면서 진행하는 범위가 세계 전역으로 확대되어야 한다." 이렇게 말하면, "어떤 언어를 사용하는가?" 하는 의문이 제기된다. "문명은 글로 이루어진다고 했는데, 한국문명에서 동아시아 문명·세계 문명으로 나아가게 하는 글이 있는가?" 이것은 더욱 심각한 의문이다.

이제는 말이 녹화되어 거듭 들을 수 있고 멀리까지 전달되어 글 노릇을 한다. 이런 소통을 크게 넓히는 방법을 셋 든다. 1) 세계적인 범위의 교통어인 영어를 매개로 한다. 2) 한국어를 어디서든지 배워 함께 사용하게 되기를 기대한다. 3) 각기 자기 말을 하고 통번역으로 서로 이해한다.

1)이 차등론의 관습을 연장시켜 대등론으로 나아가지 못하게 하고, 한국·동아시아 문명의 진면목을 훼손하지 않도록 하려면 어떻게 해야 하는지 고민해야 한다. 2)가 잘 진행되어 한국문명의 창조물을 원문으로 서로 대등하게 이해하고 생극의 토톤을 할 수 있는 사람들이 세계 도처에서 늘어나기를 바란다. 이 때문에 우월감을 가져 대등을 해치는

것을 극력 경계해야 한다. 3)은 불편이나 차질을 줄이고 원활하게 해주는 인공지능의 활약을 기대한다.

"문명은 글로 이루어진다"고 한 명제에서 '글'이 의미하는 것이 확대되는 사태도 말해야 한다. 할리우드 영화가 이렇게 한 것이 널리 알려지고 많은 영향을 끼쳐, 미국 문화가 미국 문명이게 한다. 지금 세계를 뒤흔들고 있는 한류(韓流) 공연도 같은 이유에서 한국 문화가 한국문명이게 할 수 있다. 이 둘 다 "문명은 글로 이루어진다"는 명제를 취소하게 하지 않는다. '글'의 의미가 '광범위한 소통 방법'으로 확대되는 것을 공인한다.

이것이 세계 공통의 추세여서 문명의 양상이 온통 달라진다. 대등생극론은 이런 전환을 적극적으로 실현한다. 글로 쓴 저작만이 아니다. 다음과 같은 소통 방법을 대등하게 갖춘다.

철학 – 시(詩) – 노래 – 춤

오른쪽 방향으로, 철학에서 시작해 춤 쪽으로 나아가 신체 활동을 늘리는 것은 의도적인 노력의 과정이다. 왼쪽 방향으로, 춤에서 시작해 철학 쪽으로 들어와 사고 수준을 높이는 것은 자연적인 이행의 단계이다. 이것은 다음의 네 단계를 거친다.

제1 춤의 단계: 누구나 대등하게 자기 신명을 풀며 상극이 상생이게 하는 춤을 함께 춘다.

제2 노래의 단계: 춤추면서 부르는 노래의 가락을 휘어잡다가 그 말의 뜻을 알려고 한국어 공부를 즐겨 한다.

제3 시(詩)의 단계: 한국어 공부를 더 하고 한국학에 들어서서 대등의 길을 말하는 시를 찾아 읽고 자기 말로 다시 짓는 기쁨을 누린다.

제4 철학의 단계: 그 시(詩)의 근원이 되는 대등생극론 철학 저작을 원문으로 이해하고 토론에 참여하며, 새로운 언술로 재창조하는 도반의 경지에 이른다.

도반(道班)은 진리를 함께 탐구하고 실행하는 동지이다. 절대자를 받드는 종교의 사제자와 달리, 주체성을 가지고 각자 독자적인 탐구를 하며 서로 돕는다. 대등생극론의 도반이 가깝고 먼 데서 계속 늘어나, 한국문명이 동아시아 문명이고 세계 문명이게 할 것을 기대한다.

보충 논의

이상의 논의가 소략하고 미흡하므로 보충 설명을 하는 각론이 필요하다. 각론은 각기 독립되어 있고 순서가 없다. 길이나 서술 방법이 일정하지 않다.

1. 문명론 전개의 추이를 살피지 않아 여기서 시도한다.

먼저 브로델(Ferdinand Braudel)의 《문명의 문법(Grammaire des Civilizations)》(1987)을 보자. 이름이 높은데 실상은 엉성하다. 세계를 유럽 문명과 다른 여러 문명으로 양분했다. 유럽 문명의 동질성은 새로운 관점에서 자세하게 고찰하고, 다른 여러 문명에 관해서는 낡은 견해나 부당한 선입견을 열거했다. 모든 문명의 보편적인 특징이나 의의에는 관심을 가지지 않았다. 편향성이 심각하고, 수준이 낮다고 하지 않을 수 없다.

헌팅턴(Samuel P. Huntington)의 《문명의 충돌(The Clash of Civilizations and the Remaking of World Order)》(1996)에서는 국제정치학자의 대결 전략이 문명론을 왜곡하고 변조했다. 자기편은 단결해야 하므로, 유럽 문명과 미국 문명은 둘이 아니고 하나라고 했다. 적은 분열시켜야 하므로, 동아시아 문명과 일본 문명은 하나가 아니고 둘이라고 했다. 추어줘 망하게 하는 술책이 적중해 일본이 나날이 쇠퇴하고 있다.

일본 문명은 동아시아 문명과 구별되는 독자적인 문명이라고, 일본에서는 작전과 다른 자존(自尊)을 위해 주장해왔다. 국토연구원 이토 슌타로(伊東俊太郎)의 《比較文明(비교문명)》(1985)에서 그 근거를 분명하게 하려고 했는데, 납득하기 어렵다. 신도(神道)는 세계종교가 아니다. 천지만물의 보편적 이론을 말하는 철학을 일본에서는 추구하지 않는다. 일본 문화가 아무리 대단하게 생각되어도 문명이라고 말할 수는 없다. 착각이 일본을 비참하게 만든다.

한국에는 다음과 같은 문명론 시(詩)가 있었다[진화(陳澕), 봉사입금(奉使入金)].

西華已蕭索　서쪽 중국 이미 삭막해지고,
北寨尙昏蒙　북쪽 진지는 아직 몽매하다.
坐待文明旦　앉아서 문명의 새벽을 기다리니,
天東日欲紅　하늘 동쪽 해가 붉으려 하네.

서쪽 중국은 강남으로 쫓겨간 남송(南宋)이다. 전날의 영광을 잃고 무력하게 되었다. 북쪽 진지는 북송(北宋)을 멸망시키고 그 자리를 차지한 금나라를 말한다. 진지를 쌓아 군사력이나 자랑하고, 지적 수준은 낮다고 했다. 그래서 남북 모두 어둠에 잠긴 것을 개탄했다.

동아시아 문명이 위기에 이르렀으므로 소생하도록 해야 하고, 그 사명을 동쪽의 고려가 맡아야 한다고 다짐했다. 천지만물의 보편적 이론을 다시 이룩하는 것이 핵심 과업이다. 이를 위해 그 뒤 오랫동안 치열하게 탐구하고 힘들여 저술했다.

그 결과가 동아시아 문명 혁신에서 더 나아가 한국문명 창조에까지 이르렀다. 한국문명은 한국을 빛내자는 것이 아니고, 인류를 위한 봉사를 사명으로 한다. 이를 위해 대등생극론을 제시하기만 하지 않고, 실행을 더욱 소중하게 여긴다.

"서쪽은 이미 삭막해지고, 북쪽은 아직 몽매하다." 이것이 지금 다시 해야 할 말이다. 그러나 다른 쪽을 낮추어보는 차등론은 버려야 한다. 모두 함께 깨어나 서로 존중하며 생극의 관계를 가지는, 대등생극의 세계 문명을 이룩해야 한다.

2. 고대문명은 인더스문명이나 잉카문명까지도 글이 있고, 천지만물의 보편적 이론을 나타낸 것으로 인정된다. 어떤 문명이 새로 발견되었다고 하면서 글은 보이지 않고, 천지만물의 보편적 이론을 구현한 증거가 없다면, 고대문명이라고 알려진 것들과 동급이라고 할 수 없다. 문명이 되다가 만 유적이 상당히 많아 앞으로도 계속 발견되리라고 생각된다.

흉노는 엄청난 강성제국이었으나 글이 없어 문명을 창조하지는 못했다. 몽골제국은 신구의 문자로 문서 작성, 역사 기록, 사상 표현을 다 했으나 천지만물의 보편적 이론은 제시하지 못해 기존의 여러 문명의 교류나 융합에 기여하지 못했다. 그 이유를 밝히려면 깊은 통찰이 있어야 한다.

3. 천지만물 이론은 어디서나 구전한다. 세계 도처의 암각화는 글자가 될 수 있다. 이 둘이 만나 천지만물 이론이 글자로 기록되는 것은 저절로 되지 않는다. 강력한 정치 권력이 출현해야 가능하다.

권력 정상의 통치자는 두 가지 기록이 필요해 글자를 만들도록 했다. "천지만물 = 자국 = 통치자"라고 요약할 수 있는 이론을 이룩하고 흔들리지 않도록 기록해 지배를 합리화하고 공고하게 하고자 했다. 자기 명령을 기록으로 전달해 차질이나 변조가 없이 집행되도록 하려고 했다.

권력을 과신하고 무리하게 행하면, 결과가 뜻한 것과 반대로 된다. 천지만물 이론이 왜곡되어 타당성을 상실하고, 억지 명령을 남발해 파탄을 초래한다. 그래서 문명이 형성되다가 와해된다. 시도하지 않은 것처럼 된다. 이것은 종말이 아니고 반전이 일어나기도 했다.

권력자의 독선이나 허위를 외면해 제어하고, 천지만물의 진정한 이론을 추구하는 반체제 지식인들이 나타났다. 제자백가(諸子百家), 사문(沙門), 예언자, 소피스트 등으로 지칭되는 이들이 각기 다른 곳에서 서로 상통하는 활동을 했다. 고대문명을 수준 높게 되살리는 말을 하고 다닌 것이 기록되어 길이 칭송된다.

그 가운데 하나가 선발되어 정통 노릇을 하며, 중세 보편주의 문명의 영역을 넓히고 내용을 다졌다. 오늘날에는 중세 보편주의의 단일 가치관을 버리고, 근대 민족주의의 편협에서도 벗어나, 고대의 제자백가, 사문, 예언자, 소피스트 등과 두루 만난다. 각기 지닌 지혜를 얻어 합치고자 한다.

4. 고조선 시대에 가림토(加臨土) 문자가 있었다고 하는데, 금석문 자료도 없어 입증되지 않는다. 일본의 신대(神代) 문자란 것은 금석문 자

료가 상당한 정도로 있지만 조작이라고 여긴다. 둘 다 한글 자모와 아주 흡사한 점을 증거로 들어 그 원형이라고 하는 주장이 불신을 키운다. 문자를 만드는 수고만 하고 적극적으로 사용하지 않은 것은 있을 수 없는 일이다. 문서 작성, 역사 기록, 사상 표현 등을 한 증거가 깡그리 없어졌다고 하는 말은 억지이다.

'훈민정음(訓民正音)'이라고 일컬은 글자는 발음 표기를 잘하도록 창조한 것이 획기적인 의의가 있다고 더 역설하지 않아도 된다. 그 쓰임새의 변천을 살피는 것이 더욱 긴요한 과제이다. 오랫동안 한자를 보조하던 한글이, 이제는 어문생활의 주역으로 등장해 한자를 조연으로 삼게 되었다. 한글로 문서 작성, 역사 기록, 사상 표현을 하게 된 것이 한국문명을 진전하게 하는 필요조건이다.

보태야 할 충분조건은 독자적인 노력으로 천지만물의 보편적 이론을 재정립하는 것이다. 서경덕의 "천성불도(天聖不到)"의 기학(氣學) 논술에서 비롯한 이 작업이, 훈민정음 창제와 대등한 의의가 있다. 그 뒤에 임성주, 홍대용, 박지원, 최한기 등이 기학을 더욱 넓고 깊게 전개해 동아시아 문명을 재창조했으며, 동아시아 다른 여러 나라에서 이에 동조해 보편적인 가치가 확인되고 확대되었다. 양쪽의 성취를 합치는 작업을 지금 해야 한다. 한글이 주역으로 등장해 한자를 조연 협력자로 삼고, 기학을 오늘날의 요구에 맞게 발전시켜 천지만물의 보편적인 원리를 새롭게 밝혀야 한다. 이렇게 하면, 한국문명이 결격 사유 없이 성장하고 창조력을 키워, 동아시아 문명의 쇄신을 완수하고, 세계 문명을 파탄에서 구출할 수 있다. 대등생극론이 과업 수행의 주역으로 등장한다.

조연인 한자는 '對等生克論'이라고 하고, 주역인 한글은 '대등생극론'이라고 하는 것이 오래 누적된 시비를 모두 종식시키려고 다시 정립한 천지만물의 보편적 이론이다. 이것은 세 겹으로 이루어져 있다. 만물(萬物)대등생극 위에 만생(萬生)대등생극이, 그 위에 만인(萬人)대등생극이 있다. 이렇게 말하는 데 포괄되지 않는 학문이 없고 해결되지 않을 문제가 없다.

5. 우리 선조는 옛적에 천하를 호령하는 강성제국을 아주 넓게 만들었다. 그 영광을 재현하기 위해 고토를 회복해야 한다. 이렇게 주장하는 사람들이 들으라고, 다른 나라 이야기를 한다.

몽골이 유라시아 대륙의 대부분을 차지했던 것은 반론의 여지가 없는 분명한 사실이다. 그 고토를 회복하겠다고 하는 것이 당연한가? 이것은 역량이 모자라 실현 가능성이 전연 없는 헛소리이지만, 반발을 일으키는 부작용은 심각하게 된다. 동서를 연결하고 여러 문명을 소통시킨 공적은 망각되고, 살육을 일삼은 만행에 대한 분노를 새삼스럽게 일으킨다. 이로써 오늘날의 몽골이 국제적인 유대에서 제외되도록 하는 피해를 초래한다.

리투아니아, 폴란드, 헝가리, 불가리아 등은 모두 한때 강성제국이어서 중동부 유럽의 대부분을 지배한 것은 분명한 사실이다. 어느 시기의 과거를 재현해 고토 회복의 염원을 실현하겠다고 제각기 나서면 어떻게 되겠는가? 끝없는 충돌만 있고 해결은 없다. 전쟁을 해도 분쟁 종식이 불가능하다.

그러면 어떻게 해야 하는가? 대답이 쉽게 나온다. 국경의 장벽을 낮추면 된다. 국가의 좁은 마당 밖 문명 공유의 광장으로 나가면, 자유롭게 뛰놀 수 있다. 문명공동체를 넓혀 교류와 화합에 적극 힘쓰는 것이 누적된 문제를 해결하는 선진의 대로이다.

이렇게 나아가는 순서를 잘 잡아야 한다. 정치를 앞세워야 한다는 구태의연한 사고방식에 사로잡혀 장애를 키우지 말아야 한다. 경제적인 관련을 긴밀하게 하는 노력을 다각도로 해야 하는 것이 당연하다.

이보다 선결과제가 있다. 대등생극의 의식을 공유하며 서로 가까워지고 피차의 구분을 넘어서도록 해야 한다. 학문에서 그 설계도를 작성하고, 교육이나 예술과 함께 힘써 시공해야 한다.

6. 이집트의 경우를 보자. 고대문명이 글까지 갖추고 대단한 수준에 이른 것은 논란의 여지가 없는 사실이다. 그런데 이슬람 중세문명을 크게 환영하며 받아들여 말까지 바꾸고 고대의 글은 읽을 수도 없게 되었다.

유럽의 침공과 지배에서 벗어나 주권을 찾고 새로운 국가를 건설하면서 노선 설정에 관한 논란이 일어났다. 외래문명인 이슬람을 청산하고 고유한 고대문명의 영광을 재현하는 것이 마땅하다는 주장이 한때 힘을 얻다가 폐기되었다. 재생 불가능한 과거에 헛되게 집착해 실질적 성과가 없는 노력으로 힘을 낭비해, 이집트를 더욱 무력하게 하기 때문이라고 할 수 있다.

실상을 바로 알아야 한다. 고대문명은 유물로만 남아 있다. 유물이 찬란하다고 감탄하다가 환상에 사로잡혀 현실을 오판한다. 지배자 파라오 혼자 위대하다고 하는 고대문명에서 벗어나, 알라를 섬기면 누구나 훌륭하다고 하는 이슬람 중세문명에 참여한 것이 대단한 발전이다. 역행하겠다면 어리석다. 유럽과의 문명 대결을 고대문명을 이어받아 하려고 하면 패배를 자초한다. 이슬람은 기독교보다 여러모로 훌륭하고, 국제적인 유대를 보장해 승리할 수 있게 한다.

천 년 이상 힘써 키운 이슬람 문명을 주체성과 창조력의 근거로 삼고, 유럽 문명과의 대결은 현대문명을 바람직하게 이룩하면서 해결해야 한다. 이것이 명분과 실리 양면에서 타당성이 분명한 노선이다. 합의가 분명하게 이루어져 정권이 몇 번 교체되어도 달라지지 않는다.

이런 생각에 잘못이 있는가? 이집트의 고대문명·중세문명·현대문명의 관계론은 특수한가 보편적인가? 우리의 경우와 얼마나 다르고 같은가?

7. 북유럽은 천지만물의 원리를 말하는 신화가 뚜렷하고, 룬(run)이라는 문자도 있었다. 그런 역량으로 보편적인 의의가 있는 문명을 이룩하려고 하는데, 기독교-라틴어 문명이 들어왔다. 이것은 도전이면서 기회였다. 어느 쪽인가는 경우에 따라 달랐다.

주변부는 이것을 도전으로 여겼다. 아이슬란드와 노르웨이가 앞장서고 스웨덴이 뒤따르면서, 룬은 독자적인 역사를 버리고 라틴어 문자를 차용해 민족어로 썼다. 덴마크는 좋은 기회를 이용해 기독교-라틴어 문명의 중간부가 되는 다른 길을 택했다. 민족어 대신 라틴어를 사용하고, 자국 역사의 전개를 기독교와 연결시켜 서술했다.

삭소 그라마티쿠스(Saxo Gramaticus)가 13세기 초에 《덴마크의 위업(Gesta Danorum)》을 쓴 것이 그런 업적이다. 저자는 기독교 성직자이고, 이름 앞의 '그라마티쿠스'는 문법학자라는 말이다. 북방 이웃 여러 나라 역사가들은 갖추지 못한 라틴어 구사력을 보여주고, 야만의 역사에 문명의 역사로 대응하고자 했다. 덴마크인은 야만스러운 무용을 자랑으로 삼지 않고 문명 발전에 기여하려고 했다.

덴마크인은 기독교가 들어오기 전에 이미 800년의 역사를 이룩했다고 했다. 로마의 역사와 덴마크의 역사가 함께 시작되고 나란히 전개되면서 '로마의 평화(Pax Romana)'와 대등한 '덴마크의 평화(Pax Danica)'를 자기 나라가 중심이 되어 이룩한 것이 자랑스럽다고 했다. 기독교가 덴마크에 들어온 것은 덴마크인이 뛰어나기 때문이라고 했다. 기독교가 덴마크인의 우월감을 더욱 높인다고 했다. 민족문화의 역량으로 기독교-라틴어 문명을 더욱 발전시킨다고 했다.

이런 전통이 있어 덴마크는 작지만 널리 모범이 되는 나라이다. 노선 선택의 혼란을 겪지 않고 사회가 안정되어, 유럽을 빛내고 인류에게 유익한 창조 활동을 착실하게 한다. 닐스 보어(Niels Bohr)가 양자역학을 창안해 현대물리학 발전을 주도한 것이 좋은 본보기이다.

북유럽의 용사 바이킹이 용맹을 떨쳐 유럽을 넘어서까지 곳곳에 정복지를 만드는 데 덴마크도 참여했다. 이런 과거를 자랑스럽게 생각하지 않는다. 위세의 증거로 남은 그린란드가 최대의 자치권을 행사하도록 한다. 독일에게 남쪽 국토 일부를 빼앗긴 것도 잊고, 고토 회복을 염원하지 않는다.

패권주의를 버리고, 주어진 조건에서 행복을 누리며 잘 산다. 인류에게 안데르센(Andersen) 동화, 레고(Lego) 장난감을 선물해, 어린 시절로 되돌아가자고 한다. 세계대전을 두 번이나 일으킨 이웃의 강성대국 독일을 부끄럽게 한다.

논의 확장을 위해 자료를 보탠다. 유네스코 산하 기구인 철학 및 인문학 국제 이사회(The International Council for Philosophy and Human Sciences) 학술회의가 2023년 일본에서 열렸을 때 가서 덴마크 교수(Tim Jensen, University of Southern Denmark)의 좋은 발표를 들었다. 제목은 번다해 옮기지 않고 요지만 적는다.

국가에 따라 다른 종교를 신앙하면서, 서로 배타적인 관계를 가지지 말아야 한다. 세계 각국의 모든 대학 종교학과에서 여러 종교에 대한 '과학적(scientific)' 연구를 해야 한다. 그 결과를 가지고 모든 공교육 기관에서 학생들이 종교에 편견 없이 이해하도록 가르쳐야 한다. 이런 방법으로 개방적·다원적·민주적인 사회를 세계 모든 곳에서 이룩해야 한다고 했다.

타당한 주장이다. 덴마크는 국민 75.8%가 기독교(74.3%가 덴마크기독교), 19.1%가 무종교, 4.4%가 이슬람인데, 종교 대등을 말하니 훌륭하다. 그렇지만 상극을 심각하게 겪지 않아 상생이 공상이다. '과학적' 연구를 문제 해결의 방법으로 삼자고 하는 것은 식견 부족의 단견이다. 대등생극론을 갖추어야 유럽 문명을 넘어서서 세계 문명을 쇄신할 수 있다.

8. 대등생극론이 이루어지기까지의 경과를 멀리서부터 추적한다. 거시적인 안목을 가지고, 세계지도 거의 절반을 내려다본다. 얻은 결과를 최대한 압축해 글을 짧게 쓴다.

인도 고대의 브라만교 차등론에 대한 비판으로 대등론 지향의 상좌불교가 출현했다. 상좌불교는 교리가 단순해 쉽게 밀어내고, 브라만교가 오묘한 철학을 갖춘 힌두교로 변신했다. 이에 대한 반발로, 힌두교 철학의 핵심인 '있음'을 부정하고 '없음'을 대안으로 하는 대승불교 철학이 이루어졌다. 이것이 중세 전기에 인도로 이동해 아시아가 하나이게 한 보편주의 원리이다.

본고장의 대승불교는 산스크리트를 경전어로 하는 상대방의 장점을 이용해 '있음' 철학의 단점을 부정하는 반론을 제기하는 정도가 지나쳐 힌두교에 흡수되었다. 그 때문에 다른 곳들이 분발했다. 동남아시아에서는 팔리어 경전을 그대로 가져와 상좌불교를 재현했다. 티베트에서는 산스크리트 경전 축자역으로 진실을 보장하고 환생 교리를 강화해, 자기네 대승불교의 지배력을 절대적인 것으로 만들었다. 동아시아에서 선택한 산스크리트 경전 한역은 한문의 압축 능력 덕분에 대승불교 '없음' 철학을 간명하게 집약했다.

대승불교 한문 경전은 기존의 도가(道家)나 유가(儒家)의 언어를 차용해 이루어졌으나, 끼친 영향은 더 컸다. 도가가 불교를 본받아 도교(道教)를 만들고 경전을 새삼스럽게 마련한 것은 후퇴라고 할 수 있다. 유가가 자극을 받고 분발해 이기철학을 하는 신유학을 일으킨 것은 후진의 역전이다. 중세 후기를 이룩한 동시대의 동반자, 동남아시아의 상좌불교는 철학이 아닌 종교이고, 동아시아의 신유학은 종교가 최소인 철학이다. 둘은 삶의 실상에 진지한 관심을 가진 공통점이 있다.

신유학 철학의 핵심 문제, 이(理)와 기(氣)는 어떤 관계인가를 두고 한국에서 특히 치열하게 논란하다가 획기적인 전환을 이룩했다. 이가 기보다 우월하다는 이(理)철학이 자랑하는 권위를, 이(理)라고 하는 것은 상생하고 상극하는 기(氣)의 원리 지칭에 지나지 않는다는 기(氣)철학의 진실이 밑에서 무너뜨렸다. 서경덕·임성주·최한기가 기철학을 세 단계로 정립한 실적이 서양 지배의 근대를 넘어서서 다음 시대를 창조할 저력을 제공한다.

서양은 차등론의 오랜 잘못을 평등론으로 바로잡아준다고 하면서 세계를 제패하고 지배해 차등론을 키운다. 상극의 투쟁을 전개해 누구나 평등을 누리며 상생하도록 하겠다는 변증법은, 상극의 투쟁 주동자가 특권을 가지고 지배력을 행사해 차등이 더욱 심해지게 한다. 이런 잘못을 모두 바로잡으려고, 기(氣)철학을 이어받아 대등생극론을 이룩한다.

차등론의 대안은 평등론이 아니고 대등론이다. 불가능한 것을 무시하고 평등론을 실현하려고 하면 폭력의 과오를 전 단계의 차등론에서보다 더 저지른다. 사람은 누구나 장단점이 서로 달라 도움을 주고받으며 살아가야 한다고 하는 이치가 대등론이다.

상극의 투쟁은 심각하게 제기되는 문제를 겉에서 해결하려고 하다가 속으로 몰아넣는다. 상생의 화합은 속에서부터 강약을 역전시켜 겉이 따로 놀 수 없게 한다. 계급 모순은 상생의 투쟁으로, 민족 모순은 상생의 화합으로 해결해야 하는 것만은 아니다. 어느 경우에도 상극은 상생이고, 상생은 상극이어야 한다.

지금 제1세계와 제2세계 양쪽의 위세가 함께 쇠퇴하고, 이상이라고 표방해 온 것들이 일제히 불신된다. 제3의 길은 보이지 않고, 세계 구분이 무의미해진 것 같다. 모든 종교가 일제히 종말에 이르는 조짐을 보이고 있다. 무력하게 되는 것과 극단으로 치닫는 것은 반대이지만, 존재 의의를 스스로 부정하는 것은 다르지 않다. 철학이 몰락하고 가치관이 공백에 이른 상태에서, 피로 물든 시대인 근대를 청산하고 다음 시대를 바람직하게 이룩하는 엄청난 과업을 수행해야 한다.

너무 실망하고 비탄에 빠질 것은 아니다. 인류 멸종이 정신에서부터 시작된다고 속단하지 말아야 한다. 대등생극론이 세계 문명의 위기를 해결하리라고 기대하고 힘을 모으자.

한국 학문의 역사와 K-인문사회과학의 전망*

정수복**

이 글은 '한국 사회학의 지성사'에 이어 우리 학계가 서양 학문을 수용하고 발전시킨 150년의 역사를 짧게 다룬다.[1] 한국의 인문학과 사회과학이 어떤 역사적 상황, 정치적 국면, 제도적 조건에서 형성되고 성장하여 오늘에 이르게 되었는가를 되돌아본다. 한국 근현대 학문의 역사는 서양 학문을 받아들여 우리 것으로 만드는 작업으로 시작되었다. 이제 그동안 축적된 우리 근대 학문의 기원과 계보를 파악하고 새로운 방향을 수립할 때가 되었다. 지금 우리가 하는 학문이 어디에서 와서 어디에 있으며 어떤 의미가 있고 어디로 나아가고 있는지를 분명하게 의식해야 한다. 세월이 흐른다고 주체적이고 독창적인 학문이 저절로 만들어지는 것은 아니다. 역사와 전통과 계보를 만들어야 한다. 우리

* 이 글은 학술대회 '한국문명론-인류 문명의 새로운 패러다임에 대한 탐구'(2024.11.15.) 발제문을 수정·보완하였다.

** 사회학자/작가, 전 파리 사회과학고등연구원 객원교수, 《한국인의 문화적 문법》(2007), 《한국 사회학의 지성사》(2022) 등으로 한국출판문화대상, 한국인문사회과학회 학술상, 한국사회학회 학술상을 수상했다.

1 정수복, 《한국 사회학의 지성사》 1-4권, 푸른역사, 2022.

학문의 역사에서 중요한 인물과 그들이 남긴 학문적 업적을 정리하여 다음 세대에 전달하는 작업이 이루어져야 한다. 그렇게 우리 학문의 역사를 정리하여 공유하는 일은 '우리 학문의 길'을 만드는 출발점이 될 것이다.

한국 근대 학문의 기원

우리나라에서 근대적 학문, 오늘날 초중고등학교에서 시작하여 대학과 대학원에 이르기까지 모든 교육기관의 교육 내용을 구성하고 있는 근대 서양 학문은 언제 어디서 누가 어떻게 시작한 것일까?[2] 서양 학문은 어떻게 해서 우리 학문이 되었을까? 1876년 개국 이후 1894년 갑오개혁을 거치고 1910년 한일합방에 이르는 개화의 물결 속에서 서양과 서양 학문에 대한 관심이 급증했다. 바야흐로 '지식장의 구조 변동'이 시작되었다. 1890년대에 만들어진 자발적 결사체들의 대다수가 교육과 계몽을 위해 신학문을 공부하는 '학회'의 성격을 띠고 있었다.[3] 1895년 1월에 발표한 '홍범 14조'의 11조에는 외국 유학과 신학문 수용의 필요성이 천명되었다. 신학문을 가르치고 공부하는 학회와 학교는 1910년 한일합방에 이르기까지 계속 증가했다. 전통 유학자들 가운데서도 신학문을 적극적으로 수용하는 계몽적 지식인층이 형성되었다.[4]

1905년 을사보호조약 이후 국권 상실의 긴급한 위기 속에서 신학

2 근대 학문의 출현은 사서삼경을 기본으로 하는 한문 텍스트 중심의 '구학문(舊學問)'에서 일본어와 영어 등 외국어 텍스트와 한글 텍스트 중심의 '신학문(新學問)'으로의 이동을 뜻한다.

3 송호근, 《시민의 탄생》, 민음사, 2013 참조.

문으로의 전환은 더욱 가속화되었다. 거기에는 신학문을 가르치는 교육기관 설립이 중요한 역할을 했다. 긴박한 위기감 속에서 뜻있는 개인과 학회가 설립한 여러 사립학교들은 앞다투어 신학문을 가르쳤다. 1883년에 개교한 원산학교를 필두로 1906년 진명여학교, 숙명여학교, 보성학교와 중동학교가 설립되었고 1907년에는 대성학교와 오산학교가 개교하는 등 신학문을 가르치는 학교들이 문을 열었다.[5] 교육기관과 더불어 당시 신학문 전파의 중요한 매체인 잡지들이 창간되었다. 구한말과 대한제국 시기에 여러 학회가 발간한 잡지들은 국가학, 사회학, 정치학, 법률학, 경제학, 교육학, 심리학, 언어학, 지리학, 물리학, 공학, 동물학, 식물학, 광물학과 같은 근대적 분과 학문들을 앞다투어 소개했다.[6]

개화기와 일제강점기 일본과 미국을 통한 근대 학문의 수용

우리나라 근대 학문 형성 과정에는 일본 유학이 중요한 역할을 했다.[7] 1876년 강화도 조약 이후 특히 1894년 청일전쟁 이후 근대 서구 문물 도입의 출처는 중국에서 일본으로 급선회하게 된다. 1895년 청

4 신용하, 《박은식의 사회사상 연구》, 서울대학교 출판부, 1982. 《신채호의 사회사상 연구》, 한길사, 1984; 노관범, 《대한제국기 박은식과 장지연의 자강사상 연구》, 서울대학교 대학원 국사학과 박사학위 논문, 2007 참조.

5 갑오경장 이후 민간에 의한 사립학교 설립에 대해서는 손인수, 《한국개화교육연구》, 일지사, 1980, 105-128쪽 참조.

6 구장률, 《근대 초기 잡지와 분과 학문의 형성》, 케포이북스, 2012. 최덕교 편저, 《한국 잡지 100년》 1권, 현암사, 2004.

7 이광린, 〈개화 초기 한국인의 일본 유학〉, 《한국 개화사의 제문제》, 일조각, 1980, 39-63쪽.

일전쟁을 마무리하는 시모노세키 조약 체결 이후 조선에 대한 발언권을 강화한 일본과 조선 정부는 유학생 파견에 관한 협약을 맺었고 그에 따라 조선 정부는 안국선을 비롯한 182명의 관비 유학생을 파견했다. 1900년대 초 이광수, 최남선, 홍명희, 문일평 등이 일본에 유학했다. 이들 일본 유학생들은 귀국하여 일본에서 수용한 서구의 근대사상과 근대 학문을 한국 사회에 널리 전파하는 데 결정적인 역할을 하게 된다.

1910년 일제강점기에 들어서 늘기 시작한 일본 유학생은 3.1운동 이후 급증했다. 3.1운동 이후 조선인들의 고등교육에 대한 욕구가 크게 증가했다. 그것은 민립대학 설립 운동, 사립 전문학교의 대학으로 승격 요구 등으로 나타났다. 일제는 연희전문, 보성전문, 이화여전, 숭실전문 등의 대학 승격 요구를 거부하고 일본 유학을 권장하였으며 1926년 경성제국대학을 설립했다.

일제강점기에는 일본 유학이 주류였지만 소수나마 미국과 유럽에 유학한 사람도 있었다. 조선인의 미국 유학은 1882년 조미수호통상조약 체결 이후 공식적으로 가능해졌다.[8] 유길준(1856-1914)은 1883년 보빙사로 미국에 갔다가 그곳에 남아 보스턴 근방의 고등학교 덤머 아카데미(Dummer Academy)에서 수학함으로써 최초의 미국 유학생이 되었다. 이후 이계필, 변수, 윤치호, 서재필, 김규식, 안창호, 이승만, 박용만 등이 미국에 유학했다. 미국 유학은 1902년 하와이 한인 이민이 시작되면서 크게 늘어났다. 1910년대 미국 유학생의 숫자는 100명 미만이었지만 1920년대에는 350여 명으로 증가했다.

8 한말 미국 유학과 사회과학 도입에 대해서는 정병준, 〈한말 미국 유학 지식인의 서구 '사회과학' 수용과 현실 인식〉, 《이화사학연구》 44호, 2012, 95-137쪽 참조.

1920년대 중반부터는 미국 유명 대학에서 박사학위를 받은 여러 사람들이 귀국하여 전문학교 교수로 자리 잡기 시작한다. 연희전문에는 미국 유학 출신 교수가 가장 많았다. 1925년 컬럼비아대학에서 박사학위를 받은 조병옥, 1927년 예일대학에서 박사학위를 받은 백낙준, 1928년 하버드대학서 박사학위를 받은 하경덕, 1931년 보스턴대학에서 박사학위를 받은 이묘묵(1902-1957), 1934년 시카고대학에서 박사학위를 받은 갈홍기(1906-1989), 1935년 드루대학에서 박사학위를 받은 정일형(1904-1982) 등이 연희전문에서 가르쳤다. 브라운대학에서 영문학을 공부하고 1924년 귀국한 백상규, 1931년 컬럼비아대학교에서 교육학 박사학위를 받은 오천석, 1936년 컬럼비아대학교에서 박사학위를 받은 장덕수(1894-1947), 1937년 미시건대학에서 철학박사 학위를 받은 박희성(1901-1988) 등이 귀국하여 보성전문 교수로 부임했다. 1925년 보스턴대학에서 석사학위를 받은 김활란은 이화여전 교수로 부임했다가 1931년에는 콜럼비아대학에서 박사학위를 받고 이화여전 교수로 복귀했다. 1928년 남가주대학USC에서 박사학위를 받은 한치진과 1937년 미시건대학에서 사회학 박사학위를 받은 고황경(1909-2000)도 이화여전 교수로 부임했다. 1929년 위스콘신대학교에서 박사학위를 받은 이훈구(1896-1961)는 중국 남경에 있는 기독교대학인 금릉(金陵)대학을 거쳐 1931년 평양의 숭실전문에 부임했다. 이들 가운데 백상규, 이훈구, 고황경, 장덕수 등의 사례에서 보듯이 많은 사람들이 일본에서 수학한 다음 다시 미국으로 유학을 떠나는 과정을 밟았다.

3.1운동 이후 서구 '근대'의 발생지인 유럽으로 유학을 떠난 사람들도 있었다. 이들은 일본을 통해 알게 된 유럽의 근대 학문을 본고장으로 가서 공부하려는 의도를 가지고 독일, 프랑스, 영국으로 갔다. 미국

에 유학한 사람들이 대부분 선교사들의 지원 네트워크를 활용했다면 유럽 유학생들은 거의 집안이나 친지의 지원과 고학 등으로 유학 생활을 했다. 영국, 독일, 프랑스 세 나라 가운데 독일 유학생이 제일 많았으며 프랑스와 영국 유학은 상대적으로 적었다. 그 이유는 한국 유학생들이 독일을 모델로 삼은 일본 학계로부터 독일에 대한 정보나 지식을 습득했기 때문이다. 김중세는 일본을 거쳐 1909년 독일로 가서 1926년 라이프치히대학에서 학위를 받고 귀국하여 1928-1932년 경성제대에서 고전학을 강의했다. 1927년 이관용은 스위스 취리히대학에서 박사학위를 받고 귀국하여 연희전문 교수로 부임했다. 소수지만 박석윤, 장택상, 윤보선 등은 영국에 유학했다. 1919년 3.1운동 이후 상하이로 망명한 사람들 가운데 정석해, 김법린, 공진항 등은 1920년 중국 유학생들 틈에 끼어 프랑스로 유학을 떠났다. 1920년대 말 1930년대 초에 이르면 독일이나 프랑스 등에 유학해서 박사학위를 받은 사람들이 귀국하여 활동을 시작했다. 뷔르츠부르크대학에서 철학 박사학위를 받은 백성욱, 1927년 베를린대학에서 경제학 박사학위를 받고 그곳에서 한국어를 연구하고 가르쳤던 이극로(1893-1978), 1928년 라이프치히대학에서 신문학 박사학위를 받은 김현준(1898-1950), 예나대학에서 철학 박사학위를 받고 귀국한 안호상(1902-1999), 1933년 뮌헨대학에서 고고학으로 박사학위를 받은 김재원(1909-1990) 등이 그들이다.

일제강점기에 일본 유학생들은 미국이나 유럽 유학생들보다 더 큰 영향력을 행사했다. 일본 유학생들은 메이지 시대 이후 일본어로 번역된 서양의 학문을 용이하게 수용할 수 있었고 현지에서 유학생회 등의 활동을 통해 이미 네트워크로 연결되어 있었기 때문에 귀국 이후 학술, 언론, 문화 영역에서 자연스럽게 주류를 형성했다. 미국이나 유럽에서 공부한 사람들은 수적으로 열세였고 응집력도 약했다. 일본을 통해 근대적인 학문을 공부한 사람들은 해방 이후 어문학, 역사학, 정치학, 법학, 경제학, 사회학, 심리학, 인류학 등 인문학과 사회과학 분야의 학문을 대학 안에 학과로 만들어 제도화시키고 교재를 쓰고 후학을 양성하면서 근대적 학문 체계의 수립에 결정적인 역할을 담당하게 된다.

1930년대 근대적 학술장의 형성

1919년 3.1운동 이후 1920년대가 신문과 잡지를 중심으로 대중적 인쇄 매체가 만들어지고 고등보통학교, 전문학교, 제국대학 등 근대적 교육기관이 설립되면서 근대 학문이 시작될 수 있는 제도적 기반이 만들어진 시기였다면 1930년대는 일본과 미국 및 유럽 유학생과 경성의 제국대학에서 고등교육을 받은 지식인 집단이 형성되어 다양한 학술 문화 활동이 그 모습을 드러냈다. 문단에서는 이광수와 김동인 등에 이어 염상섭과 홍명희 등에 의해 새로운 문학이 모색되고 카프(KAPF)의 활동에 의해 프롤레타리아 문학이 논의되면서 민족주의 문학과 계급문학 사이의 논전이 시작되었다.[9]

식민지 시대에 근대적인 학문 연구가 가능한 교육 및 연구기관의 설립 주체는 일제 식민지 권력, 기독교 선교기관, 민족기업가 등이었다. 미국에서 온 기독교 선교사들에 의해 먼저 연희전문(1917), 이화여전(1925), 숭실전문(1925) 등 근대적 고등교육기관이 설립되었다.[10] 1905년 이용익이 설립한 보성전문은 천도교의 손병희를 거쳐 1932년 민족기

9 김윤식, 《한국 근대문예비평사 연구》, 일지사, 1976.

10 정준영, 〈1910년대 조선총독부의 식민지 교육정책과 미션스쿨〉, 《사회와 역사》 72호, 2006, 213-247쪽.

업가 김성수가 경영권을 인수한 이후 전문학교로서 내실을 갖추었다. "우리에 있어 근대적 학문의 출발이 1926년에 세워진 경성제국대학과 밀접히 관련되어 있음은 불행한 일이지만 그렇다고 외면할 수도 없는 사실이다."[11] 1924년 경성제국대학 예과가 설치되고 1926년 경성제국대학이 개교했다.[12] 1928년에는 경성제국대학 법문학부 논문집인《紀要》가 창간되었고 1929년부터 경성제국대학 졸업생이 배출되기 시작했다. 1930년대에 들어서 연희전문과 보성전문은 형식상으로는 전문학교였지만 점차 교사, 도서관, 기숙사 등 교육과 연구시설을 정비했고 일본, 미국, 독일 등에서 근대적 교육을 받고 귀국하여 수준 높은 연구를 수행할 수 있는 학자들이 자리 잡기 시작했다.

근대적 학술장이 형성되기 위해서는 먼저 연구 능력을 갖춘 일군의 학자들이 존재해야 하고 그들이 활동할 수 있는 제도적 기반이 형성되어야 한다. 1930년대는 일본, 미국, 유럽 등에 유학했던 사람들이 귀국하고 경성제대 졸업생이 배출되면서 조선에 근대적 '학술장'이 형성될 수 있는 인적 기반이 풍부해진 시기였다.[13] 경성제국대학의 일본인 교수들과 총독부의 학술 담당 관료들, 와세다대학, 도쿄제국대학, 교토제국대학 등 일본에서 공부하고 귀국한 조선인 학자들, 1929년부터 경성

11 김윤식,《한국 근대문학사상사 연구 1-도남과 최재서》, 일지사, 1980, 머리말.

12 경성제국대학에 대한 전반적 논의로 이충우·최종고,《다시 보는 경성제국대학》, 푸른사상, 2013 참조.

13 여기서 '학술장'은 피에르 부르디외가 말하는 '장(場, champ)'의 하나이다. 부르디외에 따르면 하나의 '장'이 성립하기 위해서는 장에 고유한 내기물과 그 내기물이 지닌 사회적 가치를 인정하고 그것을 소유하기 위해 경쟁하는 복수의 행위자들이 있어야 한다. 장이 정당성이 문제가 되는 세계라면 학술장은 지식의 정당성을 놓고 학자들 사이의 투쟁이 전개되는 공간이다. 피에르 부르디외·로제 샤르티에, 이상길·배세진 옮김,《사회학자와 역사학자》, 킹콩북, 2019, 119쪽.

제국대학을 졸업한 조선인 학자들이 그 시대의 학술장을 구성하는 주요 인물들이었다. "차별적이고 위계적인 고등교육체제의 정점에 위치한 경성제대에서는 1930년대 들어 법문학부를 중심으로 '제도로서의 학문'이 성립하였고 이를 바탕으로 식민지 학계와 사회 내에서 학문 권력, 지식 권력으로 군림하게 되었다."[14]

그러나 조선의 학술장을 경성제대와 그 주변의 학자들이 독점한 것은 아니었다. 1930년대 연희전문에는 미국에 유학한 백낙준과 하경덕, 양명학을 중심으로 전통 학문을 계승하면서 중국에서 근대 학문을 익힌 정인보, 교토제국대학 등 일본에서 공부하고 귀국한 최현배, 이순탁, 백남운 등이 자리 잡고 경성제대의 '관학(官學)' 풍토와 구별되는 '민학(民學)'의 분위기를 만들고 있었다.[15] 다른 한편 보성전문에는 경성제대를 수석으로 졸업한 법학자 유진오, 독일 라이프치히대학에서 철학 박사학위를 받고 귀국한 안호상, 베이징대학에서 철학을 공부하고 귀국한 이상은, 교토제국대학에서 철학을 공부한 이종우 등이 나름대로 학문 연구의 분위기를 만들었다. 1930년대 식민지 조선의 학술장은 조선의 역사와 문화, 종교와 사상, 언어와 민속 등 조선학을 중심으로 형성되었다.[16]

1930년대는 근대적 학술지라는 새로운 형태의 출판이 시작된 시기

14 윤해동, 〈한국 근대 고등교육기관의 기원과 '식민지 대학 체제'의 형성〉, 윤해동·정준영 편저, 《경성제국대학과 동양학 연구》, 선인, 2018, 41쪽.

15 연희전문의 설립과 학풍에 대해서는 김도형, 《민족문화와 대학: 연희전문학교의 학풍과 학문》, 혜안, 2018. 김도형 외, 《일제하 연세 학풍과 민족교육》, 혜안, 2015 참조.

16 당시 그런 연구를 총체적으로 '조선학'이라고 불렀다. '조선학'이라는 용어는 1920년대 최남선이 처음 사용하기 시작한 용어로서 조선어, 조선의 역사, 조선의 문학, 조선의 민속 등 민족의 전통 문화를 대상으로 연구하는 학문을 뜻했다.

이기도 하다. 연희전문 문과에서 발행한 《조선어문연구》(1930), 최초의 영문학 잡지 《영어문학》(1932), 조선어학회 기관지 《한글》(1932), 최초의 민속학 잡지 《조선민속》(1933), 최초의 철학 잡지 《철학》(1933), 조선어학연구회 기관지 《정음》(1934), 조선학 연구자들의 《진단학보》(1934) 등이 연이어 창간되었다.[17] 1930년대는 특히 새롭게 형성된 인적·물적 기반 위에서 조선의 역사와 문화와 언어를 연구 대상으로 하는 '조선학' 분야에서 연구의 목적과 방법을 서로 달리하는 여러 학문적 조류가 형성된 "한국 근현대 학술사의 발흥기"였다.[18] 그 당시 형성된 학술장의 "특징을 제대로 분석하기 위해서는, 우선 조선학 운동을 전후한 시기, 곧 1930년대 초중반 조선 사회에서 근대적인 학문을 지향하여 조선 연구를 시도한 여러 움직임을 전체적으로 조망하면서 학술장의 지형도를 그릴 수 있어야 한다.[19] 그 당시 학술장의 전체 지형을 보면 일단 총독부의 조선사편수회, 경성제대, 청구학회라는 일본인 중심의 연구 집단이 한쪽에 있었고 그에 맞서 민족주의적 경향의 '조선학운동', 마르크스주의적 사회경제사 연구자들, 진단학회라는 조선인 중심의 연구 집단으로 분류되는 여러 학파가 형성되었다.[20] 1930년대 조선학을 둘러싼 여러 학파 사이의 대립과 경쟁은 일제의 관변 학문과 반식민 민족주의 학문 사이의 대립, 우파 민족주의와 좌파 맑시즘 사이의

17 최덕교 편저, 《한국 잡지 100년》 3권, 현암사, 2004.

18 방기중, 《한국 근현대 사상사 연구》, 역사비평사, 1992, 114쪽.

19 신주백, 〈'조선학' 학술장의 재구성〉, 신주백 편저, 《한국 근현대 인문학의 제도화: 1910-1959》, 혜안, 2014, 114-115쪽.

20 정병준, 〈식민지 관제 역사학과 근대 학문으로서의 한국 역사학의 태동-진단학회를 중심으로〉, 《사회와 역사》 110집, 2016, 105쪽.

대립, 관학(官學) 아카데미즘과 민학(民學) 학술 운동 사이의 대립 등 여러 차원의 대립이 복잡하게 얽혀진 것이었다.[21]

1930년대 조선학을 중심으로 형성된 근대적 학술장은 그 이념적 지향성에서 차이가 나는 여러 학파들이 객관성, 중립성, 엄밀성, 보편성, 특수성 등에 대한 본격적인 쟁점을 생산했다.[22] 거기에는 한편으로 고대 조선의 문화에 주목해 민족의 정체성을 추구하는 문화주의자들과 다른 한편으로 '과학적 중립성'과 '실증주의'를 내세우며 식민지 수탈과 억압에 눈감는 관학파, 그리고 그 양쪽 모두를 비판하는 사회경제학파 등이 있었다. 이렇게 여러 학회들로 형성된 1930년대 조선의 학술장은 권력의 논리로 완전히 환원되지 않는 일정한 자율성을 지키고 있었다. 그렇지만 당시는 식민통치기였다. 1930년대 초반에 형성된 조선의 학술장은 1930년대 후반으로 가면서 식민지 권력 당국의 통제를 받기 시작했다. 1936년 '조선 사상범 보호령'이 내려졌고 1937년 중일전쟁 발발 이후 탄압이 더욱 강화되었다. 1940년대 들어서 태평양전쟁이 발발하고 총력전 체제가 수립되면서 모든 학회 활동이 중지되었다. 1942년 '조선어학회 사건'에서 보듯이 일제의 학술운동 탄압이 거세지면서 진단학회는 자진 해산했고 정인보 등 뜻있는 학자들은 은둔했다.[23]

21 정종현, 〈다산(茶山)의 초상-최익한과 홍이섭의 정약용 연구를 중심으로〉, 김성보·김예림 편, 《분단시대의 앎의 체계》, 혜안, 2016, 229쪽 각주 참조.

22 박명규, 한국사회사학회 편, 〈지식운동의 근대성과 식민성: 1920-30년대를 중심으로〉, 《지식 변동의 사회사》, 문학과지성사, 2003, 145쪽. 하나의 보기로 사회경제학파를 대표한 백남운은 "통계적 방법이나 실증주의라는 것이 갖는 이데올로기성에 대해 매우 강력한 비판을 가했다."

23 1930년대 식민지 아카데미즘과 학술장은 학문에 종사할 연구자를 길러내는 학문 재생산 단계에 이르지 못했다는 근본적인 한계를 안고 있었다. 홍종욱, 〈'식민지 아카데미즘'의 그늘, 지식인의 전향〉, 《사이》 11호, 93-134쪽.

분단과 남한 학술장의 형성

해방 이후 남북의 분단은 한국 학술사에 결정적으로 영향을 미쳤다. 1945년 8월 16일 백남운이 주도하여 인문학, 사회과학, 자연과학을 망라하는 한국 학계의 대표적인 학자들이 참가하는 '조선학술원'이 창립되었으나 이념 대립과 분단의 징후가 짙어지면서 하나였던 조선의 학계와 학계 인사들도 남북으로 분단되었다. 헌법학자의 경우 유진오는 남한을, 최용달은 북한 체제를 선택했고 교토제국대학 출신의 뛰어난 두 화학자 가운데 이태규는 남한을 선택했고 리승기는 북한으로 갔다. 1946년 한 해에 서울에는 국립서울대학교가, 평양에는 김일성종합대학이 개교했다. 이로써 남한과 북한에서 '분단 고등교육체제'가 형성되었다.[24] 북한은 경성에서 활동하던 유능한 학자들을 대거 김일성대학교 교수로 영입했다.[25] 남한에서 활동하다가 월북한 학자들에 의해 김일성대학교는 단시간 내에 서울대학교에 필적하는 대학으로 성장할 수 있었다. 서울대학교와 김일성대학교 교수들은 공통으로 일제강점기에 일본에 유학했거나 경성제국대학 출신들이었다.[26] 그들의 학문적 배경에는 큰 차이가 없었다. 교육학자 김기석의 표현대로 서울대학교와 김일성종합대학교는 '일란성 쌍생아'였다.[27]

24 해방 정국에서 번역 출간된 미소 양국의 교육제도를 소개하는 책으로 이상백·홍순창 공편역, 《美蘇의 교육제도》, 을유문화사, 1947 참조.

25 김일성종합대학의 설립 과정에 대해서는 정종현, 《제국대학의 조센징》, 휴머니스트 2019, 274-292쪽 참조.

26 1946년 무렵 대학교수의 총수는 300-400명 정도였다. 이동진, 〈한국 사회학의 제도화와 배용광〉, 《동방학지》 168집, 2014, 257쪽.

27 김기석, 《일란성 쌍생아의 탄생, 1946: 국립서울대학교와 김일성종합대학의 창설》, 교육과학사, 2001, 173-175쪽.

해방 이후 1950년 6.25전쟁에 이르는 혼란의 시기에 서울대학교, 연희대학교, 고려대학교 등 대학교수 중심의 학자와 언론인, 소수의 출판사, 미국의 학술 원조 등이 결합해 일종의 학술장이 만들어졌다. 을유문화사, 민중서관, 정음사 등에서 일제강점기에 축적된 여러 학자들의 연구 성과를 출간했다. 그러나 1950년 6.25전쟁의 발발로 한국 학계는 학문에 앞서 생존이 절실한 문제로 제기되면서 다시 혼란과 정체 속에 빠지게 된다. 한국의 학계는 6.25전쟁 중 대구와 부산 등에서 전시대학을 운영하면서 명맥을 유지했다. 전후 강화된 냉전의 분위기에서 남한의 학문 활동은 자유민주주의라는 이념적 틀 안에서만 허용되었다.

해방 이후 미국의 영향력은 한국의 대학과 학문의 인적·물적 토대를 새롭게 개편하는 가장 강력한 변수로 등장했다. 특히 한국전쟁이 끝나고 미국무성의 초청 프로그램으로 남한 학자들의 미국 연수가 시작되었다. 1948년 발효된 '교환교육법(Smith Mundt Act)'에 의해 1952년부터 해외 학자 초청 프로그램이 시작되었다.[28] 1950년대 후반에는 '미네소타 프로젝트', 피바디대학과의 자매결연, 미국무성 초청 프로그램, 록펠러재단, 카네기재단, 포드재단, 풀브라이트 재단 등의 학술 지원, 미국 여러 대학들의 한국 학생에 대한 장학금 지원 등에 힘입어 교수들의 연수가 이루어지고 우수한 학생들의 미국 유학이 크게 늘어났다.[29] 1961년에 시작된 풀브라이트 장학 프로그램은 1990년까지 786명이 장학금을 받고 미국에서 공부할 기회를 제공했다. 한국에 대한 미국의

28 이 법의 공식 명칭은 The U.S. Information and Educational Exchange Act of 1948 (Public Law 80-402)이다. 1945년 스미스 먼트에 의해 발의되었고 트루먼 대통령 시절에 통과되었다.

29 김성은, 〈1950~1960년대 미국의 교육 원조와 미국 유학 선호-미네소타 프로젝트와 풀브라이트 프로그램을 중심으로〉, 《사회와 역사》 122집, 2019, 191-222쪽.

고등교육 원조는 일시적인 효과에 그치지 않고 오늘날 한국 학계의 미국 의존성이 깊게 뿌리내리는 결정적인 계기가 되었다.[30]

학문 활동이 이루어지기 위해서는 학자들로 구성된 학회가 창설되고 학회지가 발간되어야 한다. 1945년 한국지리학회, 1946년 한국심리학회, 1952년 국어국문학회, 한국역사학회, 한국경제학회, 1953년 한국철학회, 한국정치학회, 한국교육학회, 1954년 한국영어영문학회, 1956년 한국행정학회, 1957년 한국사회학회, 한국경영학회, 한국서양사학회, 1958년 한국문화인류학회, 한국독일문학회, 1959년 한국언론학회, 1965년 한국불어불문학회가 창립했다. 대부분의 학회들은 학회 창립 이후 1960년대에 들어서야 학회지를 창간했다. 학회지의 출간이 정상화되고 각 대학마다 연구 논문집을 발간하면서 학술 연구가 본격적인 궤도에 오른 시기는 분과마다 차이가 있지만 대체로 1970년대에 들어서라고 볼 수 있다.[31]

1960-1980년대 인문·사회과학의 지성사

6.25전쟁 이후 한국의 학계가 미국을 중심으로 하는 서구 학문을 일방적으로 수용하는 방향으로 기울어졌다고 하지만 그것은 주류의 흐름일 뿐이고 한국의 학계 전체를 포괄하는 것은 아니었다. 특히 1960년 4.19혁명의 경험은 한국 사회 내부의 힘으로 새로운 사회를 만들 수 있다는 자신감으로 이어졌다. 그러나 밑으로부터 형성된 4.19의 변혁 에너지는 1961년 5.16 군부 쿠데타를 통해 억압되었다. 4.19 이후

30 김성은, 같은 글, 216쪽.

31 한국에서 사회과학에 속하는 각 학문 분야의 전문화와 대중화에 대해서는 김성은, 《한국 사회과학의 전문화와 대중화》, 서울대학교 사회학과 박사학위 논문, 2015 참조.

대학은 정권에 대한 가장 강력한 비판 세력의 진앙지였기 때문에 5.16 군사정부 집권 이후 대학에 대한 통제는 정권 유지와 직결된 문제였다. 1963년 선거를 통해 집권한 이후 박정희 정부는 문교부를 통해 국립대학은 물론 사립대학에까지 감독과 관리 기능을 강화시켰다. 학생운동의 주동자와 비판적 지식인 역할을 하는 교수들을 감시하고 구속하는 한편 "공부하는 대학, 연구하는 교수"라는 구호를 내걸고 교수들에게 연구비를 지급하기 시작했다. 이후 연구비의 증가와 더불어 대학교수의 최고 덕목은 비판적 지성에서 자기 전공 분야에서 최고의 연구자가 되는 것으로 바뀌기 시작했다.[32]

그럼에도 불구하고 4.19 이후 대학사회에 형성된 비판적 지성의 분위기는 지속적인 저항운동으로 이어졌다. 이에 맞서 권위주의 정부는 인민혁명당사건, 동백림 사건, 통일혁명당 사건 등으로 진보적 지식인과 비판 세력을 탄압했지만 이미 형성된 비판적 정신은 꺼지지 않고 여러 형태로 분출되었다. 대학생과 재야의 양심적 지식인을 중심으로 한 저항운동은 계속되었고 민주주의와 민족주의라는 두 개의 중심 가치 아래서 한국 사회의 새로운 방향 정립을 위한 주체적인 학문 연구의 풍토가 태동했다. 1930년대 말에서 1940년대 초에 태어나 1960년대 초에 대학에 다닌 4.19세대의 학생들은 6.25전쟁 이후 친미냉전분단체제와 권위주의 정부 그리고 무비판적인 미국 학문 수용이 초래한 비주체적 학문 풍토를 비판하면서 그 이전 시기와 구별되는 지적 지향성을 보였다. 그들은 4.19세대이자 한글세대라는 자부심을 가지고 주체적이고 비판적인 학문 세계를 일구어가기 시작했다.

32 김건우, 《대한민국의 설계자들》, 느티나무책방, 2017, 92-93쪽.

1963년 이후 경제개발 5개년계획의 실시로 산업화와 도시화가 이루어지고 1972년 억압적인 유신체제가 수립되면서 민주화와 사회개혁을 지향하는 비판 세력들 사이에는 한국 사회의 현실을 이해하기 위해 정치학, 경제학, 사회학 등 사회과학적 지식에 대한 관심이 커졌다. 4.19세대는 1970년대에 들어서 대학과 언론계를 비롯하여 한국 사회의 학술·문화·출판·언론 분야에서 중요한 역할을 담당했다. 대학과 재야의 비판적 학자와 지식인들은 학생운동 중심의 사회운동의 저변을 넓혀가기 위한 방향을 모색했다. 박정희 정권은 이런 흐름에 대하여 경제성장과 국가안보를 내세우면서 여러 가지 억압적인 조치를 취했다.[33]

1972년 유신체제 수립 이후 비판적 지식인들은 '민중론'이라는 대항 이데올로기 패러다임을 형성했다. 민중론은 해방 이후 분단체제의 지속, 1960년대 이후 급속하게 진행된 산업화에 따른 사회적 모순의 증대, 5.16쿠데타 이후 억압적 권위주의 정치라는 한국적 현실을 비판적으로 분석하고 대안을 모색하는 비판적 학문 패러다임이 되었다.[34] 문학에서 시작한 민중론은 신학, 역사학, 경제학, 사회학, 정치학, 교육학, 예술 분야로 확장되고 심화되었다. 비판적 사회과학 출판사들이 민중론의 확산에 중요한 역할을 담당했다. 1975년 언론자유화운동으로 해직된 기자들이 출판운동의 주역이 되었다. 그들은 해외의 비판적 사회과학 서적의 번역본을 출간하고 한국 학자들의 비판적 저서의 출간을

33 강명숙, 〈제도화된 학술장으로서의 대학과 국가 통제: 1960-1970년대를 중심으로〉, 서은주·김영선·신주백 편, 《권력과 학술장: 1960년대-1980년대 초반》, 혜안, 2014, 21-49쪽; 이봉범, 〈1960년대 권력과 지식인 그리고 학술의 공공성: 적극적 현실정치 참여 지식인의 동향을 중심으로〉, 《권력과 학술장: 1960년대-1980년대 초반》, 50-96쪽.

34 정수복, 〈대항 이데올로기로서의 민중론〉, 《의미 세계와 사회운동》, 민영사, 1993, 101-128쪽.

고무했다. 1970년대 후반으로 갈수록 한국 사회에 대한 비판적 사회과학 지식에 대한 욕구가 더욱 커졌다. "1960년대가 인문학, 특히 문학, 사학, 철학이 지성계를 주도하던 시대였다면, 1970년대는 사회과학이 문사철로부터 떨어져 나와 자기의 영토를 선언하고 개척을 시작한 시기였다."[35] 급변하는 한국 사회를 이해하고 변화시키기 위해서는 "주관과 감성의 언어가 아닌 객관적 논리와 이론 체계"가 필요했던 것이다.[36]

1980년 광주항쟁 이후 학계의 상황에 큰 변화가 일어났다. 1980년대에 들어서 한국 학계의 일각에서 급속한 산업화에 따른 불평등의 심화, 노동자, 농민, 도시 빈민들의 저항운동을 민주화운동과 통일운동으로 연결하면서 국가의 반공 이데올로기의 통제에 균열을 내는 움직임이 시작되었다.[37] 재야 지식인과 학생운동 세력이 결합되면서 학계는 제도권과 비제도권으로 극명하게 양분되었다. 광주항쟁 이후 비판의식을 가진 대학생들과 사회운동의 이론가들은 일본, 중국, 유럽의 다양한 좌파 사회 이론을 빠르게 수용하면서 마르크스주의 패러다임으로 남한의 자본주의 사회에 대한 분석을 시도했다.

1980년대의 진보적 학술 운동의 등장은 일제시대에 형성되고 해방공간에서 분출되었다가 냉전체제 하에서 지하로 들어갔던 마르크스주의 패러다임이 다시 지상으로 분출한 것으로 볼 수 있다.[38] 1980년대는 어떤 의미에서 1920년대와 1930년대에 걸치는 민족주의 계열과 사회

35 송호근, 〈학문의 후진성에 대한 지성사적 고찰-사회학 또는 사회과학의 역사적 굴레와 출구〉, 일송기념사업회 편, 《한국 인문사회과학 연구, 이대로 좋은가》, 푸른역사, 2013, 97쪽.

36 송호근, 같은 글, 101쪽.

37 이나미, 〈리영희, 박현채, 문익환, 장일순: 1980년대의 급진사상〉, 강정인 등 공저, 《인물로 읽는 현대 한국 정치사상의 흐름》, 아카넷, 2019, 479-526쪽.

주의 계열의 민족해방운동, 해방공간에서의 좌우익 이념 갈등이 변형된 형태로 재현된 시대였다고 할 수 있다. 광주항쟁에 대한 정부의 무자비한 탄압은 그러한 국가에 항의하고 저항하는 사회운동 세력의 이념적 급진화를 불러왔다. 비판적 이념으로 무장한 사회운동의 이데올로그들은 1948년 분단체제의 수립과 1960년대 이후 진행된 한국 사회의 자본주의적 산업화를 좌파 이론을 통해 설명하고 변혁을 위한 다양한 사회운동을 전개했다.

그런 분위기 속에서 제도권 학계에 맞서는 비제도권 학회들이 만들어졌다. 1984년 산업사회학회의 결성 이후 사회경제학회, 한국정치연구회, 한국사회언론연구회, 한국역사연구회, 사회철학연구회, 민주법학연구회, 여성사연구회, 보건과사회연구회 등 진보적인 학회가 만들어졌다.[39] 1987년 6월항쟁으로 민주화가 이루어지면서 비제도권 학회들은 비판적 학회들로 공식 조직이 되어 활동을 시작했다. 여러 비판적 학술단체들은 1988년 한데 모여 학술단체협의회를 발족시켰다.[40] 1990년대에 들어서 각 학문 분야의 비판적 소장 학자들이 주도하는

38 이런 해석으로 조희연·김동춘, 〈80년대 비판적 사회이론의 전개와 민족·민중사회학〉, 1990, 한국사회학회 편, 《한국 사회의 비판적 인식: 1980년대 한국 사회의 분석》, 나남, 1990, 26-27쪽 참조.

39 조희연·김동춘, 〈80년대 비판적 사회이론의 전개와 민족·민중사회학〉, 한국사회학회 편, 《한국 사회의 비판적 인식》, 나남, 1990, 15-50쪽; 김진균, 〈한국 사회과학의 현재적 과제〉, 《한국의 사회현실과 학문의 과제》, 문화과학사, 1997, 199-214쪽.

40 1980년대와 1990년대 비판적 인문사회과학의 형성과 내용에 대해서는 학술단체협의회 심포지움 준비위원회 엮음, 《한국 인문사회과학의 현단계와 전망》, 역사비평사, 1989; 산업사회연구회 엮음, 《현대 한국 인문사회과학 연구사: 1980·90년대 비판학문의 평가와 전망》, 한울, 1994; 학술단체협의회 엮음, 《한국 인문사회과학의 현재와 미래》, 푸른숲, 1998 참조.

'학술 운동'이 공식 영역에서 자유롭게 펼쳐지기 시작했다.

1987년 민주화와 냉전 종식 이후의 학술장 변화

1987년 권위주의 체제가 해체되고 민주화가 이루어지는 시기에 1989년 베를린 장벽이 무너지고 소비에트 체제가 붕괴했다. 냉전 종식의 분위기에서 마르크스주의 서적과 월북 문인들의 작품이 해금되면서 학문 활동에서 이념적 금기도 대폭 완화되었다. 이제야말로 이념적 제한과 정치적 억압에서 자유로운 연구가 가능해졌다. 1970년대 초중반에 대학에 입학하여 1980년대 후반에 박사학위를 취득한 젊은 세대 학자들이 학계에 진출했다. 대학의 신입생 정원이 늘어나고 그에 따라 교수직도 늘어나면서 학회지에 발표되는 연구 논문과 단행본 저서도 양적으로 크게 증가했다.

1987년 민주화에서 1997년 IMF 금융위기에 이르는 시기는 다양한 지적 흐름이 공존하는 백화제방의 시대였다.[41] 실천의 영역에서는 노동운동 패러다임에서 시민운동 패러다임으로 이동이 일어나고 이론의 차원에서는 마르크스주의 패러다임이 후퇴하고 포스트모더니즘이 상륙했다. 그와 동시에 대학 운영 방식이 기업화되면서 실용적 가치를 지닌 학문을 강조하는 시대가 빠르게 다가왔다. 이념 과잉의 시대가 지나가고 실용학문의 시대가 도래하면서 1980년대 인문사회과학 분야의 소장 학자들이 주창했던 비판적 인문사회과학 패러다임이 점차 후퇴했다.

41 학술단체협의회 심포지움 준비위원회 엮음, 《한국 인문사회과학의 현단계와 전망》, 역사비평사, 1989; 산업사회연구회 엮음, 《현대 한국 인문사회과학 연구사: 1980·90년대 비판학문의 평가와 전망》, 한울, 1994; 학술단체협의회 엮음, 《한국 인문사회과학의 현재와 미래》, 푸른숲, 1998.

다른 한편 1990년대 초중반에는 이념의 폭풍이 지나간 자리에 우리 학계의 자기반성이 쏟아져 나왔다. 주체적 학문의 필요성을 주장하는 논의가 일어나기도 했다. 문화인류학자 조혜정은 현실과 유리된 타자의 언어가 겉돌고 헛도는 말이 되어 맴돌다 사라지는 일이 반복되면서 현실에 대한 주체적 해석이 이루어지지 못하고 있다고 우리 학계를 비판했다.[42] 철학자 김영민은 미국 학계의 성과를 무비판적으로 수입하여 국내에 소개하는 한국 지식인들은 '기지촌 지식인'이라고 이름 붙이면서 우리 현실에 대한 주체적 사고를 주장했다. 국문학자 조동일은 품질이 좋은 외국의 학문을 남보다 빨리 수입하는 일을 학자 자신의 본업으로 생각하는 수입업 학자들을 비판하면서 자립적이고 주체적인 우리 학문의 길을 열어나가는 제조업 학자의 출현을 기대했다.[43]

이런 문제의식이 의미 있는 열매로 맺어지기 전에 한국 사회는 또 한 번의 소용돌이로 빠져들었다. 1997년에 발생한 IMF 금융위기는 한국 사회의 기본 구조의 변동에 심층적인 영향을 미쳤다. 국가가 주도하고 대기업이 중심이 된 경제체제가 IMF 금융위기 이후 신자유주의적 질서로 재편되면서 실업률이 증가하고 비정규직 노동자가 급증했다. 그에 따라 노동자 전체의 이익을 아우르는 민주노조운동이 쇠퇴하고 몇몇 대기업 중심의 기업별 노조가 노동운동의 주류를 형성했다. 많은 사업체가 연쇄적으로 도산을 경험하고 저성장의 시대로 접어들었다. 사회이동의 가능성이 줄어들고 중산층이 축소되기 시작했다. 남한

42 조혜정, 《탈식민지 시대의 글읽기와 삶읽기》 1-3권, 또하나의문화, 1992-1994.

43 조동일, 《우리 학문의 길》, 지식산업사, 1993: '수입학'이 '자립학'을 억눌러 '창조학'으로 나아가는 길을 막는 한국 인문학계의 현실에 대해서는 조동일, 《인문학문의 사명》, 서울대학교 출판부, 1997 참조. 이 책은 《인문학의 사명》(퍼플, 2011)으로 재출간되었다.

사회가 민주화되고 소련과 동유럽의 사회주의 체제가 붕괴했지만, 한반도의 냉전분단체제가 그리 쉽게 변화되지는 않았다. 이런 분위기에서 2000년대 들어서 비판적 인문사회과학의 패러다임은 점차 약화되었다.

우리 학문의 주체성 확립이라는 미완의 과제

해방 이후 한국 학계의 과제는 식민사관을 극복하고 주체적인 우리 학문을 수립하는 것이었다. 오늘의 관점에서 보았을 때 일제가 강요한 식민사관의 극복이라는 과제는 충분히 달성되었다고 여겨진다. 그에 대한 하나의 방증으로 국문학, 국사학, 국어학, 민속학, 미술사학 등 한국학 분야의 연구 논문을 실은《한국학보》의 종간을 들 수 있다. 1975년 일제 식민주의가 남긴 학계의 풍토를 일신하고자 창간한《한국학보》는 2005년 120호를 기념하면서 30년 만에 막을 내렸다. 그러나 '주체적 학문'의 수립이라는 또 하나의 과제는 아직 달성하지 못한 미완의 과제로 남아 있다. '학문의 주체성'이 자신의 삶과 자신이 속한 사회를 자신의 언어와 이론으로 주체적으로 설명할 수 있는 지적 능력을 말한다면 일제가 남긴 식민사관은 극복했을지 몰라도 서구 이론에 대한 종속은 심화되었기 때문이다.

2000년대 이후 전 지구적 차원에서 경쟁이 심해지면서 학계에서도 국제경쟁력을 높여야 한다는 주장이 학술진흥정책의 방향으로 채택되었다. 그런 분위기에서 서구 학계의 논의를 기준으로 삼고 한국 자료를 활용한 영어 논문 쓰기가 권장되고 우리 나름의 토착 이론 구성을 강조하는 분위기는 점차 자취를 감추고 있다. 한국 사회가 선진국 대열에 진입한 이상 미국과 유럽에서 만들어진 이론을 한국 사회에 대입해도 큰 무리가 없어졌다는 주장도 등장했다.

그렇다면 주체적 학문의 형성이라는 관점에서 보았을 때 오늘날 한국학계는 어떤 상황에 처해 있는가? 국사학, 국어학, 국문학 등 일제강점기부터 민족주의 사관을 바탕으로 발전한 한국학의 경우는 일단 한국의 언어와 문학과 역사라는 연구 대상과 그것을 연구하기 위한 방대한 자료의 축적이라는 면에서 가장 주체적인 학문으로 발전했다. 그러나 미국을 비롯한 해외의 한국학 연구가 성장하면서 민족주의 이념에 기초한 국내 연구의 한계가 드러나고 있다. 사회과학의 경우 분과학문에 따라 차이가 있지만, 경제학은 미국의 주류 경제학 이론에 완전히 종속된 상태이고 사회학, 정치학, 심리학, 인류학 등도 미국 사회과학의 자장에서 크게 벗어나지 못하고 있는 상태다. 그렇기 때문에 지금도 여전히 필요한 것이 우리 학문의 주체성이다. 그것은 우리 역사와 문화의 맥락에서 우리에게 절실한 삶의 문제를 제기하고 우리 현실을 적절하게 포착할 수 있는 우리의 개념을 만들고 우리 현실 탐구에 적합한 연구방법을 개발하려는 학문적 태도를 뜻한다.

세계 학계에서 한국적인 문제의식에서 나온 연구로 주체적인 목소리를 내면서 서구 학자들과 대등한 위치에서 대화하기 위해서는 외국학계의 동향에 대한 파악과 더불어 주체적 문제의식이 필요하다. 외국학계의 흐름을 읽어서 외국 학자들과 소통할 수 있는 능력을 키우는 동시에 우리 나름의 문제의식을 담은 개념과 이론을 그들에게 보여줄 수 있는 복합적 연구 능력이 요구되는 것이다. 그렇지 않으면 한국 학자들은 언제나 하위의 자리에서 선진국 학자들을 모방하거나 추종하는 위치를 벗어날 수 없을 것이다. 한국 사회에 적합한 지식의 생산은 한국의 학자들로 구성된 지식의 공동체에서 만들어진다. 독일의 프랑크푸

르트학파, 프랑스의 아날학파, 미국의 시카고학파, 일본의 교토학파에서 볼 수 있듯이 특정한 장소에 살면서 역사적 문제의식을 공유한 학자들이 이룩한 학문적 전통이 고유한 이론을 만들어낸다. 문제의식을 공유하는 학자들 사이에 토론과 비판, 격려와 지지를 통해 '집합적인 지적 흥분 상태(collective intellectual effervescence)'를 자아내는 '살아 있는 학문 공동체(living community of research)'를 만들지 않는 한 자생적인 지식 생산의 구조는 만들어지지 않을 것이다.

맺음말

경제개발과 민주화에 이어 한류 문화를 형성한 대한민국은 서구 문명을 빠른 속도로 따라잡았지만 인간 소외와 온갖 불평등과 기후와 생태 위기 등의 문제를 고스란히 껴안고 있다. 이제 우리에게 주어진 과제는 서구발 근대를 넘어서는 문명 전환의 방향 모색이다. 남의 뒤를 따르는 추종의 길에서 벗어나 새로운 길을 개척하기 위해서는 독창적인 사유를 할 수 있어야 한다. 그러기 위해서는 서구중심주의를 넘어서는 주체적인 학문이 필요하다.

이제는 서구의 대표적 학자들도 서구중심주의의 한계를 인정하고 동아시아의 사상에 관심을 기울이기 시작했다. 독일의 대표적 지성 위르겐 하버마스는 다시 쓰는 철학사에서 "유럽 중심의 제한된 관점(Eurocentric narrowing of perspective)"을 벗어나기 위해 불교와 유교에 대해서도 따로 장을 마련하고 있다.[44] 하버마스에 앞서 미국의 대표적 종교사회

44 Jürgen Habermas, *Also a History of Philosophy*. Volume 1: The Project of a Genealogy of Postmetaphysical Thinking Cambridge: Polity, 2003.

학자 로버트 벨라는 세계종교사를 다시 쓰면서 유대교와 기독교, 그리스 철학, 불교와 힌두교 그리고 유교를 편견 없이 대등하게 다루었다.[45]

인류 문명의 미래는 인권 존중과 민주주의라는 원칙을 지키면서 기후위기를 포함한 지구환경 위기의 극복, 전쟁의 종식과 세계 평화의 유지, 경제적 불평등의 해소와 문화적 다원성을 존중하는 문명이 되거나 소멸하거나 둘 중의 하나일 것이다. 한국문명은 유교, 불교, 도교 등의 전통사상을 비판적이면서도 창조적으로 재구성하고, 기독교를 배경으로 하는 서구 문명이 발전시킨 인권과 민주주의라는 기본 원칙을 존중하면서 그것을 보완하고 풍부하게 만들 수 있는 잠재력을 가지고 있다. 한국의 인문·사회과학자들은 그런 잠재력을 학문으로 표현할 수 있는 능력을 최대한으로 발휘할 때 한국문명은 물론이고 인류 문명의 미래에 이바지할 수 있을 것이다.

45 Robert Bellah, *Religion in Human Evolution*, Cambridge, Massachusetts: The Belknap Press of Harvard University Press, 2011.

문명론의 관점에서 본 한국의 근현대사
- 문명소와 문명상을 중심으로

신중섭*

대한민국은 참으로 역동적인 나라다. 세계 2차 대전 이후 식민지에서 독립한 85개국 가운데 산업화, 민주화에 유일하게 성공한 나라, 원조받는 나라에서 원조를 주는 나라로 우뚝 선 나라, 중진국의 함정을 돌파하고 선진국에 진입한 나라, 전 세계 GDP 순위 10-13위인 나라, 1인당 국민소득이 70년 사이에 540배 증가한 나라, 수출량·무역량이 세계 6-7위인 나라, 국방력도 그에 버금가는 나라에 살고 있다는 우리의 긍지는 한순간에 무너졌다. 정운찬[1]은 "정치권 특히 여야의 두 최고 위층이 야기한 여러 문제에서 비롯한 혼돈과 혼란에도 한국의 위상은 세계인이 부러워하고 있다. 한강 작가의 노벨상 수상, 김주혜 작가의 톨스토이상 수상, 피아니스트 조성진과 임윤찬의 연주, 각 나라 사람이 따라 부르는 로제나 BTS의 노래, 심야에도 혼자 산책할 수 있는 한국의

* 강원대학교 윤리교육과 명예교수.

1 정운찬, "그래도 희망의 끈을 놓지 말자", 《중앙일보》 2025년 1월 8일. 정운찬의 이러한 말에는 '한국문명'의 성립 조건 가운데 하나가 선진국 시민들의 인정임을 암시한다. 문명의 성립 조건 가운데 하나는 타인의 인정이다.

치안, 외국인들이 맛과 건강한 재료에 '엄지 척'을 세우는 한식, 대부분 국가에서 품질을 인정받는 반도체와 자동차, 화장품, 그리고 질서 있고 친절한 국민성은 세계인이 우리에게 보내는 찬사이며, 동시에 우리들의 자부심이다"라고 하면서 '한국문명'에 대한 자부심을 표현하였다.

노벨 경제학상을 받은 명망 있는 학자들이 경제와 정치에서 성공한 나라로 칭송한 나라, 노벨 문학상을 받은 나라가 일시에 안보와 경제, 치안이 흔들리는 나라로 곤두박질쳤다. 높은 자살률, 낮은 출산율, 확대되는 빈부격차, 과당경쟁에 몰입하는 교육 등 그동안 우리 사회가 해결해야 할 과제로 설정되었던 문제들은 이제 뒷전으로 밀려났다. 왜 이렇게 되었는가? 무엇이 잘못되었는가? 제도인가, 사람인가, 문화인가? 정치인이 문제인가, 국민이 문제인가?

이 글은 문명론의 관점에서 이러한 물음에 대한 대답을 찾아가면서, 한국의 근현대사를 조망해 보는 것이다. 구한말과 일제강점기 시대의 문명화, 현대의 산업화와 민주화, 선진화, 세계화를 넘어 우리는 어디로 가야 하는가.

일상어가 된 한국문명

박명림의 "이번 내란 사태는 한국의 문명 단계에 비추어 경악과 충격이었다. 한국이 도달한 경제와 기술, 민주주의와 문화의 수준을 상찬하던 세계는 한국 같은 선진국에서 최고지도자의 내란이 어떻게 가능한지, 인류 문명과 민주주의 역사를 다시 써야 하는 곤혹에 직면하고 말았다"[2]라는 짧은 글에 '문명'이라는 말이 두 번 등장한다. 첫 번째 '문명 단계'는 문명이 여러 단계 있음을, 두 번째 '인류 문명'은 인류의 보편적 문명이 존재함을 암시한다. 하나의 인류 문명이 존재하며, 한국이

어느 단계의 '문명'에 진입했다는 말의 의미는 한국이 '경제, 기술, 민주주의와 문화 수준'에서 세계의 상찬을 받음으로써 선진국에 도달했음을 의미한다. 박명림은 문명을 기술과 정치체제와 문화를 포괄하는 넓은 의미로 사용하고 있다. 박명림의 '문명' 개념 사용은 현대의 문명 개념 사용의 한 사례를 보여준다. 우리는 이러한 문명 개념 사용을 널리 받아들인다.

윤평중도 '한국문명'이라는 말을 사용하였다. 그는 "현대 한국문명의 공동규범 중 하나인 자유롭고 평등한 보통선거에 의한 평화적 권력 교체의 틀을 군대를 동원해 깨뜨리려 한 것이다. 선진국 시민인 한국 시민들을 총체적으로 모욕했고 반만년 한반도 역사 최전성기인 대한민국의 국격을 수직으로 추락시켰다"고 했다. '한국문명'이라는 말이 일상화된 것이다.[3] '한국문명'의 구체적인 의미는 논자에 따라 다를 수 있지만, 이제 '한국문명'은 우리의 일상어로 들어왔다.

그러나 문명 개념이 항상 이렇게 사용되었던 것은 아니다. 이러한 문명 개념은 교통과 통신기술의 발전으로 세계화가 힘차게 진행되어 지구촌의 상황을 한눈에 관망할 수 있게 된 이후의 일이다. 세계화 이전에는 하나의 문명이 아니라 여러 개의 문명이 독립적으로 존재했다. 지역적으로 유럽 문명과 그 이외의 문명으로 나누고, 시간적으로 고대문

2 박명림, "내란저지·탄핵소추 이후의 최고 과제", 《중앙일보》 2024년 12월 27일. '내란'이라는 판단에 대해서는 동의하지 않을 수도 있다.

3 윤평중과의 대화, "정치적 초인에 과잉 기대, 제왕적 대통령제와 맞물린 비극", 《중앙일보》 2024년 12월 28일. 김용섭은 《동아시아 역사 속에서 한국문명의 전환: 충격, 대응, 통합의 문명으로》(지식산업사, 2008)에서 '한국문명'이라는 말을 사용하였다. 김용섭은 '고조선문명'이라는 고유한 문명권을 인정하였다. 그는 우리 역사에서 2차례 문명 전환이 있었다고 하였다.

명, 중세문명, 근대문명, 현대문명으로 나누기도 하였다. 인류 문명, 세계 문명이라는 개념이 등장한 이후에도 여전히 시간과 공간에 따른 문명의 분류는 의미 있게 사용될 수 있다. '인류 문명'이라는 말 속에는 보편 문명이 존재한다는 주장이 포함되어 있다. 다만 보편 문명의 구성요소에는 경제, 기술, 민주주의와 문화가 포함된다. 인류가 보편적으로 받아들일 수 있는 경제와 기술과 정치체제와 문화에 대한 합의가 존재한다는 것이다. 물질적인 풍요로움, 기술에는 첨단의 과학기술, 민주주의, 인류가 보편적으로 호응하는 문화가 현대 인류 문명의 특성이라고 할 수 있다.

'인류 문명'이라는 말이 널리 사용되고 있음에도 불구하고 우리는 여전히 '한국문명', '유럽 문명', '동아시아 문명' 등과 같이 지역 개념이 포함된 문명 개념을 사용한다. 그렇다면 '한국문명'과 '인류 문명'은 어떠한 관계가 있는가? 우리는 '한국문명'이 인류 문명의 일부가 되었다고 믿는다. 인류 문명의 일부가 되었다는 말의 의미는 '한국문명'을 세계가 인정했다는 것이다. 한국인이 아닌 다른 국적의 사람들이 한국문명을 선진국의 문명으로 인정했다는 것이다. 한국의 민주주의는 '완전 민주주의 단계'에 속하고, 소득 수준은 선진국 수준이고, K-문화를 세계인이 좋아하고, 한국인들이 국제적인 예술 단체에서 상을 받고, 노벨 문학상을 받은 구체적인 사실을 한국문명이 세계 인류 문명의 일원이 되었다는 증거라고 생각한다. 한국문명이 주류 문명의 일부를 구성하게 된 것이다. 어떻게 이것이 가능하게 되었는가?

'문명소'와 '문명상'

문명을 "문화를 촉진하는 사회 질서다"[4]라고 정의한 듀런트는 문명을 "기술의 진보, 다양한 경제 조직, 통치의 실험, 종교적 열망, 도덕과 예절의 변화, 위대한 문학작품, 과학의 발전, 철학의 지혜, 예술의 성취"[5]로 설명했다. 이러한 문명의 성취는 천재와 노동이 만들어낸 문화 유산의 총체이며, 문명은 도시적 현상이다. 그는 문명에 발명과 정치, 과학과 철학, 종교와 윤리, 문학과 예술을 포함시켰다. 그가 생각하는 문명을 구성하는 4가지 요소는 '경제적 요소', '정치적 요소', '도덕적 요소', '정신적 요소'[6]다. 경제적 요소에는 수렵·경작·산업의 토대·경제적 조직을, 정치적 요소에는 정부의 기원·국가·법·가족을, 도덕적 요소에는 결혼·성도덕·사회 도덕·종교를, 정신적 요소에는 문자·과학·예술을 포함시켰다. 듀런트가 말하는 문명의 4가지 요소에는 문명소(素)와 문명상(相)이 혼합되어 있다.

문명과 문화를 엄격하게 구분하지 않고 사용하는 이한구는 "문명은 정신적 영역을 포함하는 정치체제, 경제구조, 사회제도 등 생활양식 일체를 가리키는 의미로, 때로는 동질적 문화 공동체를 지시하는 의미로 사용된다"[7]라고 하면서 '문명의 3중 구조'[8]를 제시했다. 그가 말한 3중 구조의 근본적 신념체계는 종교, 예술, 철학으로 인간과 사회 및 세계

4 Will Durant, *The Story of Civilization: Part I, Our Oriental Heritage*, Simon and Schuster, New York, 1954, p. 1. 왕수민·한상석 옮김,《문명 이야기: 동양문명 1-1, 수메르에서 일본까지》, 민음사, 2011.

5 Durant, *Ibid*, p. 1.

6 Durant, *Ibid*, pp. 16-89.

7 이한구,《문명의 융합》, 철학과현실사, 2019, 47쪽.

8 이한구, 같은 책, 78쪽.

에 관한 가장 근본적인 신념들을 의미한다. 그리고 사회체제는 정치, 경제, 사회, 문화를 의미하며, 세 번째는 과학, 기술이다. 이한구는 문명의 구조를 다음과 같이 도식화하였다.

[3–1]

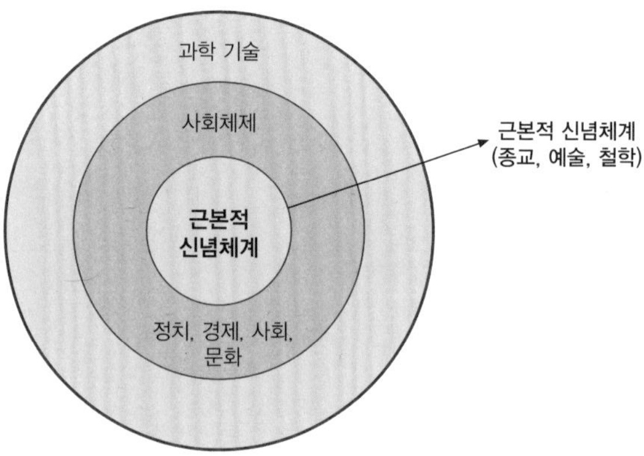

이한구가 말하는 근본적인 신념체계, 사회체제, 과학과 기술은 문명소(文明素)다. 근본적인 신념체계에는 유교·기독교·불교와 같은 종교, 관습과 도덕이 있고, 사회체제에는 군주제, 민주주의와 같은 정치체제, 자본주의, 시장경제, 계획경제와 같은 경제체제가 포함되며, 과학과 기술에는 과학과 공학 이론이 포함된다. 이러한 문명소가 종합적으로 작용하여 정치·경제·사회·문화 현상, 곧 문명상(文明相)이 나타난다. 문명소는 고정된 것이 아니고 끊임없이 창조되고 진화하고 발전한다. 문명소가 현실에서 구현되어 문명상을 형성한다.[9]

9 '文明素'와 '文明相'이라는 개념은 한국의 근현대사를 설명하기 위해 필자가 도입한 새로운 개념이다.

조선에 문명론의 등장 배경

'문명'은 18세기 프랑스에서 만들어진 용어로 국가와 국민이 지향해야 할 이상을 담은 말이었다. 당시 문명은 개혁의 이념으로 작용하여 자유와 평등을 문명 개념에 포함시켰다. 서양 제국주의의 확장과 함께 문명은 구미 이외의 다른 지역을 '야만'으로 규정하고, 야만의 문명화를 시민 정책의 명분으로 삼았다. 동아시아가 유럽을 통해 서구의 문명 개념을 수용한 시기는 19세기 후반이다. 서구 문명 개념의 수용은 중국을 중심으로 삼은 중화 질서의 쇠퇴를 의미하였다.[10]

동아시아에서 서구의 '문명'이라는 개념을 처음으로 받아들인 나라는 일본이다. 일본의 후쿠자와 유키치(1835-1901)는 'civilization'을 '문명', '문명 개화'로 번역했다. '문명'은 원래 유교권 사회에서 사용되던 개념이었다. 동아시아에서 '문명'은 국가가 지향해야 할 유교적 이상을 담고 있으며, 지배층은 이 목표를 지속적으로 추구하였다. 후쿠자와가 정리한 새로운 '문명' 개념은 조선과 중국으로 전파되었다. 새로운 서양식의 '문명' 개념이 도입되면서 전통적인 '문명' 개념과의 갈등이 나타났다. 새로운 문명 개념을 받아들인 경우에도 사회 세력들 사이에 지향점이 달라 서로 갈등하게 되었다. 19세기 후반 한국에서는 서양의 새로운 '문명'을 거부하는 집단과 수용하는 집단 사이에서, 수용하는 집단 안에서는 무엇을 어디까지 수용할 것인가를 둘러싸고 대립과 갈등이 강하게 드러났다.[11]

병인양요(1866년) 이후 조선에 서양의 여러 나라들이 접근해오자 소

10 노대환, 《문명》, 소화, 2010, 18-19쪽.

11 노대환, 같은 책, 19쪽.

중화로 자처해왔던 집권 세력은 위정척사로 맞섰다. 위정척사론은 서양을 양이(洋夷)로 취급하여 금수로 보았다. 위정척사의 선봉에 섰던 대원군은 “서양 오랑캐가 침범하는데 싸우지 않는 것은 곧 화친하자는 것이니, 이를 영원히 우리 자손에게 경계하노라”라고 적은 척화비를 세우고 쇄국정책을 밀어붙였다. 병인양요와 신미양요(1871년)가 발생하고 결국은 강화도조약이 체결되었다. 척화비로 열강을 막을 수 없었다.

19세기 후반 한국의 지식인들과 정치인들은 서구의 문명상(相)에 놀라 그것을 가능하게 한 문명소(素)가 무엇인가를 탐구하기 시작하였다. 서구의 문명이 한반도에 알려지기 시작하자 가장 강고하게 반대한 사람들은 위정척사론자들이다. 서세동점(西勢東漸)이 진행되는 과정 속에서 여전히 위정척사론자들이 존재하였지만, 서구나 일본의 문명상에 눈을 돌리고 그것을 수용하려는 노력들이 지속되었다. 서구 문명과 서구 문명의 수용에 성공한 일본 문명을 받아들여야 한다고 믿는 사람들을 우리는 개화론자로 부른다. 이런 개화론자들은 ‘동도서기론자’, ‘문명개화론자’, ‘유교개신론자’라고 구분할 수 있다. 이 가운데 문명개화론은 개항 전후부터 일제강점기 동안 ‘근대화’의 중심적 세계관이었다. 문명개화론에 입각하여 갑신정변이나 갑오경장과 같은 실제 개혁이 일어나기도 했지만 그것은 지속되지 못했다. 조선 조정이 자주적이고 독립적인 입장을 견지하지 못하고 외세에 휘둘렸기 때문이다. 가까운 외세로는 일본, 중국, 러시아가, 이들 뒤에는 영국, 독일, 프랑스, 미국이 진을 치고 있었다. 조선은 이들 나라의 영향력 아래에서 독립국으로 생존하지 못하고 결국 일본의 식민지가 되었다. 당시 상황을 고려하면 불가피한 일이었다.

서구 문명 수용론인 동도서기론, 문명개화론, 유교개신론은 서구 문명의 문명상을 인정하고 조선이 따라 배워야 한다는 공통적인 인식을 가지고 있었지만, 무엇을 따라 배울 것인가 곧 어떤 문명소를 받아들일 것인가에 대해서는 입장을 달리하였다. 문명개화론의 진영에 속한 지식인들 사이에서도 수용해야 할 문명소를 놓고 입장이 갈리기도 하였다. 그뿐만 아니라 동일한 사람도 시기에 따라 수용해야 할 문명소에 대한 입장이 변하기도 하였다.

외세의 위협과 힘이 거세지자 위정척사론으로는 현실을 타개할 수 없다는 위기의식이 확산되면서 서양 문명소의 일부를 수용하자는 이론인 동도서기론(東道西器論)이 등장하였다. 동도서기론은 동양의 우월한 문명을 보존하기 위해 서양 문명소의 일부를 수용하자고 주장하였다. 그들이 생각한 서양의 문명소는 기기(器機)만을 말한다. 초기의 기기는 과학기술이 아니라 도구를 만드는 기술 정도로 이해하는 것이 합당하다. 초기 동도서기론자들이 서양 근대 과학에 대한 깊은 이해가 있었다고 보기는 어렵기 때문이다.

동도서기론으로 부족하다고 느낀 사람들은 문명개화론을 주장하였다. 문명개화론은 서구 문명을 기준으로 삼고, 서구 문명에 근접하거나 동화하는 것을 '발전'으로 보면서 문명진보사관을 받아들여 인류 역사를 야만에서 문명으로 '진보'하는 과정으로 이해하고, 이 경로가 단일하다는 보편사적 관점을 취한다. 당시 시점에서 진보의 정점을 서구 문명으로 보았다. 물론 당시 서구 문명이 완벽하다고 본 것은 아니다. 서구 문명도 많은 문제점을 안고 있지만, 그것을 극복하고 더 나은 지점으로 나아갈 것이라고 확신하였다.[12]

12 정용화, 《문명의 정치사상: 유길준과 근대 한국》, 문학과지성사, 2004, 403-404쪽.

후쿠자와 유키치의 문명론

문명개화론은 일본에서 유래하였다. 후쿠자와 유키치[13]는 사회를 '혼돈'과 '만야', '미개'와 '문명'으로 구분하였다. '혼돈의 민'은 중앙아프리카나 오스트레일리아의 원주민 등과 같이 수렵이나 어로 생활을 하고, 문자나 법률을 모르는 사람이다. '만야의 민'은 천막에 살며 유목생활을 하고 문자는 있지만 대부분 글자를 모른다. 아라비아 원주민이 이에 해당한다. '미개의 민'은 교화가 널리 미치지 않아 풍속이 개량되지는 않았지만 경작과 기예가 발달하고 학문도 번성한 이들이며, 중국이나 터키가 여기에 속한다. 마지막으로 '개화 문명의 민'은 예와 의를 중시하고 재력이 있고 정신이 영민하여 학문과 기예가 진보하고 하늘의 행복을 향유하는 사람들인데 미국, 영국, 프랑스, 게르만 등이 여기에 속한다.

후쿠자와 유키치는《학문에 관하여》(1872)에서 문명에 대하여 "원래 문명이라 함은 사람이 지(智)와 덕(德)을 고양하여 스스로 그 자신을 다스려서 원만한 사회생활을 영위하여 서로 해를 끼치지도 않고 해를 입지도 않고 각자 자신의 권리를 향유하여 사회의 안전과 번창을 달성하는 것을 말한다"[14]라고 하였다. 또 "문명이란 좁은 의미로는 인력을 가지고 인간의 수요를 증대시키는 동시에 의식주를 충족시키는 것을 뜻하며, 넓은 의미로는 지혜를 연마하여 덕을 닦아 인간이 고상한 지위에 오르는 것을 뜻하는 것"이라고도 하였다. 그는 사람의 지덕에서 안락과 품위가 나오는 것으로 생각하여 지덕의 진보를 문명의 진보와 동일

13 노대환, 위의 책, 63-70쪽.

14 후쿠자와 유키치, 임종원 옮김,《후쿠자와 유키치의 가쿠몬노스스메》, 홍익출판사, 2007, 111쪽.

한 것으로 보았다.

후쿠자와 유키치의 문명론을 관통하는 문제의식은 서구 문명을 탄생시킨 본질적인 요소를 찾아내어 그것을 일본에 적용하는 것이었다. 그가 파악한 본질적인 요소는 '문명의 정신'이었다. 문명의 정신이란 백성의 독립의 기개를 말하며 독립의 기개가 없으면 문명의 형태도 결국 아무 쓸모가 없다고 생각했다. 그런데 일본은 메이지유신 이후 정부가 학술·법률·무역 등을 진흥시켰음에도 불구하고 국민의 무기력과 독립심 결여로 문명개화를 이루지 못하고 있다고 하였다. 후쿠자와는 일본이 문명개화를 이루지 못한 주요 원인을 정부의 정치권력의 독점에서 찾았다. 오래전부터 정부가 사소한 일까지 관여하면서 국가가 정부의 사유물처럼 되고 백성은 나라의 식객이 되었기 때문에 독립의 기개가 날로 퇴보했다는 것이다. 그는 진정한 문명은 사람 마음의 개혁을 가장 먼저 하고 이어 정치·법률의 개혁을 하며, 마지막으로 그 결과로서 유형의 사물 개혁을 단행할 때 달성할 수 있다고 판단하였다.[15]

후쿠자와 유키치는 문명은 국가를 단위로 한다는 점을 강조한다. 일본이라는 나라와 인민이 있은 후에 문명이 있으며, 나라가 없고 사람이 없으면 그것을 일본의 문명이라고 할 수 없다는 것이다. 일본 인민의 지력을 향상시켜 일본의 독립을 도모하는 것이 그의 문명화 전략이었다. 국가의 독립은 그가 설정한 일본의 당면과제였다.

후쿠자와 유키치는 '문명개화'를 가로막는 가장 큰 장애 요인을 전통적인 유교 사상이라고 주장하였다. 그는 "윤리와 철학을 본령으로 하는 유학이 정치 영역에서 무능하면서도 정치에서 영향력을 행사하려

15 박양신, 〈후쿠자와 유키치에 있어서의 문명과 독립〉, 《한양일본학》 제9집, 2001 참조.

했던 것이 중국 문명이 쇠퇴한 원인이며 철학의 영역에서도 빛을 보지 못한 원인"이라 생각하고 또 유교의 명분론, 우민적 사고, 남녀 차별, 군신 차별주의 등이 무조건적인 순종을 강요함으로써 독립성 및 자립성의 발전을 저해한다고 분석하였다.

후쿠자와의 문명론은 결국 국가주의로 귀착하였다. 자국의 권위를 신장시키고, 자국의 민을 부유하게 만들고, 자국의 지덕을 닦고, 자국의 명예를 빛내기 위해 애쓰는 자를 보국의 민이라고 부르며 그 마음을 보국심이라 하였다. 보국심은 결국 국가에 충성스러운 인민의 마음이다. 보국심을 키울 때 일본은 서구의 위협으로부터 벗어나 문명 일본을 세울 수 있다고 믿었던 것이다.

조선, '문명론'의 수용[16]

1870년대 일본에서 유행한 후쿠자와 유키치의 문명론은 1880년대에 조선에도 알려지기 시작하였다. 노대환은 한국에서의 '문명' 개념 수용의 양상을 3단계로 나눈다. 1기는 1880-갑오개혁 이전, 2기는 갑오개혁-1899년, 3기는 1900-1910년이다. 1기는 '문명'이 소개되는 시기, 2기는 갑오개혁을 중심으로 '문명' 개념이 사회적으로 확산되는 시기, 3기는 1905년 을사조약 체결 이후 문명을 둘러싼 논의가 활발해지면서 '문명' 개념의 분화가 나타난 시기다.[17]

우선 조선시대 문명 개념부터 살펴보자.[18] 조선시대 문명 개념은 기

16 노대환, 위의 책, 97-128쪽.

17 노대환, 같은 책, 20-21쪽.

18 노대환, 같은 책, 53-58쪽.

본적으로 유교적 교화의 의미를 가지고 있다. 장현광(1554-1637)은 "사람은 누구나 똑같은 사람이지만 오직 유학자만이 이 도를 강명하고 교화를 미루어 행해서 온 세상의 백성과 물건을 모두 문명의 교화에 들어가게 한다"고 하였다. 조선시대 문명관은 문명과 야만의 기준을 성리학으로 삼고, 성리학 이외의 것을 이단시하였다. 명이 멸망한 이후 조선이 중화라는 인식이 확산되면서 배타성이 더욱 힘을 얻어 청이나 일본을 이적(夷狄)으로 여겼다. 조선에서도 중국의 천하 문명관이 그러했듯이 화이(華夷)를 구분하였다.

조선말 문명론의 배경은 '진리의 나라' 조선이다. 조선의 이념은 '문명'이었다. 전통적인 성리학에 기반한 '문명'을 부정하고 나온 것이 19세기 말 이후의 '문명화' 담론이다. '문명'이란 무엇인가? 문(文)은 유교적 교화를 이상으로 삼는다. 문명사적 관점에서 볼 때 조선은 진리의 나라였다. 조선은 성리학에 기초하여 우주와 자연, 자연과 인간, 인간과 사회를 설명하는 통합적 체계를 발전시켰다. 성리학은 인간이 따르고 지켜야 할 지상 과제이자 최고의 유일한 진리였다. 성리학을 배척하면 사문난적(斯文亂賊)으로 배척받았다. 성리학은 사람들의 생활양식을 규제하는 사회제도, 윤리체계, 종교체계, 권력을 배분하고, 사회 갈등을 처리하는 통합적 진리였다. 조선에서 '진리의 정치체제'로서 성리학은 통치의 이념이었다.[19]

위정척사는 성리학에서 발원하였다. 서양 배가 조선 해안에 출현하자 고종이 "천하만국 가운데 어찌하여 성인들의 교화(教化, 가르침)를 지키지 않는 자들이 있으며, 양이들의 사교(잘못된 가르침)가 나오는 것은

19 전인권·정선태·이승원, 《1898, 문명의 전환》, 이학사, 2011, 26-27쪽.

어째서인가?"라고 묻자, 박규수는 "서양의 여러 이적(夷狄)들이 중국에서 너무도 멀리 떨어져 있기 때문입니다. 너무도 멀리 떨어져 있기에 중화 문명의 가르침이 아직 미치지 않은 것입니다. … 저들의 사설(邪說)이 끝내 천하의 사람들을 모두 물들게 하지는 못할 것입니다"라고 대답했다. 이어 고종이 "어찌 치우친 것이 바른 것을 해칠 수 있겠소. 치우친 것이 바른 것을 범하는 것은 마치 대낮에 구름이 태양을 가린 것 같은 것이어서 머지않아 저절로 해소될 것이오"라고 말하자 박규수는 "신이 일찍이 중국인들의 말을 듣건대, 저들 이적(夷狄)들이 항시 중국의 경전을 많이 사들여 번역하고 읽고 있다고 합니다. 그러니 이들도 필시 하루아침에 크게 깨달아 스스로의 비뚤어짐을 지각하고 이들 역시 모두 성인들의 가르침에 귀의하게 될 것입니다"[20]라고 맞장구를 쳤다. 고종과 박규수는 서양 사람들이 거리상 중국에서 멀리 떨어져 살아서 오랑캐가 되었다고 생각한다. 성리학(유교) 문명권에서 떨어져서 성인의 가르침을 따르지 못한다는 것이다. 유교를 문명과 야만의 기준으로 삼았다. 고종과 박규수의 이러한 인식은 중국의 중화사상, 화이사상을 따른 것이다.

1881년 일본 시찰단원으로 일본을 방문했던 이헌영은 일본의 한학자 다케오로부터 조선이 취해야 할 권고를 담은 글을 받았다. 이 글에는 몇 차례 '문명'이라는 용어가 나온다. 다케오는 만국의 국체를 군주전제(君主專制), 군주전치(君主專治), 귀족전치(貴族專治), 군민공치(君民共治), 합중정치(合衆政治) 다섯 가지로 나누어, 군민공치나 합중정치 가운데 하나를 선택하지 못하면 문명하다고 할 수 없으며, 그 밖의 세 가지

20 《국역 승정원일기》 고종 7년(1869) 3월 7일; 전인권 외, 2011, 29-30쪽에서 재인용.

는 어리석은 야만인들이나 달게 받는 것이라고 지적하였다.[21]

조선에 문명 개념을 본격적으로 소개한 사람은 유길준(1856-1914)과 윤치호(1865-1945)였다.[22] 유길준은 1881년 6월부터 1882년 12월까지 후쿠자와 유키치가 경영하던 게이오기주쿠에 유학하면서 일본의 문명 개념을 접하고, 귀국하여 문명이라는 용어를 조선에 소개하였다. 그는 1883년에 쓴《한성순보》창간사 여러 곳에서 개화 문명 또는 문명이라는 단어를 사용하였다. 그는 문명을 증진시키는 것이 신문의 역할이라고 보았다. 문명 증진을 권선징악의 도를 유행하게 하는 것, 정치를 적의(適宜)하게 개량하는 것, 농공상 제반 산업을 성대하게 하는 것으로 보았다.

유길준의 문명론은 1883년 발표한《세계대세론》'개화수이(開化殊異)' 편에서 좀 더 구체화되었다. 유길준은 문명을 '야만', '미개', '반개', '문명'의 4등급으로 구분하고, 각 단계의 내용을 설명하였다. 조선을 포함한 아시아 동부와 서부 및 유럽의 터키를 '반개', 구주 제국과 미국을 '문명'한 곳으로 분류하였다. 문명과 야만을 구분한 점에서 위정척사론과 동일하지만, 문명국과 야만국은 뒤바뀌었다. 그리고 유길준은《서유견문》에서 인간의 역사를 문명을 향해 끊임없이 진보하는 과정으로 봄으로써 보편사적인 입장을 견지했다.

유길준은 정치·법률·학술·기계·물품 등 모든 국면에서 시세에 맞게 서로의 사정을 비교하여 장점을 취하고 단점을 버리는 것을 개화로 이해하였다. 그는 서구 문명의 모든 문명소의 수용이 아니라, 유교 문

21 노대환, 위의 책, 98쪽.

22 이들의 문명론에 대한 설명은 노대환(2010)의 책 가운데 97-128쪽 논의를 정리한 것이다.

명과 서구 문명이 지양(止揚)된 '좀 더 보편적인 문명'을 지향하였다. 유길준은 "문명이란 반개화를 벗어나 상공업이 성대하고 문학 기술에 독실함이다"라고 하면서 유럽 여러 나라와 미국이 문명국이라고 하였다. 구법과 문지(文地)를 존중하여 숭배하지 않고 법령이 명백하며 정치가 다수에 의해 결정됨을 문명국의 특징으로 보았다.

유길준은 경쟁을 중시하여 경쟁이 광위(光威)와 부강의 증진을 이루고, 인생의 경쟁이 지덕과 행복의 증진을 이룬다고 설명한다. 그러나 《서유견문》에서는 논조가 달라진다.[23] 그는 사회진화론의 핵심인 우승열패의 세계관 자체를 부정하였다. 힘으로 모든 것을 판단하는 것은 동물의 세계에 적용되어야 하며, 인간의 세계에서 강약은 옳고 그름으로 정해져야 한다고 주장했다. 그는 경쟁 대신 경려(競勵)라는 말을 사용했다. 인류는 도덕적 경려를 통해 진보되어왔다는 것이다. 경려는 세계적으로 공통되는 이익을 추구하고 서로 돕기 때문에 그것에는 폐단이 없다고 주장한다. 유길준은 도덕적 문명관으로 전환함으로써 현실적 국제정치학에서 멀어졌다.

그뿐만 아니라 임금에 대한 충성, 정부의 명령에 대한 복종을 불변적인 국가의 규범으로 여김으로써 자유·평등·권리와 같은 서구 문명소를 수용해야 한다는 단계까지는 나아가지 못했다. 유길준은 서구를 부강하게 만든 서양의 문명소에 대한 이해가 약했다. 근대 서구 문명의 근본적인 문명소인 자유, 평등, 권리, 국민주권론, 민주주의, 시장경제, 자유재산제, 법의 지배와 같은 것의 중요성을 깨닫지 못했다.

윤치호는 일본, 중국, 미국에서 유학하면서 '문명개화론'을 체득하고

23 노대환, 위의 책, 115쪽.

이를 일제강점기 말까지 강력하게 추진하였다. 그는 '개화당'에 속했으며, 《독립신문》 주필, 독립협회 회장으로 활동했다. 그러면서 그는 일제강점기 동안 기독교계의 친일을 주도하면서 친일파의 대부 역할을 하였다. 해방 후에는 민족 반역자로 고발되었다.

1881년 일본에 파견된 윤치호는 2년 동안 체류하면서 문명론을 접했다. 그는 문명과 개화를 같은 의미로 이해했다. 그는 "내가 바라는 것은 나라가 태평하고 문명화되어가는 것"이라고 하였다. 윤치호는 문명의 의미를 직접적으로 설명하지 않았지만, 다음과 같이 말했다.

> 세계의 부강한 나라들도 처음에는 가난하고 약하였다. 다만 전진하여 게을리하지 않았고 부강을 도모하였으며 농사철을 빼앗지 않았고 부렴을 가볍게 했던 것이다. 백성들이 편해지자 예의를 가르치고 형률로 묶어 그 권리를 보장하여 자유와 천복을 누리게 하였던 것이다. 이런 까닭에 백성들이 충군 애국하는 뜻을 알아 상하가 같이 근심하고 같이 기뻐하게 되고, 안으로는 그 업을 편안히 하고 밖으로 능히 남의 업신여김을 막을 수 있었다.[24]

부강한 나라가 문명국을 의미하기 때문에 윤치호의 이런 말은 문명국에 대한 설명으로 볼 수 있다. 윤치호는 야만과 개화의 구별은 인의와 잔혹의 차이에 있다면서 조선은 법을 만들어 백성을 얽어매고 있다고 하였다. 개화한 나라는 형법을 통해 백성의 권리를 보장하지만 조선은 법으로 백성을 억압하고 있기 때문에 야만국이라는 것이다. 예의,

24 《국역 윤치호일기》 상, 356쪽; 노대환, 위의 책, 103쪽.

권리, 법률, 자유와 같은 것들이 문명국의 문명소였기에 이러한 기준에 따르면 조선은 문명과는 거리가 멀었다.

윤치호는 미국 생활을 통해 미국의 종교인 기독교를 미국 문명을 부강하게 한 원동력으로 파악하였다. 그는 미국 민주주의를 높이 평가하였으며, 인민의 자유와 권리와 공덕심을 바탕으로 한 자유민주주의 국가인 미국을 문명화된 국가로 보고, 그것의 정신적 원동력을 기독교라고 확신하였다. 윤치호는 미국 문명상을 가능하게 한 문명소인 기독교와 자유민주주의를 받아들여야 한다는 생각을 한 것이다. 그는 또한 인민의 지각과 기상을 중요한 문명소로 보았다. 그러나 자유민주주의의 기초가 된 개인주의, 사유재산제와 같은 경제적 토대에 대해서는 깊은 생각을 하지 못했다.

윤치호는 '문명 독립'을 지지하였다. '문명 독립'의 관점에서 보아도 조선은 야만국이었다. 조선이 섬기는 청 또한 야만국이었다. 그는 조선이 청국에 종속된 것을 수치로 여겼다. 윤치호의 문명개화는 내부 개혁을 통해 부강을 이루고 이를 발판으로 대외적으로 독립적인 지위를 달성해야 한다고 생각했다. 문명 정부는 백성을 편안하게 하고 밖으로 이웃 나라의 문제를 살펴 대비한다. 그런데 그의 눈에 비친 조선 정부는 무능하고 타락한 정부였다. 조선 정부는 탐학을 일삼아 백성을 도탄에 빠지게 하였고, 국가의 토지를 다른 나라에 빼앗기고도 그것을 깨닫지 못했다. 조선 정부에 실망한 그는 국가를 야만국인 청의 손에 맡기느니 차라리 다른 문명국에 맡겨 과중한 세금과 악한 정치에 신음하는 백성을 구하는 것이 더 낫겠다고 하였다.

1896년 4월 25일《독립신문》논설을 보자.

청국에 사서삼경을 잘 아는 사람이 조선보다 많이 있고 토지와 인민이 조선보다 커 그러하되, 구라파 속에 청국 십분지 일밖에 못 되는 나라라도 세계에 대접받기를 청국보다 십 배나 더 받고 정부와 백성이 백 배나 강하고 부유하니, 그것은 다름이 아니라 구라파 각국에서는 적든지 크든지 인민들이 남녀 없이 적어도 십여 년을 학교에서 각색 새 학문을 배운 연고요, 청국은 그저 오랜 사서삼경을 공부하는 까닭이라. 그런 고로 싸움하면 청국이 늘 외국에게 지는 것은, 문명개화한 나라 사람들은 군사를 조련할 줄 알고 이로운 병장기와 화륜선과 철도와 전신과 전화와 편한 의복과 유익한 음식과 정결한 거처를 만들 줄 알고, 나랏일에 죽는 것을 영광으로 아는 연고로 사람의 몸이 강하고 마음이 굳세고 지혜가 높아지거니와, 청국은 이 중에 한 가지도 공부 안 한즉 인민이 약하며 천하며 어리석으며 더러우며 나라 위할 마음이 없으며 남에게 천대를 받아도 천대인 줄 모르고 업신여김을 받아도 분한 줄을 모르는지라.

일본 같은 조그마한 나라가 싸움을 하여서 청국 병정 무찌르기를 풀 베는 것같이 하고 청국 내지와 항구에 들어가기를 평지 밟는 것같이 하며, 대만 같은 큰 나라를 빼앗고 배상을 이억팔천만 원을 받았으니, 그것은 다름이 아니라 일본도 삼십 년 전 같으면 나라 형세가 청국과 똑같았으니 어찌 조그마한 나라가 청국 같은 큰 나라를 이기리오마는, 일본 사람들이 서양 각국이 부강한 곡절을 알고, 곧 백성 교육하는 일을 힘써 학교가 하나도 없던 나라가 지금 전국에 공립 소학교가 오만여 개요, 중학교가 팔천여 개요, 대학교가 삼십여 개니, 못 만들던 화륜선을 만들고, 못 놓던 철도를 놓고, 못하던 장사를 하고, 이기지 못하던 싸움을 이기고, 없던 돈이 많이 생기고, 한 층으로 지은 나무집이 삼 층 사 층으로 지은 벽돌집이 되어가며, 방바닥에 꿇어 앉던 사람들이 교의(交椅)에 걸터앉게 되고, 더럽고 보기 흉한 두루마기 입던 사람들이 정하고 튼튼한 양복을 입게 되고, 나무신이나 짚신을 끌고 다니던 사람들이 가죽으로 만든 양혜(洋鞋)를 신게 되니, 이것은 모두 학교에서 인민이 학문을 배운 까닭이라.[25]

이 논설은 청나라와 구라파, 일본을 비교하면서 각 나라들의 문명상에 주목한다. 청나라는 문명개화를 하지 못한 나라이기 때문에 문명상이 형편없게 되었다는 것이다. 군사적으로 약할 뿐 아니라 인민이 약하고 천하며 어리석으며 더러우며 나라를 위하는 마음도 없으며 남에게 천대를 받아도 분노하지 않는다는 것이다. 이와 달리 일본은 서양 각국의 부강한 이유를 알고 교육에 힘써 좋은 환경에서 살게 되었다고 진단한다. 이 논설은 문명상을 보고 그러한 문명을 가능하게 한 요인, 곧 문명소로 교육을 중시하고 있다. 사람들은 일반적으로 다른 나라의 문명상을 먼저 보고 감탄하면서 자신의 문명상을 돌아보고 선진 문명상을 따라잡을 수 있는 문명소를 찾는다. 문명소를 무엇으로 보는가는 보는 사람의 세계관에 따라 달라진다. 윤치호는 청나라를 낮추어보고 일본을 높게 보았다. 그는 청에 굴종하느니 문명국 일본의 지도를 받는 것이 좋다고 생각하였다.

유길준과 윤치호의 문명 논의는 서양의 문명상에 대한 놀람과 공감, 그것을 모방하거나 변용하여 조선을 문명화하려는 강한 열망에서 나왔지만, 서양의 문명상을 가능하게 한 문명소에 대한 정확한 인식은 없

25 《독립신문》 1896년 4월 25일 논설; 전인권 외, 위의 책, 94-95쪽.

었다. 그들은 개인주의, 개인의 자유, 사유재산제, 이기심에 대한 긍정, 자유시장경제와 같은 근대 서양 문명소에 대한 이해가 약했기 때문에 부국강병을 위한 경제적 토대의 필요성을 인정하지 못했다. 무엇보다도 서양 근대의 기본이 된 자유에 대한 이해가 약했다. 조선의 문명론자들에게서 아담 스미스의 《국부론》에 대한 언급은 찾아볼 수 없다. 조선 말기의 문명론은 제도가 아니라 사람에 초점이 맞추어져 있기 때문이다. 공통적으로 교육을 중시하였는데 이는 좋은 제도 구축이 아니라 좋은 사람의 육성에 초점을 맞추었기 때문이다. 무엇보다도 문명의 어원이 보여주듯이 문명은 도시적 현상이라는 것을 알지 못했다. 당시 조선인은 대부분 농업에 종사하고 있었다.[26] 산업화로 도시가 많은 인구를 흡수해야만 문명화가 가능하다.

'좁은 회랑'과 한국의 문명화

사회문제에 대한 진단과 처방은 다양하지만, 문제의 근원을 제도에서 찾는 학자 세 사람이 2024년 노벨 경제학상을 받았다. 이 가운데 대런 애쓰모글루와 제임스 로빈슨은 그들의 공저 《국가들은 왜 실패하는가: 권력, 번영 그리고 빈곤의 기원들》[27], 《좁은 회랑: 국가, 사회 그리고 자유의 운명》[28]으로 우리 사회에도 잘 알려진 학자들이다. 그들은 《국

26 1909년 대한제국 민적법이 제정되었다. 당시 경무국에서 전국의 호구(戶口) 수를 조사하였다. 86%의 호가 농업에 종사하였다. 상업과 광공업 종사자 호수는 10% 미만이었다. 광공업 호수는 1% 정도였다.

27 대런 애쓰모글루·제임스 A. 로빈슨, 최완규 옮김, 《국가들은 왜 실패하는가: 권력, 번영 그리고 빈곤의 기원들》, 시공사, 2012.

28 대런 애쓰모글루·제임스 A. 로빈슨, 장경덕 옮김, 《좁은 회랑: 국가, 사회 그리고 자유의 운명》, 시공사, 2020.

가는 왜 실패하는가》에서 '포용적 제도'와 '착취적 제도'라는 개념을 창안하여 성공한 나라와 실패한 나라를 설명했다. 그들은 한반도에서 발생한 남한과 북한의 제도적 차이에는 전 세계 모든 부유한 나라와 가난한 나라의 차이를 설명할 수 있는 일반 이론의 요소가 존재한다고 하였다. 남한의 성공 요인과 북한의 실패 요인은 세계의 부유한 나라와 가난한 나라를 설명할 수 있는 일반적인 요인이 될 수 있다는 것이다. 남한과 북한의 차이는 '포용적 제도'와 '착취적 제도'의 차이에서 유래하는 것이고, 남한은 세계의 모든 못사는 나라가 참고할 수 있는 모델 국가가 될 수 있다는 것이다. 번영한 한국문명의 문명소를 제도로 본 것이다.

국가들 사이에는 차이가 많다. 어떤 나라는 번영을 이룩했고 어떤 나라는 그렇지 못했다. 어떤 나라의 국민은 복지와 자유를 누리지만 어떤 나라의 국민은 그렇지 못하다. 왜 그럴까? 이런 현상을 설명하는 유력한 가설 가운데 하나는 사회제도의 차이다. 올해 노벨 경제학상은 '제도가 어떻게 형성되고, 그 제도가 번영에 어떤 영향을 미치는가'에 대한 탁월한 연구 업적을 쌓은 사이먼 존스, 대런 애쓰모글루, 제임스 로빈슨에게 돌아갔다. 세 사람의 수상자는 유럽 식민주의자들이 도입한 다양한 정치·경제 시스템을 검토함으로써 제도와 번영 사이에 밀접한 관계가 존재한다는 사실을 보여주었다. 그뿐만 아니라 그들은 왜 제도들 사이에 차이가 존재하고, 어떻게 제도가 변화할 수 있는가를 설명할 수 있는 이론적인 틀을 발전시켜 법의 지배와 제도가 빈약한 사회에서는 그 구성원이 성장을 이룩하지도, 더 나은 사회를 향한 변화를 추구할 수도 없다는 것을 설명하였다.

이 세상의 수많은 가난한 나라와 북한의 공통점은 대다수 국민의 인센티브를 말살하여 가난으로 몰아넣는 착취적 경제제도를 가지고 있다는 것이다. 그런데 더 문제는 이러한 착취적 경제제도를 뒷받침해주는 착취적 정치제도가 존재한다는 것이다. 착취적 정치제도의 핵심은 공산당의 정치 독점이 소수 엘리트층에 정치권력을 몰아준다는 사실이다. 북한 주민이 가난에 찌들고 건강이 악화되고 수명이 짧을 수밖에 없는 이유는 착취적 정치제도와 착취적 경제제도가 결합했기 때문이라고 애쓰모글루와 로빈슨은 분석한다. 이들은 북한과 달리 남한에서 꾸준히 번영이 지속되어온 이유는 경제적 인센티브를 창출하고 사회 전반에 정치권력을 분산시켜 포용적 정치제도와 경제제도가 자리 잡았기 때문이라고 설명한다.

물론 남한에서 지금과 같이 포용적인 제도가 늘 존재해온 것은 아니다. 1963년 박정희 대통령이 집권했을 때 권력은 박정희와 그의 측근 군부에 집중된 착취적 성격의 정치제도가 도입되었다. 그러나 이런 정치제도 속에서도 경제제도는 북한과 비교하여 대단히 포용적이었다고 이들은 말한다. 항상 재벌 기업들은 사유재산권과 시장경제를 토대로 하고 있었다.

여기서 우리가 주목해야 하는 것은 착취적 정치제도와 포용적 경제제도의 결합이 한순간 경제성장을 가져올 수 있어도, 그 결합은 불안정하고 지속될 수 없다는 것이다. 이러한 결합이 지속되면 착취적 정치제도가 경제를 잠식해 착취적 경제제도로 나아가거나 이와 정반대로 정치제도가 경제제도를 따라 개방되어 포용적 제도로 바뀔 수밖에 없다는 것이다. 그들은 한국의 경제성장이 지속된 것은 1980년대에 경제적 성공을 보장하는 포용적 정치제도로 이행했기 때문이라고 설명한다.

애쓰모글루와 로빈슨의 이론이 기존의 이론과 차별화되는 지점은 그들이 지리적 위치나 자연환경, 문화를 국가 간의 경제적 성공 여부를 결정하는 요인으로 중요하게 생각하지 않았다는 점이다. 이들은 한 민족의 문화, 사회규범, 가치관, 노동윤리 등이 경제적 성공 여부에 결정적인 영향을 미친다는 이론에 대한 대안 이론으로 제도의 특성을 중시했다.

애쓰모글루와 로빈슨은 《국가는 왜 실패하는가》의 후속작인 《좁은 회랑》을 통해 분석의 초점을 경제성장에서 자유로 확장하였다. 경제성장을 좀 더 추상적이고 철학적인 '자유'라는 개념의 하위 개념으로 재정립하였다. 자유는 경제성장보다 더 포괄적인 개념이다. 그들은 자유로운 국가에서만 경제성장이 가능하고 인간적인 삶이 가능하다는 것이다.

《좁은 회랑》은 '자유론'이다. 이 책에서 말하는 자유란 무엇인가? 애쓰모글루와 로빈슨은 자유에 대한 로크의 정의에서 출발한다. 로크에 따르면 자유란 "다른 사람의 허락을 구하거나 그의 뜻에 매이지 않아도 되며… 전적으로 자기 뜻과 알맞다고 생각하는 대로 행동하고, 자신의 소유물과 신체를 사용할 때 사람들은 자유롭다." 이러한 자유에는 하나의 단서가 붙는다. "누구도 다른 사람의 생명이나 건강, 자유 또는 소유물에 해를 끼쳐선 안 된다." 그리고 "법이 없는 곳에는 자유도 없다." 자유란 법 안에서의 자유다.

애쓰모글루와 로빈슨은 "족쇄 채워진 리바이어던만이 자유를 향상시킨다"고 주장한다. 족쇄 채워진 리바이어던만이 자유를 보호하고, 광범위한 경제적 기회와 유인을 만들고, 지속적인 경제 번영을 촉진한다는 것이다. 한마디로 자유와 지속적인 경제적 번영은 동전의 양면이다. 여기서 우리가 주목해야 하는 것은 '지속적인'이라는 말이다. 자유가 없는 사회에서도 일시적인 경제적 번영은 있을 수 있기 때문이다. 등소평 이후 중국의 경제적 번영이 여기에 해당한다. 족쇄 채워진 리바이어던이 아닌 독재 리바이어던도 일시적으로 경제성장을 이룩할 수 있다는 것이다.

애쓰모글루와 로빈슨은 '자유로 가는 좁은 회랑'에 대해 말한다. 자유는 '좁은 회랑' 안에서 가능하다는 것이다. 그들이 말하는 '좁은 회랑'이란 무엇인가? 그들은 자유가 싹트고 번창하려면 국가와 사회가 둘 다 강해야 한다고 주장한다. 국가가 폭력을 억제하고, 법을 집행하며, 사람들이 스스로 선택한 것을 추구할 역량을 가지고 살아갈 수 있도록 하는 공공서비스를 제공하기 위해서는 강력해야 한다는 것이다.

그러나 국가권력은 사회와 개인을 지배하려는 본질적 속성을 가지고 있다. 이 본질적 속성이 나타나지 않도록 해야 한다. 강력한 국가를 통제하고 제약하는 것은 강력하고 집결된 사회다. 사회가 국가를 경계하지 않으면 헌법과 권리의 보장은 이루어질 수 없다. 폭력적인 국가와 국가가 존재하지 않을 때 나타나는 폭력과 무법 상태 사이에 자유로 가는 좁은 회랑(narrow corridor)이 끼어 있다. 바로 이 회랑에서 국가와 사회는 균형을 맞춘다. '족쇄 채워진 리바이어던'만이 자유를 보장한다. '국가의 힘'과 '사회의 힘'이 동시에 커지면서 서로 견제하고 균형을 이루는 상황에서 형성되는 '레드 퀸 현상(Red Queen Effect)'이 지속될 때 '좁은 회랑'은 넓어지고, 자유는 확장되고 경제는 번영한다. 이들은 다음과 같은 그림을 통해 자신들의 이론을 전개한다.

[3-2]

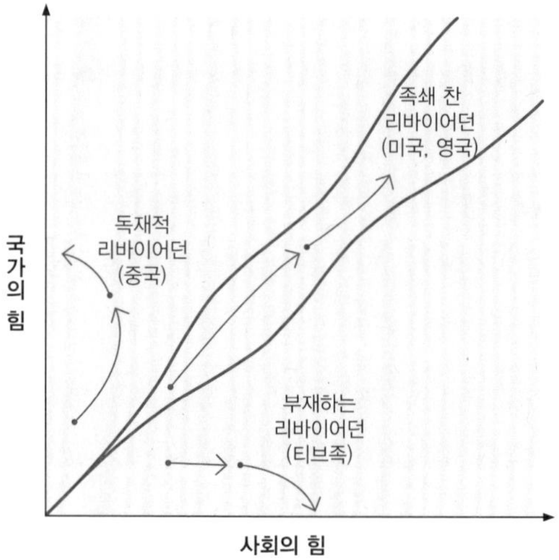

이들은 국가를 상징하는 홉스의 리바이어던을 '족쇄 채워진 리바이어던', '독재 리바이어던', '부재하는 리바이어던'으로 구분한다. '족쇄 채워진 리바이어던'만이 좁은 회랑 안에 존재한다. 좁은 회랑 안에 있는 국가의 시민만이 최대의 번영을 누릴 수 있다. 따라서 이들은 하이에크의 자생적 질서론을 비판한다. 국가권력이 확대되면 절대주의 국가가 탄생할 수 있다는 우려에서 국가권력의 확대를 경계한 하이에크는 '레드 퀸 효과'로 리바이어던에 족쇄를 채워 회랑 안에 머물 수 있게 한다는 것을 예견하지 못했다고 비판한다. 그뿐만 아니라 하이에크는 재분배에 나서고, 안전망을 구축해야 하고, 20세기 초반부터 갈수록 복잡해진 경제를 규제하기 위해 국가의 역할이 필요하다는 사실을 예상하지 못했다고 주장한다. 이들은 강한 국가와 강한 사회를 '레드퀸 효과'로 설명함으로써 국가와 사회의 역할에 대한 새로운 관점을 제시하였다.

이들은 한국이 1987년 이후 '좁은 회랑' 안으로 들어갔다고 말한다. 그 이전에는 독재적 리바이어던 상태에서 경제성장을 추구했지만, 1950년대부터 존재해온 사회의 힘이 작동하여 독재 리바이어던을 회랑 안으로 끌어내렸다는 것이다. 한국이 세계화에 참여함으로써 농업사회에서 산업사회로 발전한 것이 이런 이행이 일어난 결정적인 계기가 되었다는 것이다. 산업사회로의 발전은 농업사회와 달리 사회적 힘이 커질 수 있는 환경을 만들어준다는 것이다. 산업사회는 노동조합과 시민단체의 힘을 키워서 '독재 리바이어던'을 통제할 수 있는 사회적 힘을 강하게 만든다. 국가의 힘과 사회적 힘의 균형이 국가를 '좁은 회랑 안'에 머물게 한다는 것이다. 독재적 리바이어던에 족쇄를 채움으로써 자유를 보장한다는 것이다.

《좁은 회랑》은 '자유'에 초점을 맞춤으로써 독재국가에서 달성한 경제성장은 지속 가능하지 않음을 설명하려고 하였다. 독재국가에서는 지속적인 경제발전을 위해 가장 중요한 개인의 창의성이 발현될 수 없기 때문에, 예를 들어 중국의 경제성장은 지속적이지 않다는 것이다. 그렇더라도 독재국가도 질서를 만들어 나라가 무정부 상태에 빠지지 않게 한다는 점은 인정하고 있다. 독재가 홉스가 말한 '만인에 대한 만인의 투쟁 상태'보다는 낫다는 것이다. 한국은 독재적 리바이어던 상태에서 경제발전을 이룩하고, 세계화 시대에 맞추어 산업사회로 약진하면서 사회적 힘을 키워 독재적 리바이어던에 족쇄를 채웠다는 해석이 가능하다.

맺음말

서세동점이 시작된 조선 말에 조정과 관료 지식인 사이에는 어떻게 나라를 운영할 것인가에 대한 여러 논의가 있었다. 그들은 전혀 생각하지도 못했던 서양의 문물과 힘에 압도되어 위정척사론, 동도서기론, 문명개화론, 유교개신론을 개진하면서 현실에 대응하려고 하였지만 결국 성공하지 못하고 일제에 예속되었다. 일제강점기 기간 동안에도 독립을 위한 여러 운동이 전개되었지만 자력으로 독립을 쟁취하지는 못했다. 1925년에는 조선공산당이 결성되면서 공산주의라는 새로운 사상과 운동이 한반도에서 시작되었다. 이 사상은 해방 후 1948년 정부수립 전후에도 우리 사회에 심대한 영향을 미쳤다. 북한에 공산주의 국가가 수립되면서 한국 현대사에 공산주의의 영향은 한층 더 심화되었다. 공산주의는 오늘날에도 우리 사회에서 그 영향력이 사라진 것은 아니다.

우리는 국제 정세의 변화와 국내의 혼란 속에서도 무정부 상태로 떨어지지 않고 국가권력이 작동되었다. 무정부 상태를 막아준 독재 리바이어던은 불가피하게 국가폭력을 행사할 수밖에 없어 씻을 수 없는 상처를 낳았지만 산업화, 민주화, 세계화의 성공에 기여하여 자유와 인권을 갈망하고, 자신의 사회경제적 처지를 개선하려고 노력하는 사람들이 어느 정도 기를 펴면서 살 수 있게 되었다. 1800년대 후반 '문명론자'들이 문명화를 통해 이룩하려고 했던 세상이 성취된 것이다.

그동안 많은 사람들의 노력으로 부강하고 인간다운 삶을 유지할 수 있는 경세(經世)에 대한 지식이 축적되었다. 문명화를 위한 지식이 누적된 것이다. 우리는 지금 민주화 이후 우리가 추구해야 할 공동의 목표에 합의하지 못하고 있지만, 적어도 국방, 경제, 안전의 중요성에 대해서는 동의하고 있다. 이런 것이 충족되는 나라를 문명화된 나라라 할 수 있을 것이다. 문명화의 내용은 열려 있고, 문명화의 노력은 어느 시대나 공동의 과제가 될 수 있다. 문명화는 인류의 영원한 과업으로 남아 있는 것이다. 그렇게 하기 위해서는 새로운 문명소를 찾아야 한다.

애쓰모글루와 로빈슨은 인류의 진보는 아직 끝나지 않았다고 믿는다. 그들은 우리가 새로운 도전에 맞서고, 온갖 지배와 맞서 싸울 수 있는 사회의 역량을 키우기 위해 모든 사람이 집결할 때 진보는 이루어진다는 희망의 메시지를 보내고 있다. 그들이 말하는 진보란 곧 자유의 확장이다. 이런 맥락에서 보면 현재 우리가 직면하고 있는 한국 정치의 파행도 우리 정치 발전을 위한 또 하나의 성장통이라고 믿는다. 이 또한 지나갈 것이고, 지나놓고 보니 그 고통을 통해 우리 사회가 한 단계 더 성숙했다고 회고하는 날이 올 것이다. 역사는 시행착오를 통해 앞으로 나아간다.

열린 문명이 우리의 미래다*
- 현대문명의 두 패러다임에 대한 철학적 성찰을 기반으로

이한구**

이 글은 오늘의 세계질서를 규정해 온 두 거대 패러다임을 비판적으로 점검하고, 그 한계를 넘어설 수 있는 제3의 문명 패러다임을 모색하려는 시도다. 한 축은 서구 문명보편주의이고, 다른 한 축은 문명다원주의이다. 전자를 '보편주의'라 부르는 까닭은 계몽주의가 제시한 문명 이상이 근대 이후 사실상의 공통 규범으로 작동하며 거대한 해일처럼 전 지구를 휩쓸었기 때문이다. 반대로 "문명은 단수(單數)가 아니라 복수(複數)"라는 다원주의적 관점은 이러한 보편주의 서사를 비판하며 등장했다. 두 패러다임의 긴장과 교차가 오늘의 문명 논쟁을 이끌어 왔지만, 양자 모두를 넘어서는 사유의 갱신이 필요한 시점이다.

먼저 '문명'이라는 말의 기원을 더듬어 보자. 라틴어 civis(시민)와 civitas(도시)에서 파생한 civilis를 바탕으로 civiliser·civilize 같은 동사가

* 이 글은《OUGHTOPIA: The Journal of Social Paradigm Studies》(Vol. 32 No.2)에 실린 논문을 수정·보완하였다.

** 경희대학교 석좌교수, 인류사회재건연구원장, 대한민국학술원 회원.

생겼고, 그 명사형이 civilisation · civilization이 되었다.[1] 이와 평행한 어원군으로 civilitas에서 civilité · civility가 갈라졌는데, 이는 도시 시민의 세련과 교양을 가리킨다. civility가 비교적 정태적 품성을 나타낸다면, civilization은 태생적으로 운동성과 진전을 내포한다. 다시 말해 문명은 단지 "정태적 상태"를 명명하는 데 그치지 않고, 그 상태를 향해 꾸준히 나아가는 과정까지 포괄한다. 동아시아에서 쓰이는 '문명'은 일본 학계가 civilization을 번역하면서 정착시킨 용어다. 번역 논의 초기에는 문명, 문화, 개화, 문명개화, 문혁 등 다양한 후보가 경합했지만, 최종적으로 '문명'이 관용형으로 굳어졌다. 문자적 구성에서 문(文)은 '천지의 질서를 짠다'는 뜻을, 명(明)은 '사방을 밝힌다'는 뜻을 품고 있어 의미론적으로도 civilization이 지시하는 바와 밀접하게 호응한다.

계몽주의의 지적 프로그램은 진보적 개혁의 나침반으로 문명을 내세웠고, 역사의 궁극적 의미를 문명의 창조에서 찾았다. 프랑스 계몽사상가 돌바흐는《사회체계》에서 인간 이성이 아직 충분히 발휘되지 못했고 인간 문명 또한 여전히 미완성이라는 사실을 강조하면서, 경솔한 군주들의 상시적 전쟁이 공공의 행복과 이성의 진보 그리고 인류 문명 전체의 진전에 가장 큰 장벽이 된다고 경고했다.[2] 계몽의 어휘를 요약하면 '이성 · 진보 · 문명'이다. 이러한 규범적 어휘는 곧 역사 이해의 지평을 바꿔놓았다. 종교적 섭리를 역사를 움직이는 최종 원리로 상정하던 태도에서 벗어나, 인간 스스로가 역사를 구성한다는 확신이 전면으로 부상한 것이다. 이 확신은 역사에 내재하는 작동 원리를 탐구하는

1 김민정 외,《문명 안으로》, 한길사, 2011, 39쪽 참조.

2 D' Holbach, *Sustéme Sociale ou principles naturels de la morale et de la politique*, Vol 3, London, 1774, p. 113.

새로운 학문—역사철학—의 출현으로 제도화되었다. 그 결과 구원의 어휘는 이성의 언어로 치환되었고, 섭리의 개념은 문명 진보라는 세속적 전망으로 대체되었다.[3] 요컨대 이성에 의한 문명의 창조가 역사의 궁극적 의미로 등극했으며, 이때 문명은 과학과 기술만이 아니라 도덕과 법, 교육과 산업 등 사회 전 부문의 끝없는 향상을 가리키는 총체적 개념으로 확장되었다.

근대화를 추진했던 후발 국가들은 서로 다른 전략을 오가며 길을 찾았다. 어떤 국가는 근대화=문명화=서구화라는 등식을 전폭 수용해 전면 추격에 나섰고, 또 어떤 국가는 고유한 정체성을 보존한 채 과학기술이나 일부 제도만 선별적으로 도입하는 절충을 선택했다. 진퇴양난의 딜레마 속에서도 어렵사리 후발 근대화에 성공했다고 자부하는 지금, 우리는 다시 묻지 않을 수 없다. 우리의 다음 좌표는 어디인가. 추격을 계속할 것인가, 아니면 새로운 경로를 개척할 것인가.

더욱이 이른바 서구 선진국들조차 자신들이 구축한 문명에 대해 자성하고 성찰하며 방향 전환을 시도하고 있다. 이러한 시대에 특정 모델을 유일무이한 표준으로 간주해 무조건 추격하는 태도는 피할 수 없이 맹목과 근시안을 낳는다. 그렇다고 우리만의 독자 모델을 고립적으로 구축하자니, 이미 세계가 촘촘한 연결망으로 수렴된 상황에서 지역적·단절적 해법의 실효성에 의문이 제기된다. 여기서 요구되는 것은 추격과 자립, 보편과 다원, 표준과 다양성 사이의 긴장을 이념적으로 넘어서는 철학적 해명이다. 단순한 현실 적응을 넘어 문명 개념 자체를 재규정하는 이론적 돌파가 필요하다.

3 K. Löwith, *Meaning in History*, 5장 Voltaire, p. 105 이하 참조.

이와 같은 문제의식은 이미 다양한 분야에서 논의되어왔고, 부분적으로 수렴된 결론도 적지 않다. 그럼에도 여기서는 국제정치학이나 경제학의 분석틀 대신 철학의 고유한 방법—개념의 엄밀한 구별, 역사서사의 재구성, 규범적 기준의 공개적 제시—을 통해 논의를 더 정교화하고자 한다. 목표는 분명하다. 서구문명보편주의와 문명다원주의를 교차 비판적으로 점검하면서, 양자의 장단을 넘어설 수 있는 제3의 패러다임, 곧 '열린 문명'의 가능 조건을 탐색하는 일이다. 열린 문명이란, 기술적 진보와 제도적 합리성 위에 공존과 상호 번영의 윤리를 중층적으로 얹어 서로 다른 역사, 문화, 가치가 상호 번역과 상호 수정을 통해 공명하도록 설계된 규범적 질서를 뜻한다. 이 질서에서 문명은 하나의 정상분포곡선으로 표준화되지 않고, 다양한 궤도들이 네트워크적 상호작용을 통해 장기적으로 수렴과 발산을 반복한다. 그 과정 전체를 선형적 시간 표상으로 환원하지 않고, 다층적 시간성과 지역적 맥락을 존중하는 해석학적 틀이 함께 작동한다.

따라서 이 글의 과제는 단지 대안을 주장하는 차원을 넘어 문명에 관한 언어와 범주 자체를 갱신하는 작업까지 포함한다. 문명이 '상태'인지 '과정'인지, '기술'인지 '윤리'인지, '제도'인지 '상상'인지를 둘러싼 이원론을 해체하고, 그것들이 서로를 구성하는 상보적 층위임을 드러내고자 한다. 그렇게 할 때만 보편주의가 범한 오만과 다원주의가 겪는 상대주의의 수렁을 동시에 피할 수 있다. 결과적으로 '열린 문명'은 한편으로는 세계적 상호의존성과 권리의 보편성에 대한 약속을 재확인하면서, 다른 한편으로는 지역적 역사성과 문화적 자율성을 제도적으로 보장하는 규범적 설계도를 요구한다.

문명의 의미와 구조

문명(civilization)은 자주 쌍둥이 개념인 문화(culture)와 혼용되지만, 엄밀히 말해 두 개념의 대칭축이 다르다. 문화는 자연(nature)과의 대립항 속에서 규정되는 반면, 문명은 야만(barbarism)과의 대립항 속에서 자신의 의미를 얻는다. 이 때문에 인류학은 전통적으로 '문화'라는 틀을 선호해 왔고, 역사학은 '문명'이라는 범주를 더 많이 채택해 왔다. 자연에 맞서 인간이 노동과 창의를 가해 획득한 정신적·물질적 성과의 총체—의·식·주를 비롯해 행위·정서·사유의 방식, 사람과 대상·타자·공동체 사이의 관계, 인류가 축적한 지적·정신적 자산—를 우리는 문화라 부른다. 공간적으로 문화는 본능적 생존 충동과 자연환경 사이에 놓인 완충지대이며, 시간적으로는 세대에서 세대로 이어지는 역사와 전통의 연쇄다.[4] 이에 비해 야만·미개와 대비되는 문명사회는 물질생활(의·식·주)과 정신생활(도덕·종교 등) 모두에서 일정한 문턱을 넘어선 발달 상태를 가리킨다. 관례적으로 도시의 출현과 문자의 발명은 문명과 미개의 경계를 가르는 기준으로 간주되어왔다. 이런 맥락에서 슈펭글러가 문명을 문화의 '성숙 단계'로 규정한 태도는 이해 가능하다. 왜냐하면 미개, 야만의 단계에도 저마다의 '문화'는 분명히 존재하기 때문이다.

다만 '문명'이라는 용어의 함의는 서구 각 언어권에서 동일하지 않다. 프랑스와 영국에서 문명은 정치·경제·종교·기술·도덕·사회 전반의 사실과 제도를 가리키는 포괄적 표지다. 반대로 독일어권에서 Ziv-

4 Carroll Quigley, *The Evolution of Civilizations: An Introduction to Historical Analysis*, New York: The Macmillan Company, 1961, p. 20 참조.

ilisation은 인간의 외면과 피상에 가까운 '이류(二流)급'의 사실을 지칭하는 경향이 강하고, 자국의 업적과 존재에 대한 자부를 표현하는 일차적 개념어는 Kultur다. 독일에서 '문화'는 근본적으로 정신적·예술적·종교적 사실에 적용되며, 이를 정치, 경제, 사회적 사실과 분명히 선 긋는 경향을 보인다.[5] 소위 정신문화와 물질문명이라는 이분법은 바로 이 전통에서 나왔다. 제1차 세계대전의 선전 언어에서도 프랑스는 '문명의 수호'를, 독일은 '정신문화의 수호'를 내걸며 자국의 정당성을 호명했다.

또 하나 주목할 점은 역동성에 대한 뉘앙스의 차이다. 통상 문명은 '과정'—끊임없이 앞으로 나아가는 운동—을 뜻하지만, 독일식 문화 개념은 운동, 진보의 함의를 본질적 요소로 포함하지 않는다. 문명은 민족들 사이의 차이를 일정하게 희석시키며, 인류 보편에 공통된 것을 부각하는 경향이 있다. 반대로 독일식 문화 개념은 민족적 차이와 집단적 특수성을 두드러지게 표면화한다.[6] 이 개념의 계보에는 역사적·정치적 사정이 개입해 있다. 서구의 여타 민족보다 늦게 정치적 통일과 안정을 달성했고, 오랫동안 다수의 영토 단위로 분절되어 있던 독일의 근대사가 그러한 의미 분화를 낳았다는 분석은 설득력이 있다. 근대의 선도자였던 프랑스, 영국에게 "무엇이 프랑스적인가 혹은 영국적인가"는 궁핍한 질문이었을지 몰라도, 후발 근대국 독일에게 "무엇이 독일적인가"는 정체성을 세우기 위한 숙명이었다.

오늘의 관점에서 보면 정신문화와 물질문명의 이분법을 절대적 기

5 Norbert Elias, *Über der Prozeßder Zivilisation*, 박미애 옮김, 《문명화 과정 I》, 한길사, 1996, 106쪽.

6 같은 책 참조.

준으로 고수할 까닭은 없다. 비유하자면 컴퓨터가 하드웨어(중앙처리장치·메모리·입출력 장치 등)와 소프트웨어(프로그램·문서 등)의 상호작용으로 진화하듯, 문명과 문화 역시 분절적으로가 아니라 상호의존적 상호작용 속에서 전개된다. 하드웨어를 문명, 소프트웨어를 문화로 외과적으로 나눠 논의할 수도 있겠지만, 우리의 관심이 '작동하는 컴퓨터'—즉 실제의 역사와 사회—라면, 두 부문을 인위적으로 떼어내어 고립적으로 다룬다면 실익은 크지 않다. 문명과 문화는 구조적으로 결합된 이중 나선에 가깝다.

이 글에서 나는 문명을 "독특한 개성을 지닌 문화 유전자들의 집합체"로 정의하고, 그것이 삼중 구조로 조직되어 있다고 본다.[7] 도식화하면 다음과 같다.

[4-1] 문명의 구조

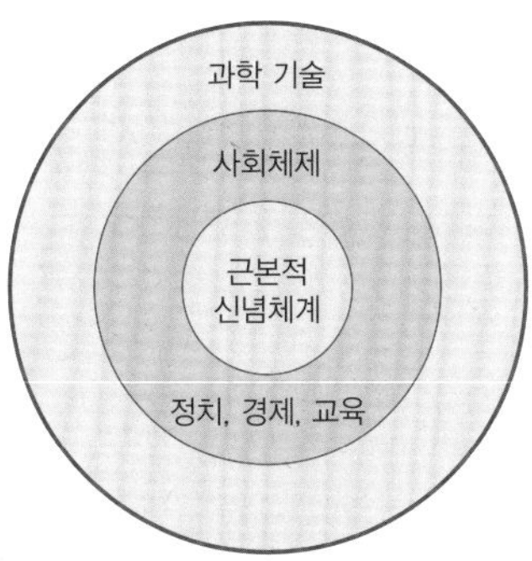

근본적 신념체계
(종교, 예술, 철학)

[4-2] 근본적 신념체계

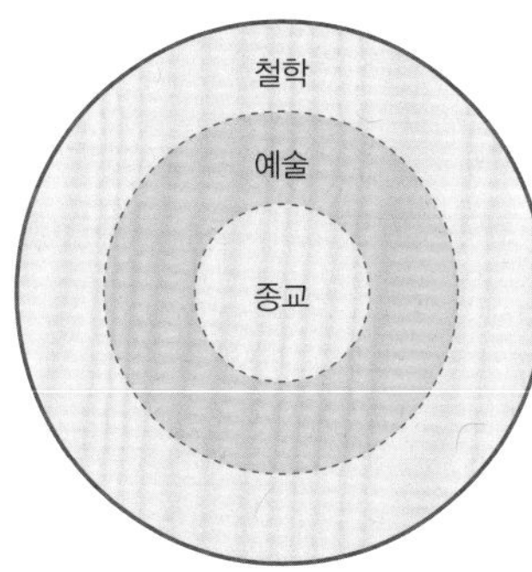

근본적 신념체계(Core Belief System):
인간과 사회 및 세계에 관한
가장 근본적인 신념들

7 HanGoo Lee, "An Evolutionary Explanation Model on the Transformation of Culture by Cultural Genes," *Social Evolution and History*, Vol 8, 2009, pp. 168-187 참조.

가장 중심부에는 종교, 문학, 예술, 철학 등 인간과 사회에 관한 '근본적 신념 체계'가 자리한다(중핵). 그 바깥 고리에는 정치, 경제, 교육을 포함한 '사회적 체제'가 놓이고, 가장 외곽에는 과학, 기술의 영역이 위치한다. 안으로 갈수록 개성과 특수성이 강해지고, 바깥으로 갈수록 보편성과 공유성이 커진다. 이 중핵부는 현실 권력의 중심은 아닐지라도 문명 담론에서는 결정적이다. 공동체의 '정체성'이 바로 여기서 산출되기 때문이다. 헤겔이 정신의 자기 전개를 논하며 최정점에 올려놓은 절대정신 역시 이 층위에 해당한다. 실제로 유교 문명권의 한국, 중국, 일본이 서구 문명을 수용하던 시기, 과학기술과 제도(외곽과 중간 고리)는 적극적으로 모방하면서도 중심 고리—근본 신념—만은 지키려 했던 까닭은, 바로 이 층위가 자아 정체성을 규정한다고 보았기 때문이다. '한혼서재(韓魂西才, Korean Spirit and Western Technics)', '동도서기(東道西器)'와 같은 표어가 상징하듯, 서학(器)을 들이되 동도(道)를 보전하려는 전략은 중핵의 중요성 때문이었다.

이런 관점에서 문명 분류의 기준도 명료해진다. 두 문명이 중핵에서 구별되지 않는다면—설령 사회체제나 과학기술에서 차이가 있더라도—동일 문명권으로 분류하는 것이 합리적이다. 반대로 과학기술과 제도가 유사하더라도 중핵의 신념 체계가 다르면 서로 다른 문명권으로 보는 편이 타당하다. 다만 이러한 구조론이 중핵을 '불변 실체'나 '논쟁 불가능한 핵심 가치'로 신격화함을 의미하지는 않는다. 중핵 역시 변한다. 그것은 고정물이 아니라 진화의 과정이며, 동일 문명권이라도 국가와 지역에 따라 변이와 분화를 보일 수 있다. 이는 성장과 분화의 자연스러운 귀결이다. 더 나아가 문명을 도시, 제국, 종교 간의 역동적 상호작용 과정으로 파악하는 관점은 이러한 변동성과 상호침투성

을 한층 더 선명하게 드러낸다.[8]

[패러다임 1] 문명의 표준은 서구 문명 하나뿐이다

서세동점의 물결이 동아시아의 해안선에 도달했을 때, 당시 동아시아인에게 '문명'이란 고상한 도덕이나 도시적 세련을 뜻하지 않았다. 그것은 곧장 물리적인 힘, 생존을 가르는 군사·기술적 능력 그 자체였다. 문명의 보유 여부는 국가의 존망을 가르는 문제였고, 문명 성취는 살기 위해 반드시 돌파해야 할 국가적 과제로 인식되었다. 철선과 대구경 포를 앞세운 서구 문명은 저항 불가능한 폭풍처럼 들이닥쳤고, 전통 질서를 보전하려 한 이들에게 그 문명은 막아내야 할 폭력이자 반드시 상쇄해야 할 위력이었다. 그리고 그 폭력에 대항하는 유일한 방책은 스스로 힘을 기르는 길뿐이었다. 다만 그 힘은 '오랑캐'에게 배워야만 획득 가능한 성질의 것이었으니, 이이제이(以夷制夷)식의 이종 균형이 아니라, '오랑캐의 장기를 배워 오랑캐를 제압한다'는 사유가 실질적 해법으로 자리 잡았다. 이 맥락에서 당시《독립신문》이 내건 핵심 어휘가 문명개화와 부국강병이었던 것은 결코 우연이 아니었다. "조선 사람들이 꿈을 깨어 진보하여 공평하고 정직하고 편리하고 부국강병하는 학문과 풍속을 힘쓰면 영국이나 미국 사람 못지않을 것이며, 청국을 쳐서 요동과 만주를 차지하고 배상 팔억만을 받을 수 있고, 십 년 후에는 일본 대마도를 찾아올 수 있다"[9]는 격문은 그 시대의 절박한 위기의식과 추격 의지를 압축한다.

8 Sadik Ünay & Muzaffer Şenel (eds.), *Global Orders and Civilizations: Perspectives from History, Philosophy and International Relations*, Nova Science Publishers, 2009, p. 50.

9 《독립신문》 1894년 8월 4일 논설.

1895년, 장구한 세월 동아시아의 패권을 쥐었던 중국이, 서구 기술을 흡수한 '작은 섬나라' 일본에 패배한 청일전쟁은 당시 지식인과 민중 모두에게 하늘이 뒤집히는 충격이었다. 그 사건은 문명의 힘이 얼마나 압도적이고 냉혹한지를 실감케 한 계기였고, '문명=힘'이라는 등식에 광범위한 사회적 합의를 형성했다. 이후 서구 문명에 대한 동아시아의 대응은 여러 국면을 통과했다. 초기에 위정척사파가 자국의 문명을 보전하기 위해 오랑캐를 배척, 격퇴하는 전략을 앞세웠다면, 곧이어 동도서기라는 온건개화의 노선이 등장해 정체성은 지키되 과학기술만 선별 수용하자는 타협을 제시했다. 그러나 종국에는 '문명인과 오랑캐의 위상이 전도된 세계'를 인정하고 서구 문명을 사실상의 표준으로 승인하는 급진개화의 단계에 이르렀다. 이는 특정 지역의 특수사가 아니라 문명 충돌이 반복될 때 관찰되는 일반 패턴에 가깝다. 요컨대 배척과 전면 수용이라는 양극단, 그리고 그 사이로 타협이 교차하지만, 힘의 격차가 압도적일수록 배척은 실패하고, 타협 역시 제한적 성과에 머물기 십상이다.

1962년 '단기'를 버리고 '서기'를 채택한 결정은, 한국이 서구 문명권에 자신의 시간 질서까지 접속시키겠다는 강력한 의지의 상징이었다. 역사적 궤도에서 1960년대 이후의 근대화는, 구한말 급진개화의 전략을 제도와 산업의 차원에서 재구성한 판본으로 읽을 수 있다. 그 이후 전개된 산업화와 민주화라는 두 축 역시 실질적으로 서구화의 궤적과 크게 다르지 않았다. 서구 문명은 비서구 세계의 여타 지역에서 그러했듯, 한국에서도 '문명의 보편 표준'으로 작동했다.

문명과 야만의 경계가 구성되는 방식을 돌아보면, 모든 문명권은 자신을 중심에 놓고 주변 타자를 '야만'으로 호명하는 경향을 보인다. 출발 단계에서 그 경계의 기준은 대체로 종족과 언어다. 그리스인은 자국어를 구사하지 못하는 이들을 바르바로이(barbaroi)라 불렀고, 이는 정확한 그리스어와 교양을 의미하는 헬레니스모스(hellenismos)와 대척되는 표지였다. 'barbarism(야만)'이라는 영어 어휘는 여기서 유래했다. 중국의 중화주의 역시 황하 유역을 세계의 중심으로 상정하고, 동이, 서융, 남만, 북적을 변방의 오랑캐로 분류했다. '만(蠻)'과 '적(狄)'이라는 글자가 암시하듯, 그들은 '승냥이·이리의 울부짖음'에 비유된 언어, 화폐, 복식, 식생활이 통하지 않는[10] 이질적 존재였다. 일본의 천황주의는 이 중화주의를 모방한 변주에 가까웠다.

이러한 문명과 야만 체계는 단일하지 않다. 서로 다른 체계가 충돌해 힘의 우열이 판가름 나는 순간, 수천 년 지속된 문명조차 단박에 '야만'으로 전락할 수 있고, 반대로 '야만'이 '문명'의 지위를 획득하기도 한다. 세계의 질서가 바뀌는 것이다. 우위를 점한 문명은 주변으로 전파되고, '야만'으로 호명된 집단은 그 문명을 배우기 위해 경쟁한다. 근대화 담론이 선진, 중진, 후진으로 위계를 매긴 것도, 결국 문명과 야만 도식을 변형한 용어법에 불과하며, 전파의 메커니즘 역시 본질적으로 동일하게 작동한다.

계몽주의가 역사의 목표로 설정한 '문명' 개념 속에는 지난 2-3세기 동안 서구 사회가 동시대와 전대의 사회에 앞서 성취한 학문, 기술, 예절, 제도, 인생관, 세계관이 응축되어 있다. 서구는 이 개념을 통해 자신의 우월성을 객관화, 보편화하려 했다. 서구 문명은 세 가지 혁명의 종합—과학혁명, 산업혁명, 시민혁명—으로 이해될 수 있다. 과학혁명

10 《춘추좌전》 양공 14년, 김민정 외, 《문명 안으로》, 한길사, 2011, 138쪽 참조.

은 17세기 갈릴레이와 뉴턴에 의해 고전역학이 정립되며 세계관이 대전환한 사건을 가리킨다.[11] 그 주력은 수학과 물리였고, 대단원은《프린키피아》(1687)와《광학》(1704)으로 상징된다. 베이컨의《신기관》과 데카르트의《방법서설》은 관찰과 합리 이성의 규범을 확립해 이 전환을 정당화한 철학적 선언이었다. 과학혁명은 이어지는 현대과학의 연쇄적 발전과 공학적 '자연 지배'를 추동했고, 현대 물질문명의 풍요를 가능케 했다. 산업혁명은 토인비의 용어화 이후 일반화된 개념으로, 18세기 중엽 영국에서 촉발된 기술 혁신과 그에 따른 사회경제구조의 급격한 변동을 뜻한다. 표층에서는 농업사회에서 공업사회로의 이행처럼 보이지만, 심층에서는 자연자원을 동원해 물질 재화를 대량 생산하는 조직경제—국민경제 차원의 급진적 자본주의화—로의 이행이었다. 자본주의의 파괴력과 창조력은 마르크스, 엥겔스의 〈공산당 선언〉에 생생히 묘사되어 있다.[12] 시민혁명은 신분제와 절대왕정의 해체, 시민적 권리의 확립, 공적 의사 형성의 제도화를 통해 정치의 장을 재편했고, 과학, 산업이 제공한 동력과 결합해 서구 문명의 자기 강화를 제도적으로 완성했다. 요컨대 서구 문명은 이 세 혁명의 삼각 편대가 상호 강화하며 구축한 복합체였고, 그 복합체는 19-20세기 세계 체제의 표준으로 등극했다.

정리하면, 서구 문명이 '유일한 표준'이라는 명제는 단지 자의적 호명에서 비롯된 것이 아니다. 동아시아의 역사적 경험이 증명하듯, 물질력·기술력·제도력의 종합적 우월이 지구적 비교의 척도로 정립되는

11 이 말은 영국 근대사 교수 H. 버터필드가《근대과학의 탄생(The Origins of Modern Science)》(1946)에서 사용한 말이다.

12 카를 마르크스·프리드리히 엥겔스, 강유원 옮김,《공산당 선언》, 이론과실천, 2008.

과정 속에서 비서구 사회는 생존을 위해 그 표준을 수용·모방·변형하는 전략을 취할 수밖에 없었다. 그 전략의 변주가 위정척사-동도서기-급진개화의 연쇄였고, 그 연쇄의 장기적 귀결이 산업화와 민주화라는 이름으로 표준에 접속하는 결정들이었다. 다만, 이 접속이 숙명이라면, 다음 질문은 명료해진다. '표준의 맹목적 추격'을 넘어 그 표준을 비판적으로 재구성하고 공동의 보편을 갱신할 수 있는가—바로 그 지점이 오늘의 문명 논쟁이 겨누어야 할 좌표일 것이다.

시민혁명(bourgeois revolution)은 일반 시민이 절대주의·봉건 군주제를 전복하고 근대적 국민국가를 수립한 격렬한 정치적 변환을 가리킨다. 영국의 명예혁명(1688)과 미국의 독립혁명(1776) 역시 이 계열에 속하지만, 그 정점은 프랑스 시민혁명(1789)에서 드러난다. 이 변혁을 통해 사유재산제와 자본주의 질서가 체계적으로 확립되었고, 정치적 자유와 입헌주의가 '당연한 것'으로 여겨지게 되었다. 홉스·로크·루소가 전개한 사회계약론은 이러한 혁명을 촉발하고 정당화한 사상적 장치였다.

'혁명'이라는 이름이 암시하듯, 과학기술·사회경제구조·정치체제의 각 영역에서, 혁명 전후의 세계는 도무지 동일시될 수 없을 만큼 달라졌다. 계몽의 논객들은 이 전혀 새로운 구도를 '문명'이라 불렀다. 그들의 시각에서 문명이란 미성숙을 벗어난 계몽된 이성의 산물이며, 아직 완결되지 않은 채로 무한히 진보해 가는 장구한 역사 과정이었다.

이처럼 과학·산업·시민의 세 혁명이 누적된 결산으로서의 서구 문명은, 그러한 변환을 거치지 못한 이른바 '야만' 세계와 비교가 불가능할 정도의 압도적 물질력을 손에 넣었다. 동시에 부국강병의 기치 아래 경쟁한 서구 열강의 세력 다툼은 비서구 지역의 고통을 증폭시키는, 말 그대로 '고래 싸움에 새우 등 터지는' 국제질서의 현실이었다. 나아가

이 힘의 논리를 합리화하는 사상까지 등장했으니, 허버트 스펜서의 사회다윈주의가 그것이다. 이런 맥락에서 보면 서구를 문명의 표준으로 간주하는 서구 문명보편주의, 그리고 서구를 사유와 가치의 중심에 배치하는 서구중심주의는, 구조적으로 열세인 이들이 떠맡을 수밖에 없었던 일종의 역사적 귀결이기도 했다.

간명히 말해, 서구 문명보편주의는 서구 사회의 근대적 발전 궤적을 인류 일반의 보편적 역사 진행 모델로 해석하고, 비서구를 그 표준의 잣대로 평가하는 입장이다. 강정인은 유럽중심주의를 '서구우월주의', '서구보편주의/역사주의', '문명화/근대화/지구화'라는 세 명제로 압축할 수 있음을 지적한다.[13] 이러한 서구중심주의 혹은 서구보편주의에 대한 비판은 일찍부터 제기되어왔다. 이 용어를 본격화한 사미르 아민은《유럽중심주의》서문에서, 유럽중심주의가 다양한 민족들의 역사 과정에 독립적이고 불변하는 '문화적 본질'을 가정한다는 점에서 문화주의적이며, 인간 발전의 일반 법칙을 탐구하려 하지 않는다는 점에서 반보편주의적이라고 꼬집는다. 그럼에도 모든 민족이 서구 모델을 모방하는 것만이 오늘의 문제를 풀 유일한 해법이라고 주장함으로써 자신을 보편으로 가장한다고 비판한다.[14]

아민의 진단을 잇는 논자들—가령 쇼핫과 스탐—은 유럽중심주의를 유럽을 특권화하는 허구적 세계관으로 파악했다. 그 관점은 서구의 역사를 신성화하는 동시에 비서구의 역사를 악마화한다는 것이다. 이러한 서구중심주의는 곧바로 오리엔탈리즘과 맞닿는다. 오리엔탈리즘

13 강정인,《서구중심주의를 넘어서》, 아카넷, 2004, 111, 395쪽.

14 사미르 아민, 김용규 옮김,《유럽중심주의》, 세종출판사, 1989, 5쪽.

은 서양이 동양을 지배·재구성·억압하기 위해 창출한 왜곡된 인식과 태도를 뜻한다. 개념을 정식화한 에드워드 사이드는《오리엔탈리즘》에서, 그것이 단순한 '동양 풍자화'가 아니라 이론화된 실천체계임을 밝히면서도, 허위와 신화로만 구성된 것은 아니며, 설령 진실이 폭로된다 해도 그 허위와 신화가 일거에 사라질 것으로 기대해서는 안 된다고 경고한다.[15] 그만큼 이 관념은 사회의 깊은 층위에 뿌리내려져 있다는 뜻이다.

주목해야 할 점은 동양이 높이 평가해 온 사상가들조차 이러한 오리엔탈리즘에 연루되어 있다는 사실이다. 독일 계몽의 '아버지'로 일컬어지는 칸트는, 문화 제국주의의 기초가 된 뷔퐁의 풍토론을 상당 부분 수용하며, 독일을 북방 한대가 아닌 온대권에 배치하는 데 만족했다.[16] 그의 기술에 따르면, 온대—특히 그 중심부—의 주민들은 다른 어떤 인종보다 육체적으로 아름답고, 근면하며, 쾌활하고, 정념에서도 중용을 지키며, 지적 능력 또한 뛰어나다고 묘사된다.[17] 이런 구도는 인종·지역을 문명의 위계에 배열하는 편견의 틀을 공고히 했다.

세계사를 '자유 의식의 진보'로 규정한 헤겔의 체계 역시 이 축을 강화한다. 그는 자유 의식의 성취 과정을 변증법적 단계로 나누고, 역사가 동에서 서로 이동한다고 보았다. 그 도식에서 세계사는 중국, 인도, 페르시아의 '동양 세계'에서 출발하여 그리스·로마를 경유하고, 서유럽의 게르만-기독교 세계에서 정점에 이른다. 그의 유명한 진술—세

15 에드워드 사이드, 박홍규 옮김,《오리엔탈리즘》, 교보문고, 1995, 22쪽.

16 김민정 외,《문명 안으로》, 한길사, 2011, 70쪽 참조.

17 I. Kant, Ges. Schriften, hrsg. v. d. Preuss. Akad. d. Wiss, Berlin, 1923, Abt. I, Bd. 9, p. 153 이하.

계사는 동양에서 서양으로 진행하며 동양의 물질적 태양에 맞서 서양에서는 자기의식이라는 더 고상한 빛의 태양이 떠오른다는 언명—은 서구를 역사의 '목적'으로, 동양을 '기원'으로 고정하는 위계적 서사다. 헤겔에 따르면, 동양인은 인간이 본래 자유롭다는 사실을 알지 못하고, 오직 '한 사람만이 자유롭다'고 여긴다. 그 자유는 전제의 자의적 권능에 불과하며, 자유인은 곧 전제 군주라는 것이다. 여기서 철학적 오리엔탈리즘의 원형이 드러난다.

마르크스 또한 '아시아적 생산 양식'을 논의했고, 그의 5단계 발전론은 서유럽 사회를 기준으로 구성되었다. 마르크스가 그린 아시아의 사회 구성에 대한 그림은 지나치게 도식적이었다. 혁명 운동의 실천 과정에서 공산주의자들은, 마르크스가 제시한 '사유재산의 부재'와 '착취적 관료 계급의 존재'라는 두 핵심 항을 지닌 아시아적 생산 양식 개념을 아예 삭제했고, 그로 인해 생긴 이론적 공백을 메우기 위해 노예제·봉건제의 범주를 임의로 확장하는 오류를 범했다.

결과적으로, '서구의, 서구에 의한, 서구를 위한' 서구 문명보편주의는 비서구 세계에 공통적으로 세 가지 유형의 폐해를 남겼다.[18] 첫째, 학문적 문제의식의 서구화—연구 의제와 질문의 틀이 서구 경험에서 곧장 수입되어 현지 맥락을 압도한다. 둘째, 서구 이론에 맞춘 비서구 현실의 동화주의적 해석—현지의 역사적 특수성이 서구 모형에 끼워 맞춰지며 소거된다. 셋째, 서구중심주의가 초래한 비서구 현실의 주변화—비서구는 구조적으로 '주석'과 '주변부'로 밀려난다. 요컨대 자기 현실을 자기 눈이 아니라 '타자의 눈'으로 해석하는 사태가 벌어진다.

18 강정인, 《서구중심주의를 넘어서》, 아카넷, 2004, 395쪽.

우리의 경우 역시 예외가 아니다. 플라톤의 비유를 빌리면, 서구는 영원한 형상(이데아)·실재이고, 비서구는 그 그림자에 불과하다는 사고가 무의식에 새겨져 있다. 이런 서구보편주의·서구중심주의는 요컨대 길면 자르고 짧으면 늘리는 '프로크루스테스의 침대'식 규격화다.[19] 세계의 다채로운 현실은 표준에 맞춰 잘려나가거나 억지로 늘려 붙여진다. 그 결과, 이질적 경험은 보편의 이름으로 지워지고, 차이의 창조적 자원은 규범화의 칼날 아래 손실된다.

[패러다임 2] 문명의 표준은 여럿이다

문명다원주의의 핵심 주장은 문명은 단수가 아니라 복수이며, 각각이 동등한 가치를 지닌다는 데 있다. 이 관점은 문화다원주의를 토대로 한다. 문화다원주의는 개별 문화가 고유한 세계 인식과 가치체계를 갖고 있으므로, 서로의 우열을 단일 축 위에서 재단할 수 없다고 본다.

이 흐름의 원조로 흔히 거론되는 이는 독일 철학자 헤르더이다. 그는 프랑스식 문화 제국주의를 떠받친 풍토론—아리스토텔레스의《정치학》에 기반해 지구를 한대·온대·열대로 가르고, 오직 온대만이 제대로 된 국가 조직을 갖춘다는 교설—을 정면으로 비판했다. 풍토론은 유럽 각국이 '자연이 부여한 문화 우월성'을 정당화하는 도구로 널리 쓰였고, 이후 긴장된 영향력을 행사했다. 헤르더는 동일한 지역 내부에서도 윤리와 관습, 법과 제도가 세대에 따라 변형된다는 사실에 주목하며, 지리·기후가 곧 문화의 운명을 결정짓는다는 통설을 거부했다. 그

19 그리스 신화에 나오는 노상강도. 아테네 교외의 케피소스 강가에 살면서 지나가는 나그네를 집에 초대한다고 데려와 쇠침대에 눕히고는 침대 길이보다 짧으면 다리를 잡아서 늘이고 길면 잘라버렸다.

는 《인류의 교육을 위한 또 하나의 역사철학》에서, 한 개인의 개성과 감각·체험의 방식이 얼마나 서로 다르고 구별되기 어려운지, 각자가 '자신의 눈'과 '자신의 심장'으로 세계를 전혀 다르게 측정·경험한다는 점을 거듭 강조한다. 이어 그는 "모든 구슬이 각기 중심점을 지니듯 모든 민족은 자기 내부에 고유한 행복의 중심을 지닌다"는 은유로 민족들의 자율적 기준점을 천명했다.[20]

헤르더는 언어와 문학을 매개로 '민족정신' 개념을 전면에 내세웠다. 일제강점기 인도의 시인 타고르가 식민지 조선에 바친 '동방의 등불'이 큰 울림을 주었듯, 헤르더의 민족정신 사상은 범슬라브주의 문화운동의 기폭제가 되었다.[21] 비서구 여러 지역에서 근대화의 성취(혹은 성취 가능성)가 가시화되면서 각자 잊힌 정체성을 복권하려는 움직임이 거세졌다. 이러한 실천을 이론적으로 지지한 문명 담론이 곧 문명다원주의다.

문명다원주의를 대표하는 고전적 삼인방—다닐렙스키, 슈펭글러, 토인비—는 문명 분류법에서는 차이를 보이나 근본 명제에서는 합을 이룬다.[22] 첫째, 각 문명은 고유한 세계관을 지니며, 그 세계관들은 상호 비교 불가능하다는 점. 둘째, 문명의 요소들은 전파될 수 있지만 그 바탕(기층)은 타 문명으로 '양도'될 수 없다는 점이다. 이들은 나아가 문명마다 고유한 '혼'을 상정한다. 슈펭글러는 문화의 혼을, 토인비는 베르그송의 생명 약동에 견줄 혼의 원리를 말한다. 논점의 결은 다르지만,

20 Johann G. Herder, *On Social and Political Culture: in Yet Another Philosophy*, (ed.), F. M. Barnard, Cambridge: Cambridge University Press, 1969, pp. 181-183.

21 김민정 외, 위의 책, 82쪽 참조.

22 N. Y. Danilevsky, *Russia and Europe*, Zasia, 1871 참조.

"문명은 각자 독립적이며 본질적으로 타 문명과 치환 불가능하다"는 데서는 의견이 일치한다.

이 관점을 현실 분석으로 풀어내면 다음과 같다. 세계관은 통약 불가능하므로 절대적 잣대로 타 문명을 재단해서는 안 된다. 각 문명은 그것이 자라난 자연·사회·역사적 환경 속에서만 온전히 이해될 수 있다. 레비스트로스의 《슬픈 열대》, 루스 베네딕트의 《문화의 유형》은 이러한 명제를 생생한 사례로 뒷받침해 준다.

존재론적으로 보아 문명다원주의는 라이프니츠의 단자론과 유사하다는 지적도 가능하다. 세계는 수없이 많은 불가분의 실체—능동적 힘의 단위인 단자—로 이루어져 있으며, 각 단자는 '자기 내부에 전체 우주를 비춘 거울'이지만 외부로 통하는 창을 갖지 않기에 상호 교류는 원천적으로 제한된다. 인식론적 유비로는 쿤의 패러다임을 들 수 있다. 《과학혁명의 구조》에서 쿤은 패러다임의 전환을 과학혁명으로 파악한다. 패러다임은 학문 공동체의 문제 제기·해결 방식을 규정하는 표본 모형이자 표본 사례인데, 서로 다른 패러다임들은 원리적으로 '상호 통약 불가능'하다. 문명다원주의가 그린 지형 역시 이와 비슷하다.

이러한 시선은 역사 서술의 지평을 '코페르니쿠스적 전환'에 비유할 만한 변화를 촉발했다. 비서구의 복권이자, 보편사 이념의 거부다. 각각 독립된 문명들의 '복수의 역사'가 보편사의 자리를 대체한다. 과거 여러 문명이 존재했다면, 그들은 각자 다른 발전 단계, 상이한 세계관, 별개의 목적을 지녔으므로, 이들을 하나로 묶어줄 유일한 기준이나 필연적 연쇄는 없다는 것이다. 18세기 계몽의 보편사에 맞서 '민족사의 독자성'을 주장한 고전 역사학파 역시 같은 논리를 따른다. 각 민족은 고유의 발전 논리를 따라 독립의 역사를 구성하며, 인류사는 그들의 역사 총합일 뿐이다. 따라서 '보편적 발전 단계'나 '공통 목적'을 말하는 일은 무의미하다는 결론이 도출된다. 요컨대 문명보편주의가 보편사 이념에 기대어 서사를 직선화한다면, 문명다원주의는 민족사 이념을 통해 역사를 다원화한다.

이 입장은 필연적으로 서구 중심의 보편사와 직선적 진보관을 거부한다. 서구 중심 보편사는 서구 문명을 '가장 보편적인 문명'으로 설정하고, 타 문명은 정체적·비창조적이라고 낙인찍는다. 그러나 문명다원주의가 보기에, 로마제국의 멸망으로 고대가 끝나고, 신대륙의 발견으로 중세가 종언하며 근대가 개막한다는 서구의 3분법을 전 인류의 시간표로 일반화하는 것은 어불성설이다. 로마의 붕괴가 동아시아·인도·이슬람 문명사의 물줄기와 어떤 상관을 갖는가. 모든 문명에는 '자기만의 고대·중세·근대'가 있다. 서구의 보편사는 실상 서구 문명의 역사를 보편으로 승격시키고, 타 문명들의 역사를 서구에 대한 기여·관계라는 틀로 재단한 결과에 가깝다. 역사를 직선적 진보로 파악하는 시도는 과학기술에서의 선도적 위치를 역사철학적 우위로 전치하려는 의도와 맞물린다. 반대로 문명다원주의는 인류사를 '동가의 문명들이 분기·융합하며 변화하는 복수의 과정'으로 이해하고, 각 문명을 '독립 생명체'처럼 탄생·성장·사멸의 고유한 주기를 지닌 것으로 본다.

문명다원주의의 장점은 분명하다. 서구 문명이 보편이 아니라 '여럿 중 하나'임을 드러내어 제국주의적 논리를 반박하고 비서구 문명들의 자존과 정체성 회복을 북돋운다. 그러나 동시에 위험도 내포한다. 제국주의에 맞선 닫힌 민족주의가 새로운 배타성을 낳듯, 문명보편주의에 대한 반작용으로 등장한 문명다원주의 또한 또 하나의 독단으로 기울 수 있다. 오리엔탈리즘의 반대극으로서의 옥시덴탈리즘—서양을 본질주의적으로 타자화하고 적대시하는 태도—이 그 실례다. 서양은 물질적·비윤리적이고, 동양은 정신적·윤리적이라는 정형화는 전통에 대한 무조건적 찬양과 맞물려 서양을 '타자·적'으로 고정한다. 이는 오리엔탈리즘의 오류를 되풀이하는 셈이다.[23] 편협한 민족중심주의, 종교적 배타주의, 자문화 중심주의, 나아가 포스트모더니즘의 무정부적 상대주의까지 문명다원주의 주변에서 발생한 부정적 유산들 또한 경계되어야 한다.

이 문제의식은 다음과 같은 비판적 정식으로 요약될 수 있다. 첫째, 각 문명이 독자적 세계관을 갖는다는 사실을 근거로, 상호 간 '완전한 소통'이 불가능하다고 단언하는 경향. 둘째, 인류에게 공통적인 특성마저 지워버리는 태도. 셋째, 낡은 전통과 관습까지 '문명의 특성'이라는 이름으로 전면 긍정하는 무비판적 태도. 넷째, 학문장을 논리의 대화가 아니라 힘의 투쟁으로 환원하는 시각. 문명다원주의는 의도와 달리, 소통·통약 불가능을 강조한 결과 충돌을 불가피하게 만들고, 역설적으로 자신이 부정해 온 약육강식의 논리를 수용할 수밖에 없는 처지로 밀려날 위험을 안고 있다.

문명의 융합이 우리의 미래다

어디로 향해야 하는가. 서구 문명을 유일하고 절대적인 모델로 상정하는 태도는 이제 설득력을 잃어가고 있다. 서구 자체가 드러내 보인 다양한 균열과 문제들 때문이기도 하지만, 애초부터 서구의 특수한 사

23 Ian Bwruma & Avishai Margalit, *Occidentalism-The west in the eyes of its enemies*, Penguin USA, 2005.

회적 경험까지를 모든 사회에 적용될 보편 규준으로 일반화하려 한 무리수 때문이기도 하다. 물론 서구 문명이 현대사회 여러 영역에서 보편적 기준을 제시해 온 사실을 부정할 수는 없다. 서구문명보편주의가 언제나 강압의 산물이었던 것도 아니다. 일본의 경우처럼 '탈아입구'라는 표어 아래 자발적 접속을 택한 선례도 분명히 존재한다.

그러나 서구 문명은 보편적 요소와 더불어 그 사회 내부에만 유효한 특수 또한 함께 지니고 있었다. 오랜 시간 동안 서구는 '서구의, 서구에 의한, 서구를 위한' 문명을 다수의 비서구에 사실상 강요해 왔다. 그런 점에서 문명의 역사 서술은 동시에 '야만'의 서술이기도 했다. 문명은 서구 국가들의 식민적 탐욕을 정당화하는 언어로 동원되었기 때문이다. 이 현상을 두고 호르크하이머와 아도르노는, 인간을 공포에서 해방시키고 인간을 세계의 주인으로 세우려던 계몽이 그 내부의 '도구적 이성' 때문에 오히려 신화적 미몽으로 후퇴했다고 비판하며, 현대문명을 근본적으로 비관적으로 진단한 바 있다.[24] 이러한 비판은 문명이라는 이름으로 표상된 보편이 때로는 배제와 폭력의 매개였음을 성찰하게 한다.

그렇다면 문명다원주의가 남은 대안인가. 이 입장은 원리상 '강자의 문명'이 아닌 '각자의 문명'을 옹호한다. 그 연장선에서 '동양의, 동양에 의한, 동양을 위한' 문명이라는 구상도 제안될 수 있다. 얼핏 매혹적인 제안처럼 보이지만, 이미 검토한 대로 문명다원주의 역시 서구문명보편주의와 유사한 위험을 내포한다. 닫힌 자족성의 명목으로 새로운 배

24 호르크하이머·아도르노, 김유동·주경식·이상훈 옮김, 《계몽의 변증법》, 문예출판사, 1995, 23쪽.

타와 독단을 불러올 수 있기 때문이다.

실제 세계는 또 다른 국면을 보여준다. 서구 문명이 유일무이한 모델이 아님은 분명하지만, 동시에 문명들의 철저한 독자성을 주장하기도 어려운 현실이 전개되고 있다. 하나의 생활 세계 속에 너무 많은 것들이 뒤섞이고 있다. 문명 간 통약 불가능성이라는 전제는 현장의 경험 앞에서 공허하게 들리기 쉽다. 더구나 정체성의 문제를 '원형적 기원'으로의 회귀에서 해결하려는 시도는 모순을 배가한다. 정체성은 과거의 복원으로가 아니라, 미래지향적이고 창조적인 구성의 관점에서 모색되어야 한다. 그렇다면 해법은 어디에서 가능한가.

세계화의 가장 큰 특징은 문명 간 만남과 교류의 '지속성'과 '전면성'이다. 물론 과거에도 문명은 이웃과 접촉했다. 다만 그것은 간헐적이었고, 지리적으로 인접한 문명들 사이의 제한된 상호작용이 대부분이었다. 오늘의 세계화는 다르다. 서로 다른 문명들이 동시다발적으로 마주치는 전 지구적 교류가 피할 수 없는 상수로 자리 잡았다. 이 전면적 만남은 필연적으로 거대한 문화적 충격을 야기한다. 토인비나 헌팅턴이 '충돌'을 강조한 배경이 여기에 있다. 최근의 중동 사태를 기독교 문명 대 이슬람 문명의 충돌로 해석하는 관점이 그 전형이다. 반면 하랄트 뮐러는 문명들의 만남 속에서 공존의 가능성을 끌어내며 공존의 규범을 제시해 왔다.

충돌의 논리는 우열의 구도로 흐르기 쉽다. '우수한' 문명이 '열등한' 문명을 패퇴시키고 흡수·통합하는 종결을 상정한다. 공존의 논리는 각 문명이 자신의 정체성을 보존한 채 병존하는 방식을 지향한다. 두 논리 모두 문명다원주의의 가정—문명은 저마다 독자적 정체성과 발전 경로를 지닌다—에 기대고 있다. 그러나 나는 충돌과 공존을 넘어 '문명의 융합'을 주장한다. 왜냐하면 충돌과 공존은 문명 간 만남에서 전개되는 한 '단계'에 불과하며, 지금 우리에게는 그다음 단계를 향한 움직임이 가능하고 또 바람직하다고 보기 때문이다.

이 관점에서 보면, 서구문명보편주의와 문명다원주의는 공히 '닫힌 문명'의 범주에 든다. 전자는 타 문명에 행사된 폭력적 힘 때문에 닫혀 있고, 후자는 타 문명이 접근할 수 없다는 '고유한 혼'의 명목 때문에 닫혀 있다. 이에 맞서 내가 제안하는 '열린 문명'은, 다양한 문명들이 자유롭게 뒤섞이고 상호 변형되며 생성되는 '새로운 보편'이다. 이때의 보편은 이미 완결된 표준이 아니라 앞으로 형성되어갈 '열린 보편'을 뜻한다. 열린 문명의 요체는 다음과 같이 정식화될 수 있다.

1) 통합적 보편성

열린 문명은 현재의 모든 문명을 '하나의 보편 문명'으로 수렴될 잠재적 지역 문명으로 간주한다. 현대문명의 최우선 과제는 세계성과 지역성의 화해와 소통이다. 실제로 문명들이 만나 융합하는 과정에서 사람들은 수많은 공통성과 기본적 공통 가치를 발견한다. 열린 문명은 인류 전체의 평화적 통합과 공동 번영이라는 이상을 품는다.

2) 보편 기준의 재정립

열린 문명은 현대사회가 직면한 중대 문제들을 인류 보편의 관점에서 다루고, 문제 해결의 새로운 규범을 공론화해야 한다고 본다. 생명존중, 민주주의, 인권, 평화, 정의, 평등, 자유, 존엄 등은 어느 한 문명이 강제하지 않아도 보편적으로 수용될 수밖에 없는 가치들이다. 따라서 문명 간 배타와 독단을 자극해 온 종교·예술·철학 등 각종 선민주의적 사상 체계는 근본적 재검토·재해석·재정립이 필요하다.

3) 초국가적 정의와 거버넌스

열린 문명은 배타적 민족주의와 국가주의를 견제하고, 국가 간 사회 정의의 실현, 인류 차원의 과학기술 개발·응용, 지구적 자원의 공정·효율적 분배를 위해 더욱 강력한 국제 제도를 요구한다. 현재의 자본주의 체제는 국가 사이, 그리고 한 국가 내부의 계층 사이에서 벌어지는 극심한 격차 문제를 해소하지 못한다. 분배적 정의는 국내 문제를 넘어 국가 간 정의의 의제로 격상되어야 한다.

4) 인간 – 자연 관계의 전환

열린 문명은 인간과 자연의 관계를 근본적으로 변혁한다. 인간 중심적 세계관은 자연 중심, 더 나아가 생명 중심의 세계관으로 전환되어야 한다. 정신/육체, 인간/자연을 이원적으로 가른 뒤 자연을 정복·착취의 대상으로만 취급해 온 모든 이원론적 철학은 재검토되어야 한다.

5) 새로운 계몽

열린 문명은 '새로운 계몽'을 천명한다. 모든 쟁점을 비판적 이성과 합리성으로 조정·해결하자는 것이다. 이성은 어둠을 밝히는 빛이며, 참/거짓, 선/악, 미/추를 식별하는 능력이다. 따라서 문명의 통합은 어느 한 문명이 타 문명을 강제·포섭하는 방식이 아니라 이성적 논의에 기초한 '한 단계 높은' 종합으로 이뤄져야 한다.

물론 '열린 문명'이 역사의 필연적 귀결이라고 주장할 수는 없다. 역사법칙주의에 기대어 인류의 행로를 사전에 결정할 수 있다고 믿는다면, 오히려 우리의 자유로운 선택을 무력화할 위험이 있다. 열린 문명은 불가피한 운명이 아니라, 우리가 스스로 선택해 만들어 갈 미래다. 다행히도 정보통신혁명의 진전은 세계를 하나의 촘촘한 촌락으로 묶어놓았다. 인류는 단일한 사회적 관계망을 공유하고 있고, 사람과 재화의 흐름과 더불어 '문화 유전자'라 부를 수 있는 상징과 관념이 혈관처럼 전 지구를 순환하고 있다. 이런 조건 아래에서 열린 문명으로 향하는 길은—필연이라기보다—우리가 채택할 수 있는 가장 합리적이고도 책임 있는 선택으로 판단된다.

제2부

한국문명의 전환과 역사

고조선 문명의 특징과 그 현재성*

신용하**

인류 문명에 대한 연구는 19세기 프랑스에서 시작되어 20세기 후반에 대폭 진전되었다. 그 연구결과 인류 최초의 독립 문명으로 1) 수메르 문명 2) 고이집트 문명 3) 고인도(인더스) 문명 4) 고중국(商) 문명이 발견 정리되었다. 여기에 학자에 따라 에게해 문명, 고대 멕시코 문명(마야문명), 고대 페루(잉카) 문명이 추가되었다.

문명 연구학자들은 고대에 실재했으나 아직 연구 부족으로 밝혀지지 않은 '잃어버린 문명(vanished civilization)'이 다수 존재하고 있다고 지적한다.

필자는 한국 민족의 기원과 형성을 연구하다가 잃어버린 문명의 하나로 '고조선 문명'이 실재했음을 발견하였다. 이에 고조선 문명의 실재를 증명하는 연구결과를 모아 2012년 《고조선 국가 형성의 사회사》, 2017년 《한국 민족의 기원과 형성 연구》와 2018년 《고조선 문명의 사

* 이 글은 학술대회 '한국문명론-인류 문명의 새로운 패러다임에 대한 탐구'(2024.11.15.) 기조 발제문을 수정·보완하였다.

** 서울대학교 사회학과 명예교수.

회사》를 간행하였다.

고조선 문명의 실재 주장이 처음이어서 학계 반응은 반신반의하였다. 그러나 책을 읽은 독자가 증가함에 따라 이제는 '고조선 문명'이 하나의 초기 독립 문명의 가설과 이론 제안으로 검토되기 시작했다고 본다.

古한반도 신석기인 '밝'족의 신석기 농업혁명

인류는 '곧선 사람(homo erectus)' 단계에서 동북아프리카에서 출발하여 유라시아 대륙 각 지역으로 이동 확산되었다. 일정한 규모의 이동은 약 20만 년 전 호모 사피엔스(homo sapiens)가 북아프리카를 떠나 아라비아반도를 거쳐서 유라시아 대륙 각지로 분산 이동되면서 시작되었다. 약 5만 년 전에는 호모 사피엔스 사피엔스(homo sapiens sapiens)가 유라시아 대륙과 호주·뉴질랜드 지역으로 이동 확산되었다. 그 이동 경로는 고고학적 유적·유물 증명으로 주로 '해안'을 따른 이동이었다. 호모 사피엔스와 호모 사피엔스 사피엔스의 구석기시대 인류 이동 가운데 한 흐름은 '태양(해)'이 솟는 곳을 이상향으로 생각하여 찾아가는 흐름이었다.

구석기인들에게는 '밤'의 어둠과 맹수의 공격이 항상 위협적이었다. 그러나 태양(해)이 솟아 '낮'이 되면 태양이 주는 '밝음'과 '따뜻함'으로 '밤'의 위협과 공포가 사라졌다. 구석기인들 가운데서 가장 진취적인 무리들은 태양이 솟는 곳을 이상향으로 생각하여 '동방'을 향하여 천천히 이동하였다. 일부 인류 무리들은 아라비아 해안을 돌아서 인도·세이론 해안과 인도네시아 일대를 거쳐 당시 육지와 연륙되어 있는 대만의 동해안을 돌아서 육지와 연륙한 제주도 남동 해안을 거쳐서 한반도

남해안에 도착하였다. 이 경로는 태양이 솟는 곳을 향한 인류 구석기인의 동방 이동의 가장 큰 한 경로였다.

이러한 동방 이동 도중에 구석기 인류에게 매우 큰 재앙이 찾아왔다. 약 6만 년 전-5만 3,000년 전에 지구가 먼지에 휩싸여서 태양의 빛이 90% 이상 차단되어 약 10% 이내만 지구 표면에 닿았으므로 기온이 급강하고 어두워져서 모든 동·식물이 생존하기 어렵게 된 것이다. 특히 지구의 북위 40도 이북은 모두 얼어붙은 동토(툰드라)가 되었다. 古한반도도 북위 40도선(동으로 원산에서 서쪽으로 신의주에 이르는 선) 이북은 얼어붙은 동토가 되었다.

[5-1] '최후의 빙기' 동아시아 해안선과 구석기인의 이동 방향

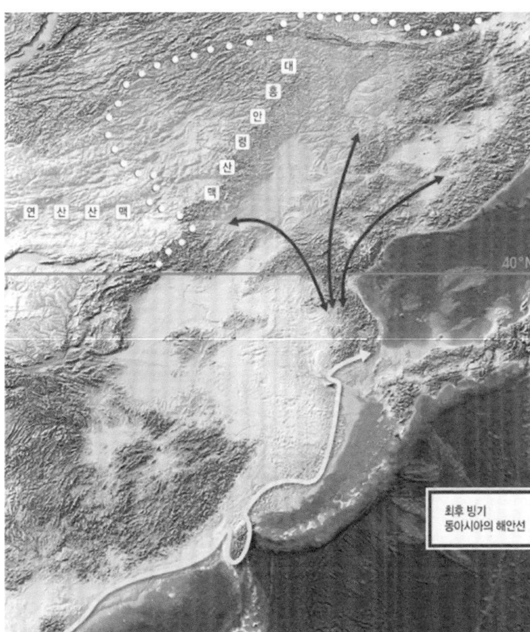

바탕지도: atlas-v7x (v7x) | DeviantArt의 Coastlines of the Ice Age-East Asia를 사용해 재작성

古한반도에 도착한 구석기인들이 생존할 수 있는 주거는 동굴이었다. 古한반도는 유라시아 대륙에서 가장 동굴이 많이 집중되어 있는 지역이었다. 古한반도 차령산맥은 석회암 산맥으로서 일대에 약 1,000여 개의 동굴이 조성되어 있는 제1 동굴 지역이었다. 또한 북부 평안남도와 황해도 사이를 가로지르는 노령산맥도 제2 석회암 동굴 지역이어서 구석기인들이 들어가 생존할 수 있는 지역이었다.

최후의 빙기가 찾아오자 태양이 솟는 곳을 찾아 동방행을 선택한 구석기 인류 무리들은 古한반도에 도착하자 동으로 깊은 동해와 오호츠크해에 막히고, 북으로는 북위 40도의 툰드라에 막혀 古한반도의 동굴 속으로 들어갔다. 古한반도는 '태양이 솟는 곳'을 찾아 동방 이동을 한 구석기인 무리들의 터미널(종착지)이 되었다.

최후의 빙하기는 약 6만 년 전(-5만 3,000년 전)부터 약 1만 2,000년 전까지 장기간 지속되었고, 동방 이동을 선택한 구석기인은 끊임없이 이어졌다가 古한반도에 도착하면 동방으로 더 갈 수 없어서 古한반도에 정착했으므로, 구석기시대 말기 古한반도는 세계에서 가장 인구가 조밀한 지역의 하나가 되었다.

古한반도에 정착한 조밀한 인구의 구석기인의 가장 심각한 과제는 식료 부족이었다. 식물 채집과 사냥과 어획만으로는 언제나 식료가 매우 부족하였다.

약 1만 2,000년 전(일설 약 1만 2,500년 전) 지구를 둘러싼 먼지가 걷히고 태양 빛살이 100% 지표에 닿아 기후가 오늘날처럼 온화하게 되자, 古한반도 구석기인들은 모두 동굴에서 나와 강변과 해안에 움막을 치고 용구로 토기와 마제석기를 사용하는 신석기시대를 열었다.

신석기인 가운데 현명한 집단 일부는 동굴에서 나오자마자 매우 일찍 '농업 경작'을 시도하였다. 古한반도 중부의 차령산맥 동굴 주변 남한강 유역과 금강 상류 지역에서 충북대학교 이융조 교수팀에 의해 단립벼 '볍씨(소로리 볍씨)'가 출토되었는데, 서울대학교와 미국 애리조나대학교 고고연구소에서 탄소 측정을 한 결과 약 1만 2,500년 전의 것으로 측정되었다. 단립벼는 그 후 [표 5-1]과 같이 남한강, 한강본류(가와지 볍씨), 금강, 대동강 유역 일대에서 모두 발굴되어 한반도에서 '단립벼'가 인류 최초로 재배되었음을 증명하였다.

[표 5-1] 신석기시대 한반도에서의 단립벼 출토

출토 곡물 종류	측정연대	출토지	각주 번호(자료)
벼(단립벼)	12,500±150 (BC 10550–BC 11950)	충북 청원 소로리	1
벼 규소체	8,000bp–4,000bp (BC 6050–BC2050)	경기 고양 일산 Ⅲ지역 대화리	2
벼(단립벼)	6,210bp (BC 4260)	경기 고양 일산 Ⅰ지역 대화리 성저	3
벼(단립벼)	6,200±40bp (BC 4250±40)	충북 충주 조동리(A)	4
벼, 탄화미, 밀, 보리, 수수, 기장	6,140±40bp (BC 4190±40)	충북 충주 조동리(B)	5
탄화미, 밀, 보리, 기장, 조, 콩	5,590±70bp (BC 3500±70)	충북 옥천 대천리	6
벼(단립벼)	5,020bp (보정치 BC 3070)	경기 고양 Ⅱ지역 가와지 Ⅰ지구	7
탄화미, 조	4,020±26bp (보정치 BC 2070±26)	경기 김포 가현리	8
탄화미, 조, 보리, 수수	3,036±70bp (BC 1650)	경기 여주 흔암리	9
벼(단립벼)	3,220±60bp (BC 1270±60)	경기 고양 Ⅲ지역 가와지	19
탄화미, 조, 수수, 콩, 기장	BC 3000년기–BC 2000년기	평양 남경 유적	10

1 이융조, 〈중원 지역의 구석기 문화〉, 《중원광장》 창간호, 중원포럼·충북일보, 2009; Kyeong-Ja Kim, Yung-Jo Lee, Jong-Yoon Woo, A. J. Timothy Jull, "Radiocarbon ages of Sorori ancient rice of Korea," *Beam Interactions with Materials and Atoms: Nuclear Instruments and Methods in Physics Reserach B),* vol. 294, January 2013 참조.

古한반도 신석기인의 농업 경작은 '단립벼'뿐만 아니라 콩, 기장, 조, 수수, 깨 등 다수의 품종이 재배되었음이 고고 발굴로 충분히 증명되어 있다. 즉 古한반도 신석기인들은 인류 최초로 古한반도에서 '신석기 농업혁명'을 시작하여 성취한 것이다.

신석기 농업혁명은 인간의 지력(intellectual faculty)을 사용해서 일정한 작은 면적에 씨앗을 뿌려 경작해서 대량 수확을 하는 것이므로 식료 부족 문제를 해결한 획기적 성과였으며, 인류 최초 문명 형성의 조건과 토대를 만든 것이었다. 초기 고대문명은 제1차로 신석기 농업혁명의

2 이융조·김정희, 〈한국 선사시대 벼농사의 새로운 해석: 식물 규소체 분석자료를 중심으로〉, 《先史와 古代》 제11집, 1998, 11-14쪽 참조.

3 손보기·신숙정·장호수, 〈일산 1지역 고고학 조사〉, 《일산 새도시 개발지역 학술조사 보고 I: 자연과 옛사람의 삶·자연환경 조사-고고학 발굴 보고》, 한국선사문화연구소·경기도, 1992, 213-234쪽 참조. 그 10톨 가운데 2톨은 부서져 8톨만이 계측되었다. 볍씨가 출토된 층의 측정연대는 4,070·4,240·5,290·5,650bp(1지역-다); 4,400, 4,490, 6,210bp(1지역-가)였다.

4 이융조, 위의 글, 2006, 156쪽 참조.

5 이융조, 같은 글, 2006, 156쪽 참조.

6 한창균·김근완·구자진, 〈대천리 유적 신석기시대 집자리에 대한 고찰〉, 《옥천 대천리 신석기 유적》, 한남대 중앙박물관·한국고속철도건설공단, 2003, 157-171쪽 참조.

7 박태식·이융조, 〈고양 가와지(家瓦地) I지구 출토 벼 낟알들과 한국 선사시대 벼농사〉, 《농업과학논문집》 제37집, 1995; 이융조·박태식·우종윤, 〈고양 가와지 볍씨의 발굴과 농업사적 의미〉, 《고양 가와지 볍씨와 아시아 쌀농사의 조명》, 고양 600주년 기념 국제학술회의 논문집, 2013.12.03-12.07. 가와지 2지구 상부 흑색 토탄 아래층(2,770±60bp, Beta-45,538)에서도 300여 톨의 단립벼 볍씨가 출토되었는데, 계측 가능한 287톨의 길이는 평균 6.75mm, 너비는 평균 2.84mm, 장폭비(길이/너비)는 평균 2.39였다. 이를 세분하면 약 87.7%가 오늘날의 단립벼(japonica)보다 약간 작은 단립벼였고, 나머지 12.3%가 장폭비에서 장립벼(indica)의 형질도 남아 있는 것으로 보고되었다.

8 임효재, 〈경기도 김포반도의 고고학 조사연구〉, 《서울대학교박물관보》 제2집, 1990; 임효재 편저, 《한국 고대 稻作 문화의 기원-김포의 古代米를 중심으로》, 학연문화사, 2001 참조.

9 임효재, 《흔암리 주거지》 IV, 서울대 박물관, 1978 참조.

10 김용간·석광준, 《남경 유적에 관한 연구》, 백산자료원, 1984, 108쪽.

[5-2] 한족(밝족)의 신석기시대 농경 기념 선돌

옥천 남곡리 1호
농경 기념 선돌

옥천 수북리 동정마을
농경 기념 선돌

성과 위에 형성될 수 있었다. 금강 상류에는 이미 당시에 이러한 古한반도 신석기 혁명의 성과를 기념하는 신석기시대의 기념비(기념 선돌)가 현재에도 [5-2]와 같이 2개가 남아 있다.

전 세계의 두 개뿐인 신석기시대 기념비가 고고학계의 설명처럼 줄무늬 선돌이 아니라 농업혁명(농경) 기념비임은 다른 고고 유물도 증명할 수 있다.[11]

古한반도의 구석기 말기에서 신석기 초기 인(人)들은 동아시아에서 처음으로 농업 경작을 실시함과 동시에 그들의 독자적 신석기 문화를 형성하였다. 후에 그들 자신과 고대 중국인들은 이 古한반도 초기 신석기인들을 '밝(光明)족'이라고 호칭하였다. 고대 중국인들은 한자로 '發' 또는 '白' 등으로 표기하였다.

밝족은 신석기시대 초기부터 청동기시대까지 古한반도에서 집중적으로 '한강 문화'와 '대동강 문화'로 호칭할 수 있는 그들의 독특한 신석기 문화를 창조하였다.

밝족 신석기 농업혁명의 결과 식문화에서 '쌀(잡곡, 조, 기장 등)+콩'의 유형을 형성하였다. 이것은 후에 고조선 문명의 식문화 유형이 되어 한반도와 만주, 일본열도 그리고 산동반도와 중국 동해안의 식문화 유형으로 정형화되었다.

이에 비하여 수메르족은 아나톨리아 반도에서 '밀'의 재배 경작에 성공하자, 약 9,500년 전-8,500년 전에 밀 재배에 더 적합한 티그리스·유프라테스강 유역으로 이동하여 정착해서 '밀' 재배의 농업혁명에 성공하였다. 밀 재배는 이집트와 그리스·로마에 전파되어 서양의 식문화가 '밀빵' 문화로 정형화되기에 이르렀다.[12]

신석기시대 초기에 문명의 시작은 두 곳에서 시작되었다. 하나는 유라시아 대륙의 극동아시아 古한반도에서 밝족이 농업혁명에 성공하여 동방의 고대문명 형성이 시작되었고, 다른 하나는 유라시아 대륙의 중동아시아에서 수메르족이 농업혁명에 성공하여 서방의 고대문명 형성

11 청동기시대의 대전 괴정동 출토 '농경문 청동기'에는 다음 [5-3]과 같이 밭갈이하는 농부가 새겨져 있다. 이 밭갈이하는 농부의 밭이랑과 신석기 농경 선돌의 밭이랑이 동일하다. 이것은 신석기 선돌의 줄무늬가 밭이랑임을 가리키고, 줄무늬 선돌이 '농경 성공'의 기념비임을 알려주고 있다.

[5-3] 대전 괴정동 출토, 진국 시기 농경문 청동기에 도안된 밭 가는 농민

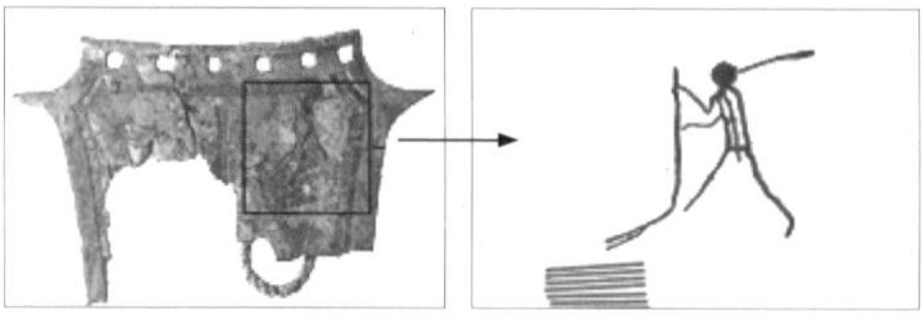

12 고대 멕시코 마야문명(아즈텍 문명)의 식문화 유형은 '옥수수+콩'이었고, 고대 페루의 잉카문명의 식문화 유형은 '감자(마랭서)'였다.

이 시작되었다. 두 개의 독립 문명의 시작은 상당히 다른 유형의 문화를 창조하면서 발전하였다.

밝(한)족의 신석기 문화의 특징

밝족(과 후의 한족)은 古한반도에서 '한강 문화'와 '대동강 문화'로 호칭할 수 있는 신석기 문화를 창조하였다. 이 중에서 다음의 몇 가지 특징을 들 수 있다.

1. 선진적 농업 경작의 발전

벼(陸稻)뿐만 아니라 콩·팥·조·기장·수수·들깨·밀·보리 등 古한반도에서는 자연 식물의 씨앗 재배에 성공하여 농업 경작이 크게 발전하고 품목도 매우 다양하게 되었다. 밝족의 신석기 농업혁명의 성공은 '고조선 문명' 탄생의 첫 번째 기초가 되었다.

2. 태양숭배와 하느님숭배 신앙

밝족(한족)은 '태양이 솟는 곳'을 찾으려고 古한반도까지 왔다가 정착했으므로 처음부터 태양숭배사상을 갖고 있었을 뿐 아니라, 古한반도에서 농업 경작(신석기 농업혁명)에 크게 성공하자 더욱 태양숭배를 강화하였다. 농업 경작의 성공은 태양의 따뜻한 기후와 하늘로부터의 강우(비)의 은혜로 이루어진 것으로 생각했기 때문이었다. 밝족의 태양숭배는 자연히 태양이 있는 하늘로 확대되어 '하느님(天神) 숭배'로 형성 발전하였다.

[5-4] 아기태양(해)을 잉태한 천손(天孫) 사상의 상징적 선돌인 옥천 안터 1호 선돌

3. 천손(天孫) 의식과 사상

밝(한)족의 태양숭배·하느님 신앙은 성원들과 족장급 사람들에게 그들이 하느님의 자손이며 태양의 자손이라는 의식을 갖게 하였다.

밝(한)족의 신석기시대 농업혁명의 요람의 하나인 금강 상류 옥천 지역에는 주민의 천손 의식을 알려주는 '태양을 임신한 여성'의 신석기시대 선돌이 하나 남아 있다([5-4] 참조).

4. 새(鳥) 토템의 형성

밝족(한족)은 하늘에 있는 태양과 하느님을 숭배했으므로, 하늘을 나는 '새(鳥)'를 토템으로 애호하였다. 새를 하느님과 지상의 인간 사이를

[5-5] 남한강 유역 앙덕리 고인돌 (신석기시대) 부장품,
자갈돌에 새겨진 '날아가는 새' 형상

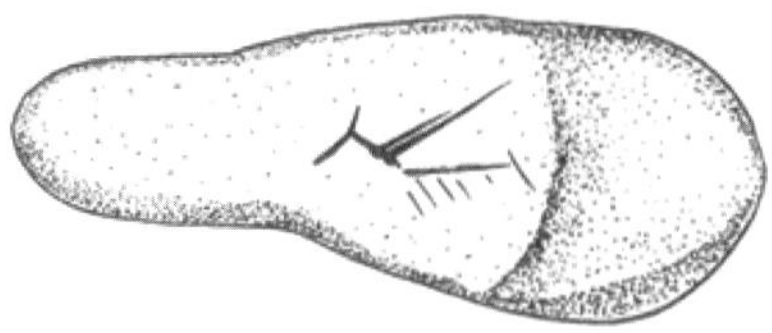

[5-6] 대전 괴정동 출토, 농경문 청동기의 '새' 토템 조각

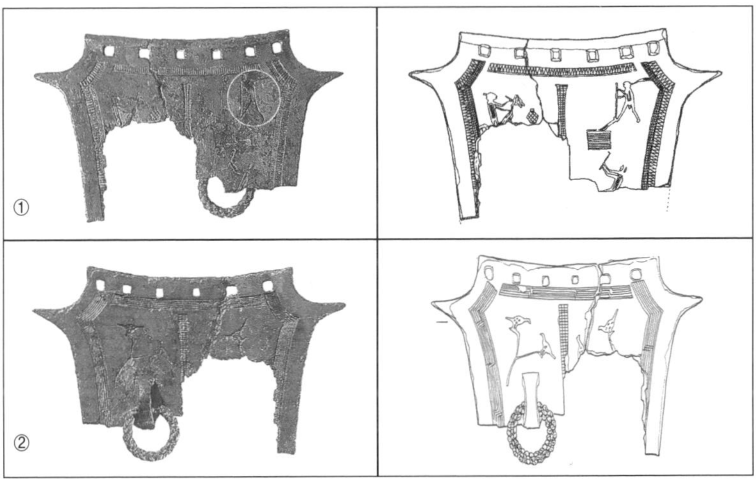

① (뒷면) 솟대의 '새' 토템 상징 조각
② (앞면) '새' 깃털을 머리에 꽂은 농부의 밭갈이 조각

매개할 수 있는 성스러운 동물로 생각한 것이었다. 이 때문에 고대에 그들의 국가나 족장이 '밝족(한족)'에서 기원했음을 전하려고 했을 때 시조 탄생 설화를 '새'의 '알'에서 출생했다는 난생설화(卵生說話)가 나오게 된 것이다. 또한 그들이 후에 다른 지역으로 이동·이주했을 경우에도 '새' 토템을 간직하여 그들의 계보를 알 수 있게 하였다.

밝(한)족의 '새' 토템의 증거·유물로는 남한강이 북한강과 합류하여 한강본류를 이루기 시작하는 지역인 경기도 양평 앙덕리의 신석기시대 고인돌 무덤에서 돌방망이에 날아가는 '새'를 새긴 유물이 출토되었다 ([5-5] 참조). 족장의 지휘봉에 '새' 토템을 새긴 것이었다.

밝(한)족의 '새' 토템은 솟대 위에 세운 '새' 조각에서도 확인된다. 신석기시대에는 마을 입구에 솟대를 세우고 그 위에 '새' 조각을 얹어서 밝족(한족) 마을의 '새' 토템을 표시하였다. 고조선 성립 이후 고조선 문명 시기에는 소도(蘇塗)라는 별읍을 만들어 단군 신앙을 관리하는 성스러운 지역을 설정하기도 하였다.[13] 대전 괴정동 출토 농경문 청동기의 뒷면에는 솟대 위에 새가 앉아 있는 조각이 2개나 새겨져 있다. 밭갈이하는 농부도 머리에 새의 깃털을 꽂고 있다([5-6] 참조). 《삼국지》 '위서 동이전 변진조'에는 "변진에서는 큰 새의 깃털을 사용하여 장사를 지내는데, 그것은 죽은 사람으로 하여금 (새처럼 영혼이) 날아 올라가라는 뜻이다"[14]라는 기록이 있다. 밝(한)족의 '새' 토템을 방증하는 유물과 기록이다.

5. 뾰족밑 빛살무늬 토기와 기타 토기

밝(한)족의 한강 문화에서는 초기 신석기시대부터 납작밑 토기들과 함께 세계 다른 지역에서는 볼 수 없는 '뾰족밑 토기'를 만들고 그 겉면에는 '햇빛살'을 새긴 '뾰족밑 빛살무늬 토기'를 제조하여 사용하였다 ([5-7] 참조).

13 손진태, 〈蘇塗考〉, 《朝鮮民族文化의 硏究》, 을유문화사, 1948, 182-223쪽; 김정배, 〈蘇塗의 정치사적 의미〉, 《歷史學報》 제79집, 1978; 김두진, 〈三韓 別邑社會의 蘇塗 신앙〉, 《한국 고대의 국가와 사회》, 일조각, 1985 참조.

14 《三國志》 卷30, 魏書 烏丸鮮卑東夷傳, 韓傳, 弁辰條, "以大鳥羽送死 其意欲使死者飛揚."

[5-7] 빗살무늬 토기

서울 암사동 출토, 국립중앙박물관 소장

뾰족밑 빗살무늬 토기의 분포는 임진강 유역(북위 40도선 바로 밑)까지 전체에 걸쳐 있다. 물론 한강 문화의 토기는 이어서 '뾰족밑 민무늬 토기', '둥근밑 빗살무늬 토기', '납작밑 빗살무늬 토기' 등 여러 가지 토기가 발굴되었다. 제사용 토기로서는 천신에게 제사하는 용구로 해석되는 '붉은 간토기'와 '검은 간토기'가 출토되었다([5-8] 참조).

이 가운데서 '빗살무늬 토기'는 그 빗살무늬가 밝(한)족이 애호한 독특한 도안이어서, 다른 지역으로 이동·이주한 후에도 애용했으므로 밝(한)족 계통의 민족 이동·부족 이동을 추적하는 데 자료 유물로 사용되고 있다.

6. 소가족제도와 부계 공동체의 초기 출현

밝(한)족의 신석기시대 주거지 유적은 모두가 4-5명의 가족이 거주할 수 있는 규모이다. 이것은 부모와 자녀 2-3의 핵가족을 중심으로 소

[5-8] 붉은 간토기와 검은 간토기

①	②	③	④
제천 황석리 붉은 간토기 (높이 27cm)	충주 조동리 굽잔토기 (1호 집터: 높이 16.5cm)	부여 구봉리 석관무덤 출토 (높이 23cm)	대전 괴정동 석관무덤 출토 (높이 22cm)

가족제도가 지배적 가족제도의 형성이었음을 시사해준다. 또한 신석기 농업사회의 조기 형성으로 가족과 마을 공동체는 부계 공동체로의 조기 이행이 이루어졌다. 농업 경작에는 체력이 강한 남성 노동력이 더욱 필수적이었기 때문에 부계 공동체와 가부장적 공동체 제도가 조기에 형성된 것으로 해석된다.

7. 밝(한)족 언어의 형성과 우랄·알타이어족 또는 유라시아횡단어족의 기원

古한반도의 구석기 말기인과 신석기 초기인(밝족)은 수만 년의 동굴생활과 1만 2,000년 전 이후의 신석기 농업혁명 수행을 통하여 오랜 기간 상호 소통하는 동안에 '공동의 밝(한)족(古한반도 초기 신석기인) 언어'를 형성시켰음은 자연스러운 일이다.

古한반도의 '밝(한)족 언어'가 한국어의 기원이며, 다음에서 밝혀지는 바와 같이, 우랄·알타이어족의 기원이다. 최근 언어학계에서는 우랄·알타이어족의 용어와 별도로 '유라시아횡단어족'이라는 용어도 사용하고 있는데, '유라시아횡단어족'의 기원도 古한반도 '밝(한)족 언어'이다. 왜냐하면 사회학적으로 민족 형성·민족이동의 분석 방법으로 추적해보면 인구가 조밀했던 古한반도 밝(한)족의 후예 부족·원민족·민족들의 유라시아 대륙에서의 민족이동에 따라 '우랄·알타이어족' 또는 '유라시아횡단어족'이 형성되었기 때문이다.

최근 언어학자 마르틴 로비츠(Martine Robbeets) 등은 독일 막스플랑크 연구소의 프로젝트로 국제적인 학제적 연구팀을 조직하여 동북아시아 지역의 255개 신석기·청동기시대 유적 발굴 보고서 등을 분석한 후, 새로운 가설로서 '유라시아횡단어족'의 기원은 약 9,000년 전 중국 요서 지방의 농경민에서 기원했다는 학설을《네이처》(2021년 11월호)에 발표하였다.[15] 로비츠의 논문을 읽었더니, 이 농경민은 맥족의 신석기시대 홍산문화권의 흥륭와(興隆窪, Xinglongwa) 문화유적과 조보구(趙宝溝, Zhaobaogou) 문화유적을 기원지로 지적한 것이었다.[16]

여기서 주목할 것은 흥륭와 문화유적과 조보구 문화유적의 농경민은 그곳에서 형성된 민족 또는 부족이 아니라 다른 곳에서 이주해 들어온 부족이었다는 사실이다. 어디서 이주해 온 민족인가? 그들의 농

15 Martine Robbeets, "Article, Triangulation Supports Agricultural Spread of the Transeurasian Language," *Nature*, vol. 599, November 25, 2021 참조.

16 Martine Robbeets, "Proto-Transeurasian: Where and When?," *Man in India* 97(1), 2017, pp. 19-46; Martine Robbeets, et al.,"Triangulation Supports Agricultural Spread of the Transeurasian Language," *Nature*, 599(7886), 2021, pp. 616-621; Kazuo Miyamoto, "The Emergence of 'Transeurasian' Languages in Northeast Asia as Viewed from Archaeological Evidence," *Evolutionary Human Sciences*, volume 4, published online by Cambridge University Press, 2022.

경 도구인 토기는 한반도 한강 문화의 토기와 동일한 빗살무늬 토기인 사실에서, 흥륭와 문화유적과 조보구 문화유적의 농경민은 古한반도에서 이주해 들어간 농경민임을 알 수 있다. 이것은 유라시아횡단어족의 기원이 한 단계만 더 파고 들어가 보면 古한반도임을 알려주는 것이다. 흥륭와 문화유적과 조보구 문화유적을 포함한 홍산문화를 창조한 맥족은 고조선 건국 후에는 고조선 주민이 되었으므로 로비츠 등의 결론은 고조선어가 우랄·알타이어족(또는 유라시아횡단어족)의 조어(祖語, protolanguage)라는 필자의 학설을 보강하여 증명해주는 것이라고 볼 수도 있다.

8. 십진법과 척도의 사용

한국문화재청과 한국선사문화연구원은 2014년 6월 충청북도 단양군 적성면 하진리의 남한강변 구석기 유적(수양개 6지구)에서 약 3만 8,000년-3만 9,000년 전 '눈금돌'을 발굴하였다.[17]

이 눈금돌은 길쭉한 규질사암 자갈돌에 0.41cm의 간격으로 눈금 21개를 새긴 것이었다. 이것은 이 지역 구석기 말기 인(人)과 신석기 초기 인이 20개 금간을 가진 약 8.2816cm의 '길이의 표준척'을 한 단위자로 사용한 것으로 해석할 수 있다. 이 지역의 셈법 언어와 대조해보면, 이 지역 밝족은 10진법(5진법, 20진법 포함)의 산수 개념을 갖고 이 척도를 사용했음을 알 수 있다.

필자가 이 척도를 이 지역 신석기 유물유적에 적용해보았더니, 앞

17 Institute of Korean Prehistory, *Recent Discoveries and Interpretations from Korean Paleolithic Sites* V, 2014, pp. 3-18.

[5-9] 남한강 유역 단양 하진리(수양개 6지구)에서 출토된 구석기 말기 '눈금돌'

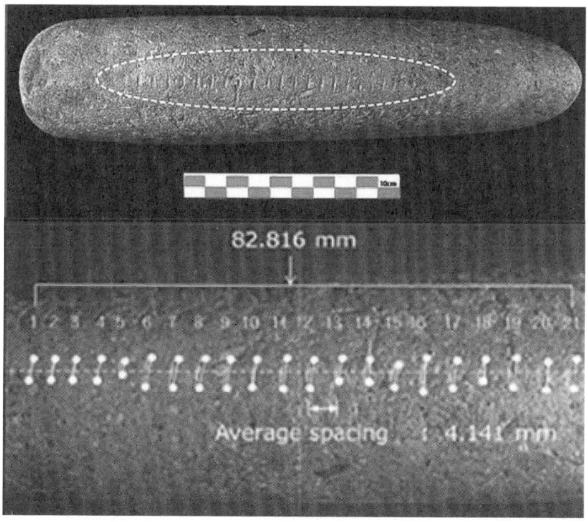

서 본 옥천 남곡리 출토의 농업 경작 성공 기념 선돌의 논밭고랑 길이 41cm는 이 눈금돌 1단위(0.41cm)에 100을 곱한 것이었다. 충주 조동리 3호 집터의 붉은 간토기 높이 25cm는 눈금돌 척도 60눈을 사용한 것이고, 조동리 굽잔토기 높이 16.5cm는 눈금돌 척도 40눈을 사용한 것이었다.[18]

밝(한)족은 동아시아에서 처음으로 십진법과 그 척도를 사용하면서 문명을 창조하기 시작했음을 알 수 있다. 동아시아 십진법(예, 중국 商문명의 10진법과 고대 일본의 10진법)은 고조선 문명의 십진법이 전파되어 형성된 것이었다.

18 신용하, 〈고조선 문명의 10진법 기원과 성립〉, 《서울대학교 명예교수회보》 제14호, 2018 참조.

[5-10] 대동강 문화의 강동군 문흥리 2호 고인돌

9. 고인돌 무덤 양식의 출현

밝(한)족의 신석기 한강 문화에서는 개석식(蓋石式) 고인돌 무덤의 장례문화를 남겼다. 고인돌 무덤의 부장품으로서 '돌 화살촉'과 '반달돌칼' 등이 다수 출토되었다.

밝(한)족의 대동강 문화에서는 개석식 고인돌과 함께 약 5,000년 전부터는 탁자식 고인돌 무덤도 병행하여 나타나는 변화를 보였다.

고인돌 무덤과 함께 돌무지무덤, 돌막무덤 등도 병존했음은 물론이다.

10. 별자리 · 천문에 대한 관심

밝(한)족은 古한반도에 이동해 들어올 때 별자리(주로 북두칠성)의 위치 이동을 기준으로 '동방'을 판단하여 이동했고, 농업 경작의 계절 변동도 별자리 이동과 연관시켜 예측했으므로, 별자리와 천문(天文)에 매우 관심이 많았다. 큰 고인돌 무덤의 덮개돌에는 크고 작은 구멍들이 파여 있는데, 이는 별자리와 일치하는 것이 대부분이다([5-11] 참조).

[5-11] 한강 문화의 신석기시대 고인돌에 새겨진 별자리(크기 부동)

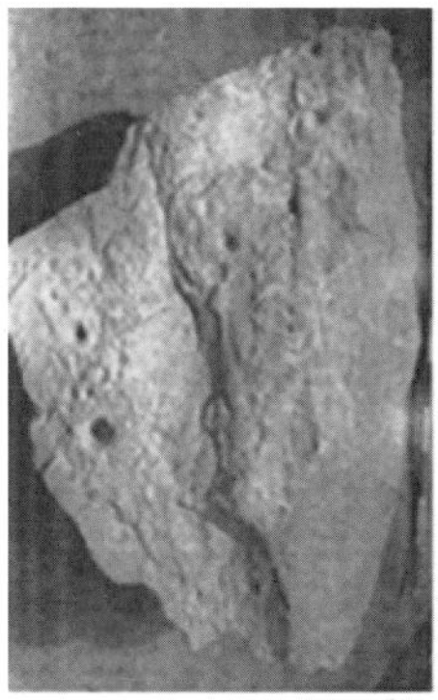

① 양평 앙덕리 고인돌

② 별자리 이름(김동일 교수): 삼수(오리온), 구유, 천도, 필수(황소), 5차(마부), 천반(페르세우스), 규수(안드로메다), 각도(카시오페아)

③ 청원 아득이 출토 별자리 돌판

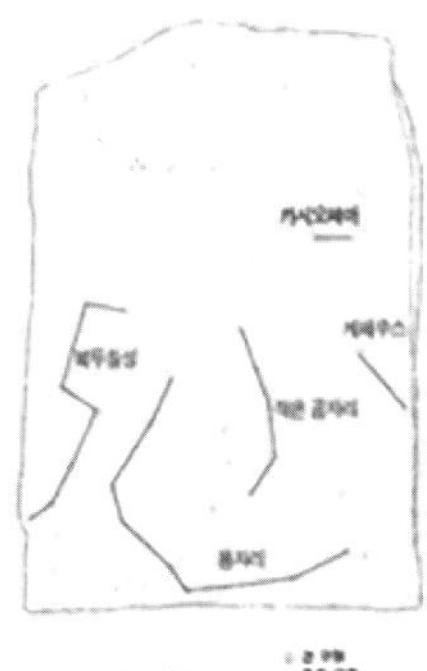

④ 별자리 이름(이융조 교수)

밝족은 매우 일찍 농경을 시작했으므로 농경의 풍흉을 거의 결정하다시피 하는 기후, 기온, 강우량 등에 큰 지적 관심을 갖고 그것을 가져오는 공간인 하늘의 태양·달·별·별자리·천문 등에 지적 탐구를 매우 일찍부터 시도한 것으로 해석된다.

'밝'족의 분화

'밝'족은 매우 이른 시기에 신석기 농업혁명의 성공을 이뤄 식료문제를 크게 해결했으나, 식량 증산에 동반해 인구 증가도 있어 식료는 계속 부족하였다. 기후 온난화가 지속되자 과거 동토(凍土)였던 북위 40도 이북의 땅도 녹아서 점차 농경이 가능하게 되었다.

이에 약 9,000년 전부터 古한반도의 신석기인들(밝족) 가운데는 씨족별로 또는 가족별로 북위 40도 이북의 새 변경지역으로 북상하여 이동해 들어가 농토를 개간해서 농경을 시도하는 이주민이 나타나게 되었다.

古한반도 밝족 가운데서 북상하여 대요하 동쪽의 요동반도·태자하·제2북류 송화강·눈강·목단강·수분하·두만강 중하류·연해주 남부 일대에 이동 정착한 밝족 신석기인들은 요하 동쪽의 밝족이라는 뜻으로 새(시, 東의 뜻)족이라고 부르고 후에 한자로 '濊'·'薉'·'穢' 등으로 표기하면서 '새'로 발음했다가 남방 오음(吳音)의 영향으로 '예'로 발음하게 되었다. 그들은 기원지인 古한반도 밝(한)족과 구분하기 위하여 '범(虎)'을 토템으로 정하고 환경에 적응하면서 '예'족 군장사회(chiefdom)를 형성해나갔다. 현재 심양시 교외의 신락(新樂) 문화유적은 예족의 요동 신석기 문화의 대표적 유적이다.[19]

또한 이와 같은 시기인 약 9,000년 전부터 古한반도의 '밝'족 가운데 대요하를 건너 서북방으로 이동해 들어간 밝족의 이주민들이 있었다. 이들은 주로 요하 서쪽인 시라무렌강·노합하·대릉하 유역 등 지금의 요서·내몽골 자치구 동부 지역에 정착한 밝족의 이주민들이었다. 후에 중국 고대학자들은 그들을 '북방의 밝족'이라는 뜻으로 '北發(북발)'이

19 신용하, 《고조선 문명의 사회사》, 2018, 131-148쪽 참조.

라고 호칭하기도 하고, 한 글자로 '貊'이라고 써서 '박'으로 발음하다가 오음(吳音)의 영향으로 '맥'으로 발음하게 되었다. 그들은 기원지 밝족 '새' 토템 및 요동의 범 토템 '예'족과 구분하기 위하여 '곰(熊)'을 토템으로 하고 본래의 '새'는 부토템으로 하였다.

중국 고고학계는 이 신석기시대 '맥'족의 유적을 다수 발굴하였는데, 소하서(小河西) 문화유적(BC 7000년-BC 6500년), 흥륭와(興隆洼) 문화유적(BC 6200년-BC 5200년), 사해(查海) 문화유적(BC 5600년-BC 5500년), 부하(富河) 문화유적(BC 5200년-BC 5000년), 조보구(趙寶溝) 문화유적(BC 5000년-BC 4400년), 홍산(紅山) 문화유적(협의 BC 4500년-BC 3000년), 소하연(小河沿) 문화유적(BC 3000년-BC 2000년)이 그 유적들이다.[20]

이 맥족의 유적들에서 대표적 유적이 홍산문화의 우하량(牛河梁) 유적이다. 우하량 유적 제1지점에서 주민과 족장이 숭배하는 신(神)을 모시는 신성한 묘당(廟堂)터에서 그들이 숭배했던 1) 여신 조각상 파편 2) 곰 조각상 파편 3) 새 조각상 파편이 출토되었다([5-12] 참조). 홍산문화인들이 숭배한 신은 여신(女神)이었고 숭배한 토템은 곰(熊)과 새(鳥)였음이 증명된 것이다.

이것은 그들이 '곰'을 토템으로 숭상한 '맥'족이었고, 그와 함께 '새'도 숭배하고 애호하여 그들의 기원이 한강 문화의 '밝'족이었음을 증명해주는 것이다. 묘당의 벽면의 붉은 번개무늬들도 '밝'족의 번개무늬와 동일한 것이었다. 공반 출토된 토기도 한강 문화의 토기와 같은 납작밑 빗살무늬 토기 계열이었다.

20 郭大順,《紅山文化》, 2005; 張星德,《紅山文化研究》, 2005; 우실하, 〈요하문명·홍산문화 지역의 지리적 기후적 조건〉,《고조선 단군학》 제30호, 2014.

[5-12] 우하량 묘당 출토 여신과 토템 조각 파편

① 복원된 우하량 여신묘 여신상의 상상도

② 우하량 여신묘에서 발견된 원래 여신상의 머리 부분

③ 우하량 제1지점 여신묘 출토 곰의 입술(N1J1B:7)

④ 우하량 제1지점 여신묘 출토 곰의 손톱(N1JB:8)

⑤ 새의 발톱 부분(N1J1B: 9-1)

⑥ 새의 날개 부분(N1J1B: 9-2)

또한 우하량 유적 제2지점의 여신을 위해 제단 다음에 족장급의 대묘들이 있고 제단을 향한 맨 앞의 대묘가 대족장의 무덤이라고 판정되었는데, 중국 과학자들이 이 대족장의 무덤에서 발굴된 뼈를 분석했더니 '여성의 인골'이었다. 즉 홍산문화 유적을 남긴 대족장은 '여성 족장'이었음이 판명된 것이다.

그 밖에 우하량 유적은 여족장의 지휘 아래 여신을 숭배하여 제천행사를 하는 '맥'족의 제천문화와 제례문화의 체계가 잘 확립되어 있었음이 증명되었다.

'맥'족의 홍산문화는 매우 이른 신석기시대에 '옥기문화'를 크게 발

[5-13] 홍산문화의 옥기의 몇 가지 사례

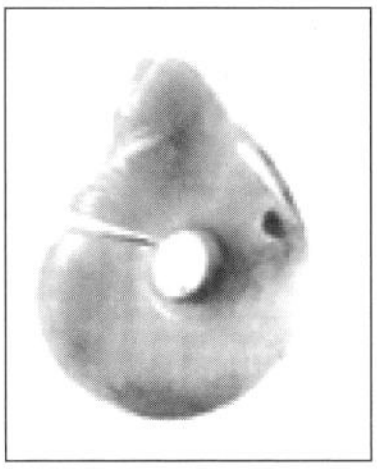

①
옥웅룡. 우하량 제2지점 1호총 제4호 묘 출토

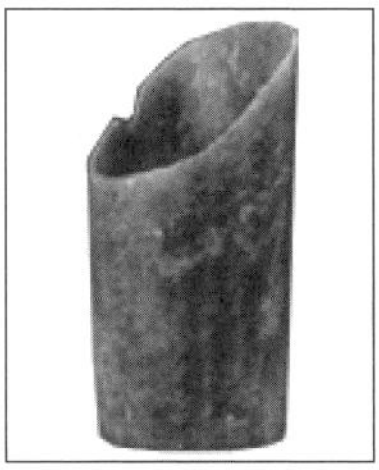

②
사구(斜口) 통형 옥기. 우하량 제2지점 1호총 제25호 묘 출토

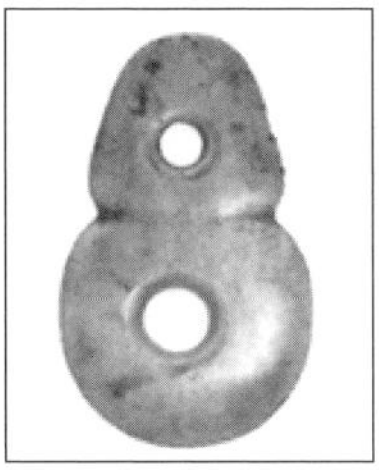

③
쌍련옥벽(雙聯玉璧) 우하량 제2지점 수집

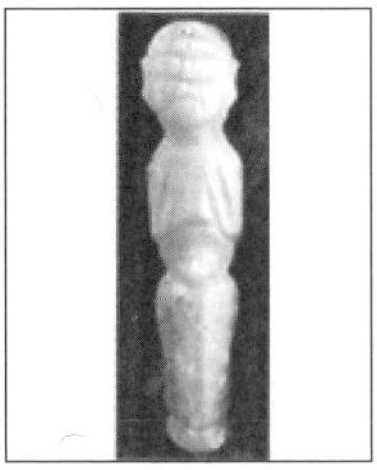

④
거북모양옥기. 우하량 제2지점 1호총 제21호 묘 출토

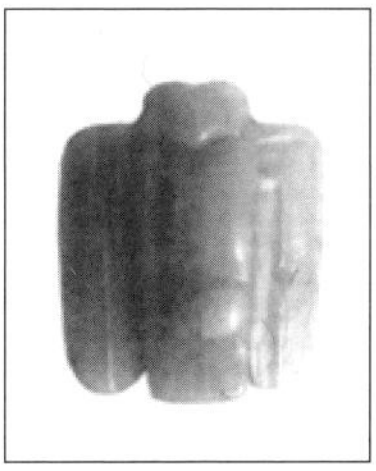

⑤
홍산문화 황옥매. 홍산문화 유적 수집

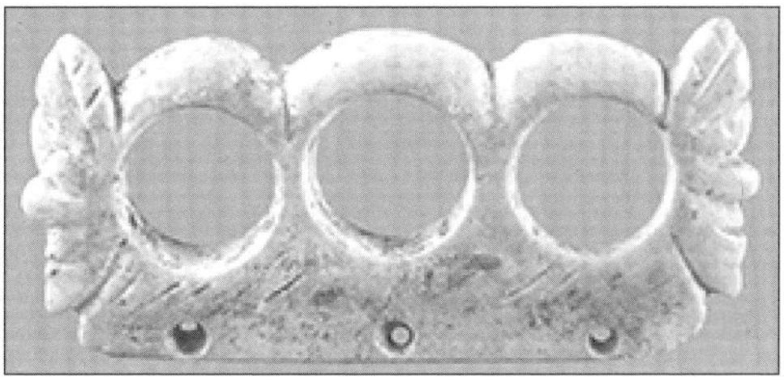

⑥
사람머리 3공 옥빗 패물(人首三孔梳背飾) 우하량 제2지점 1호총 제12호 묘 출토

전시켰다. 홍산문화가 창조한 옥기는 곰과 새 모양의 패물을 비롯하여 거의 모든 예기와 귀중품에 걸쳐 사용되었고, 또한 오늘날의 기술에서 보아도 매우 선진한 찬란한 옥기문화였다.

또한 흥륭와 유적(BC 6200년-BC 5200년)에서 약 7,700년 전-8,000년 전의 기장(黍)과 조(粟)가 출토되었다. 이것은 중부 유럽에서 발견된 것보다 약 2,000년-2,700년 앞선 것이므로, 중국 정부는 세계에서 가장 오래된 북장 한작(旱作) 농업의 기원이라고 주장하고 '세계 중요 농업 문화유산'으로 신청하기로 결정하였다. 사실은 이것은 '맥'족이 古한반

[5-14] 흥륭와 문화유적 출토 탄화된 기장과 조

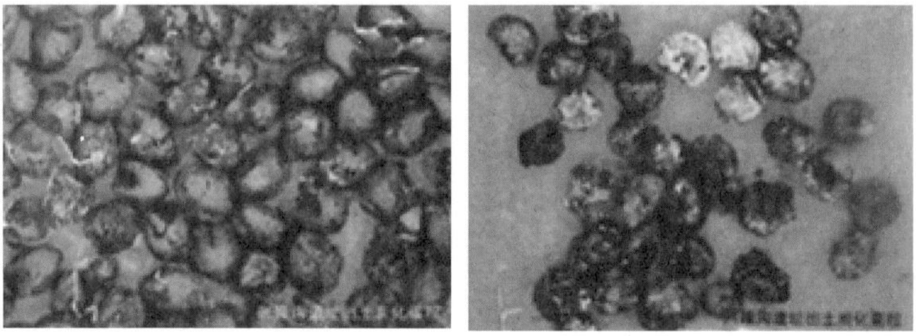

① 기장(黍) ② 조(粟)

도에서 요서 지방으로 이주하여 기장과 조의 경작으로 식료문제를 해결했음을 알려주는 것이다. 그리고 2021년 독일 막스플랑크연구소의 국제적 학제연구단이 '유라시아횡단어족(우랄·알타이어족)'의 기원과 기원지라고《네이처》지에 밝힌 농경민도 바로 이 흥륭와 유적을 남긴 농경민을 가리킨 것이었다.

그러나 흥륭와 문화유적을 남긴 맥족의 기장과 조의 경작은 이들의 발명이 아니라 그들의 출발지인 古한반도에서 이주할 때 가져온 것이었다.[21]

중국 일부 고고학계는 소병기(蘇秉琦), 곽대순(郭大順), 설지강(薛志强) 등을 중심으로 홍산문화의 찬란한 옥기와 제천제례 문화체계의 정비에 탄복하여 홍산문화를 중심으로 한 맥족의 신석기 문화를 '요하문명(遼河文明)'으로 정립하여 중화 문명의 기원으로 삼을 것을 제의하고 있다. 왜냐하면 종래 중화 문명의 기원으로 삼은 황하문명의 앙소문화(仰韶文化)는 홍산문화보다 약 1,000년 후의 것이기 때문이다. 이에 호응하여 중국 요령성 박물관은 '요하문명전'을 개최하여 '요하문명'이 중화 문명의 시원이라고 홍보하고 있다.

중국의 소병기 등 일부 고고학자들은 우하량 유적을 남긴 여족장의 정치체를 '古國(ancient state, 일종의 초기 고대국가)'의 일종이라고 해석하고 있다.[22] 그리고 중국 최초의 고대국가 하(夏)나라를 황제(黃帝)족이 세운 국가로 해석하여 중국 고대국가의 건국을 약 1,000년 끌어올리려고 시도하고 있다. 그러나 홍산문화 유적 유물의 이러한 모든 해석들은 유물과 일치하지 않는 무리한 해석이라고 본다.

필자의 견해로는 우하량 유적의 천신을 제사하는 성스러운 묘당에는 여신과 함께 '곰'과 '새'가 토템으로 모셔져 숭배하고 조사하는 숭신체계는 중국 고대의 제천 숭신체계와는 전혀 연결이 되지 않는다. 여신은 여족장 체계와 동일한 체계이며, '곰' 토템은 그들이 '맥'족이었고, '새' 토템은 그들이 古한반도(한강 문화)에서 기원했음을 나타내는 것이

21 여기서 주목해야 할 점은 홍륭와 유적의 기장과 조의 농업 경작 시작이 古한반도 한강 문화의 동아시아 최초의 신석기 농업혁명의 시작의 연장선 위에 있다는 사실이다. 한강 문화에서는 1만 2,000년 전의 단립벼의 재배 볍씨가 충주 소로리에서 출토되어 신석기시대가 시작되자마자 신석기 농업혁명이 시작되었음을 알려주었다. 古한반도의 인천 영종도 운서동(雲西洞)에서는 이미 신석기시대 초기·전기에 기장·조·콩·들깨가 경작되고 있었다. 충주 조동리 유적에서는 6,200년 전의 볍씨를 비롯하여 탄화된 쌀·밀·보리·수수·기장 등이 출토되었다. 구석기시대 말기에서 신석기시대 초기에 동굴에서 나와 강가에서 농경을 시도하다가 북방의 새 정착지를 찾아서 이동한 古한반도 초기 신석기인 유형의 한 갈래가 홍륭와 유적 일대에 정착하여 북방의 한랭한 기후 조건에 적응하면서 古한반도에서 가져온 '기장·조'의 재배를 古한반도에서 배워 가져온 농법으로 시작했을 것임은 충분히 가능한 일이다. 이 사실을 더욱 보강해주는 것은 홍륭와 유적에서 출토된 한강 문화 유형과 비슷한 '빗살무늬' 토기이다. 한강 문화의 빗살무늬 토기는 처음에는 뾰족밑[尖底]이었다가 중·후기에는 둥근밑[圓低]·납작밑[平底]으로 변해갔는데, 홍륭와 유적에서 출토된 빗살무늬 토기는 바닥은 모두 납작밑으로 변화되었지만 무늬는 한강 문화와 동일한 빗살무늬 그대로였다. 홍륭와 유적에서의 '기장·조'의 출토는 요서에 이주해 정착한 맥족의 주식이 '기장'과 '조'였음을 알려주는 것이다. 신용하, 〈고조선 문명의 형성에 들어간 貊족의 紅山문화의 특징〉, 《고조선 단군학》 제32호, 2015; 국립문화재연구소, 《한국 신석기시대 고고식물 압흔 분석 보고서》, 2015, 256-261쪽 참조.

다. 우하량 유적을 포함한 홍산문화의 다른 모든 유적·유물들도 古한반도와 직결되었음을 알려주고 있다.

또한 홍산문화(우하량)의 여족장의 정치체는 아직 '고대국가'의 일종으로 보기는 어렵다고 본다. 고대국가는 한편으로 제천제례와 함께 반드시 남성이 '칼(무력)'을 들고 군사력으로서 처음으로 고대국가를 건국하였다. 이 때문에 사회학에서는 고대사회를 '군사형 사회'라고 하는 것이다. 홍산문화에서는 찬란한 옥기들은 다수 발굴되었으나, 칼은 한 자루도 발굴되지 않았음을 주목할 필요가 있다.

여족장의 지휘 아래 홍산문화를 창조한 맥족은 아직 고대국가는 세우지 못한 채 '여신'과 '곰'·'새'를 토템으로 숭배하면서 제천·제례체계를 잘 갖춘 평화적인 군장사회(chiefdom)를 형성하고 있었다고 필자는 해석한다. 그들이 고대국가를 건국하려면 반드시 스스로 잘 갖춘 군사체계를 수립하거나, 또는 군사체계를 이미 잘 갖춘 다른 (남성의) 군장사회와 연합해야 가능한 것이었다.

고조선 문명의 탄생과 그 몇 가지 특징

약 5,000년 전 '맥'족이 홍산문화를 창조하면서 발전하고 있던 시기의 요령성과 북방 일대에 기후변동으로 대한발이 연속되어 농업 경작이 불가능하게 되었다.[23] '맥'족의 주류는 결국 여족장의 지휘 아래 농경이 가능한 새 정착지를 찾아 그들의 조상의 고향인 요동반도와 한반도 북부로 이동해 들어왔다. 다음 흐름은 요하 하류를 찾아왔고, 소수

22 蘇秉琦, 〈遼西古文化古城古國—試論當前田野考古工作的重點和大課題〉, 《文物》 第8期, 1986 참조.

일부는 중국 동해안에까지 이동해 들어갔다. 부족 이동에 동참하지 않고 남은 일부 잔여 맥족은 강과 시내를 따라 유목 생활로 전환했다가 유목민(훈과 실위 등)이 되었다.

이때 요동반도는 이미 '예'족의 일부가 신석기 문화를 크게 발전시키면서 거주하고 있었고, 한반도는 '밝'족의 터주인 '한'족의 군장들(chiefdoms)이 선진한 농업사회와 한족의 신석기 문화를 발전시키면서 할거하고 있었다. 한반도의 북부 청천강과 대동강 일대에는 환웅 군장의 군장국가가 발전하고 있었다.

《삼국유사》에 인용된 《위서》의 기록과 《고기》의 단군설화에서 신화적 요소를 접어두고 사실적 요소들을 사회학적으로 해석하면, 한족의 남군장 환웅과 곰 토템 부족인 맥족의 여군장(웅녀)은 혼인동맹으로 결합하여 그 사이에서 후에 단군(檀君, 壇君)이라고 호칭한 아들을 낳았는데, 환웅과 웅녀의 아들 단군이 후에 '아사달'에 도읍을 정하고 '조선(朝鮮, 古朝鮮)'이라는 이름의 고대국가를 건국하였다.

이를 다른 객관적 자료를 포함하면서 사회학적으로 해석하면, BC 30세기경 한 대부족의 군장들 가운데 북변 일대 환웅의 군장국가의 통치지역에 곰토템 부족인 맥족의 주류가 서북방으로부터 새 정착지를 찾아 이동해 들어오자, 이미 발전된 선진적 농업 경작 생산방식과 초기 청동기 문화를 갖기 시작한 환웅족은 이동해 온 맥족과 부근의 예족에게 선진적 농업 경작 방식을 가르쳐주고 평화적 농경 생활을 조건으로 정착을 허용하였다.

23 Kwang-chih Chang, *The Archaeology of Ancient China*, Fourth Edition, Yale University Press, 1986, pp. 77-81; 우실하, 〈요하문명·홍산문화 지역의 지리적·기후적 조건〉, 《고조선단군학》 제30호, 2014.06.

맥족은 새 환경에 잘 적응했을 뿐 아니라 한족 군장 환웅에게 두 부족의 혼인동맹을 제의하여 환웅의 동의를 얻었다. 이에 한·맥 2부족 혼인동맹이 이루어져서 환웅의 '군장국가'는 비약적으로 강대하게 되었다.

한족의 군장 환웅(桓雄)과 맥족의 여군장이 혼인동맹을 맺어 그 사이에서 아들 단군(檀君)이 태어나 성장하자, 단군은 아사달에 도읍을 정하고 '조선(朝鮮)'이라고 호칭한 고대국가를 개국(開國)하였다. 예족(범토템족)은 자치권을 가진 후국족으로 참가하였다. '고조선' 개국을 기록한 고문헌은《삼국유사》에 수록된 중국 고문헌《위서(魏書)》는 다음과 같이 기록하였다.

> 《魏書》에 이르되 지금으로부터 2,000년 전에 壇君왕검이 있어, 도읍을 阿斯達에 정하고 나라를 開創하여 이름을 朝鮮이라 하니 高(堯)와 같은 시기이다.[24]

《위서》[25] 기사의 특징은 1) 이 책《위서》가 쓰인 당시로부터 약 2,000년 전에 2) 단군(檀君)이라는 왕검(王儉)이 있어서 3) 아사달(阿斯達)에 수도를 정하고 개국(開國, 건국)하여 나라 이름을 조선(朝鮮)이라 했는데, 자기 나라인 중국과 시기를 비교하면 요(堯)임금과 동일 시기라는 것이다.《위서》의 기록은 1) 조선의 건국 사실, 2) 건국 시의 왕검 명칭, 3) 건국 시기, 4) 건국 때의 수도 명칭, 5) 건국한 나라 이름 '조선(朝

24 《三國遺事》卷1, 古朝鮮(王儉朝鮮)條. "魏書云 乃往二千載有壇君王儉 立都阿斯達(經云無葉山 亦云白岳 在白州地 或云在開城東 今白岳宮是) 開國號朝鮮 與高同時."

鮮, 古朝鮮)', 6) 중국의 전설 시대의 임금 요와 동시대라는 사실을 연대 비교를 하고 있다. 고대 중국 입장에서 짧지만 명료하게 신화나 설화 없이 역사적 사실만 간추려 기록한 것이었다.

고조선 국가가 한족(새토템족)이 중심이 되어 한·맥·예 3부족 결합으로 형성되었고 유목민을 포섭하면서 형성된 사실을 나타내는 고조선 고고 유물도 최근에 발견되었다. 고조선 강역이었던 만주 요녕성 평강지구 유적에서 고조선 말기(중국 고고학자들의 중국 서한 초기 시대) 금도금 장식으로 [5-15]의 유물이 출토되었는데, 커다란 독수리 같은 새의 지휘와 큰 날개 보호 아래서 곰과 범이 순종하고 있고 그 옆에 이리가 따르는 조각 유물이었다.[26]

이 유물 도안의 동물은 부족의 토템을 상징한 것으로서[27] 커다란 새는 한족의 토템이고, 곰은 맥족, 범은 예족의 토템이며, 이리는 후에 고조선 후국족이 된 '훈'·'실위' 등 유목민족의 토템이었다. 이 유물은 고조선이 한족의 지휘(커다란 날개 품) 아래서 한·맥·예 3부족이 연맹하여

25 《魏書》에는 서명(書名)이 기록되어 있는 것만으로도 약 30종이 있었는데, 현재 전해지고 있는 것은 진수의 《三國志》에 있는 《魏書》뿐이다. 진수의 《魏書》에는 고조선 기록이 없고, 일연이 인용한 것은 다른 《魏書》이다. 일연이 인용한 위의 고조선 기사는 문체도 중국식이고 내용도 중국식으로 서술되어 있어서 중국 고문헌 《魏書》의 인용임이 틀림없다고 본다. 일연이 인용한 《魏書》의 내용을 큰 줄기에서 의심할 필요는 없다. 중국에서 지금 전해지지 않는 《魏書》의 하나인 《魏略》의 인용 부분을 귀중한 사료로 사용하고 있는 것과 마찬가지로, 일연이 인용한 《魏書》도 사실을 기록한 귀중한 사료이다.; 鄭寅普, 《朝鮮史研究》, 서울신문사, 1946, 34쪽에서는 《三國遺事》에서 인용한 《위서》는 曹魏시대 王沈(신)의 《魏書》일 것이라고 논증하였다.

26 朴仙姬, 《고조선 복식문화의 발견》, 지식산업사, 2011, 362쪽; 徐秉琨·孫守道, 《中國地域文化大系》, 上海遠東出版社, 1998, p. 129, 그림 149 참조.

[5-15] 요령성 평강 지구에서 출토된 '새'토템족이 '곰'토템족, '범'토템족, '이리'토템족을 휘하에 거느린 도안의 청동 장식

형성되고, 후에 이리 토템의 유목족이 참여했음을 알려주는 것이다.

한·맥·예족의 결합에 의한 고조선 국가의 형성에 동반하여 한족의 신석기시대 한강 문화와 대동강 문화, 맥족과 예족의 요하 문화(중국 고고학의 '요하문명', 맥족의 요하 서쪽 홍산문화, 예족의 요하 동쪽 신락문화를 비롯한 선진적 신석기 문화)가 통합되어 한 단계 지양되어서 '고조선 문명(아사달 문명)'이 형성되었다. 국가의 통합력은 고조선 문명 형성에 큰 역할을 하였다.

원래 古한반도 '밝'족의 신석기문화에 기원을 두고 분화하여 古한반도와 '한'족의 가장 기본적인 선진적 한강 문화와 대동강 문화, 만주 요동과 요서 지방의 환경에 적응하면서 크게 발전했던—중국 고고학

27 Emile Durkheim, *Le Formes Elémentaires de la Vie Religieuse* : Translated by Karen E. Field, *The Elementary Forms of Religious Life*, Free Press, 1995; 노치준·민혜숙 역, 《종교생활의 원초적 형태》, 한국사회과학연구소, 민영사, 1992, 153-339쪽; Claude Levi-Strauss, *Totemism*, Merlin Press, London, 1964. 이 연구들은 원시부족의 거의 모든 토템은 부족 명칭의 기능을 하며 그 대명사임을 설명해주고 있다.

자들이 이미 '요하문명(요하 문화)'이라고까지 호칭하는—요하 서편의 '맥'족의 홍산문화 등과 요하 동편의 '예'족의 신락문화 등이 통합되자 그들의 신석기 말기 문화는 일거에 한 단계 지양 발전되어 약 5,000년 전에 동아시아 최초의 고대문명인 '고조선 문명'을 탄생시킨 것이었다.

그러므로 '고조선 문명'은 약 5,000년 전 신석기시대의 한강 문화와 대동강 문화, 요하 문화(중국 고고학자들의 호칭 요하문명)를 통합하여 동아시아에 성립된 최초의 고대문명이라고 정의할 수 있다.

고조선 문명의 몇 가지 특징으로는 다음을 들 수 있다.[28]

1) 동아시아 최초의 고대국가 고조선의 개국에 동반하여 성립된 문명이다. 고조선 국가는 古한반도에서 '한'족이 중심이 되어 형성되었으나, 만주 요하 서변의 '맥'족과 요하 동변의 '예'족이 참여했으므로, 건국 후 바로 영역이 만주 일대로 확대되어 거대한 제국으로 발전하였다.

고조선은 건국 때 처음부터 이미 '예'족은 '후국'의 자치권을 주는 후국 연방제를 실시했으므로 고조선 국가는 고대에 거대한 제국으로 발전하게 된 것이다. 고조선의 주요 후국들을 들면 다음의 [표 5-2]와 같다.

고조선 국가는 동아시아 최초의 고대국가로서 이웃 중국의 첫 고대국가 하(夏, BC 2070년 건국)보다 고고학적 연대로는 약 1,000년, 문헌상 연대로는 약 300년 앞선 것이었다.

28 신용하, 《고조선 국가 형성의 사회사》, 지식산업사, 2012; 신용하, 《한국 민족의 기원과 형성 연구》, 서울대학교 출판문화원, 2017; 신용하, 《고조선 문명의 사회사》, 지식산업사, 2018 참조.

[표 5-2] 고조선의 주요 후국들

지역	후국명
고조선의 중앙 본국	조선(직령지, 밝달조선, 發朝鮮, 고조선)
고조선의 남부 후국	진(辰 · 震)국
고조선의 동부 후국	옥저(沃沮), 읍루(挹婁)
고조선의 북부 후국	부여(夫餘)
요동지역 후국	양맥(良貊), 구려(句麗), 비류(沸流), 개마(蓋馬), 구다(句茶), 행인(荇人), 임둔(臨屯)
요서지역 후국	고죽(孤竹), 불영지(弗令支), 불도하(不屠何), 청구(靑丘), 진반(眞潘), 동호(東胡), 원오환(原烏桓), 선비(鮮卑), 고막해(庫莫奚), 원정령(原丁零), 오손(烏孫)
동내몽골지역 후국	산융(山戎), 원유연(原柔然), 실위(室韋)

2) 고조선 문명의 동아시아 최초로 독특한 청동기와 금속문화를 창조하였다. 고조선 문명 성립기에 출토된 청동기 유물들을 들면 [표 5-3]과 같다.

전 세계에서 고대문명의 지표로 사용하는 청동기는 동아시아에서는 고조선 문명에서 창조되어 이웃 고중국에 전파되었다.

3) 고조선 문명은 '단립벼(잡곡)+콩'의 식문화 유형을 정립하였다. 특

[5-16] 고조선 연방제국의 최성기(제3단계) 영역 국경

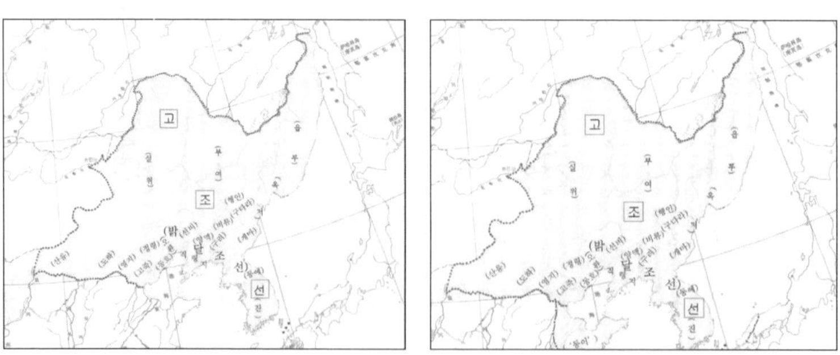

[표 5-3] BC 31세기-BC 24세기 청동기 유물

번호	유적 이름	유적 종류	출토 청동기	측정연대
1	평남 성천군 용산무덤	고인돌 무덤	청동조각	B.C. 31세기
2	상원군 용곡4호	고인돌 무덤	비파형청동창끝	B.C. 26세기
3	평남 상원군 용곡 4호	고인돌 무덤	청동단추	B.C. 26세기
4	덕천시 남양유적	16호 집자리	비파형창끝	B.C. 26세기
5	덕천시 남양유적	16호 집자리	청동단추	B.C. 26세기
6	덕천시 남양유적	16호 집자리	청동방울종 거푸집	B.C. 26세기
7	상원군 장리	고인돌 무덤	청동교예장식품	B.C. 26세기
8	상원군 장리	고인돌 무덤	청동방울종 2개	B.C. 26세기
9	상원군 장리	고인돌 무덤	청동끌 1개	B.C. 26세기
10	평남 강동군 순창리	글바위 5호 무덤	금동귀걸이	B.C. 25세기
11	강동군 강동읍	문성당 8호 무덤	금동귀걸이	B.C. 25세기
12	강동군 순창리	글바위 2호 무덤	금동귀걸이	B.C. 24세기
13	경기도 양평군 양수리	고인돌 무덤	청동기시대 공반유물	B.C. 24세기
14	전남 영암군 장천리	집자리 ①	청동기시대 유적	B.C. 27세기
15	전남 영암군 장천리	집자리 ②	청동기시대 유적	B.C. 24세기

히 단립벼와 콩은 古한반도에서 최초로 재배 경작에 성공하여 동북아시아 전역에 전파 보급되었다([5-18] 참조).

4) 약 5,000년 전부터 '고조선어'를 형성하였다. 고조선어는 古한반도 '밝'족 언어가 발전된 것이었다. 고조선어는 우랄 알타이어족·우랄어족·알타이어족 또는 최근 용어인 유라시아횡단어족의 조어(祖語)가 된 언어였다. 유라시아 대륙의 모든 우랄·알타이언어 또는 유라시아횡단언어의 기원은 고조선 언어이다([5-19] 참조).

5) 고조선 문명은 古한반도에서 '한'·'맥'·'예' 대부족들을 통합하여 '한민족(한국민족, 조선민족)을 형성'케 하였다. 한민족은 종래의 학설들과 같이 북방의 어느 곳에서 비어 있는 공간인 한반도에 이동해 들어온 것

[5-17] 고조선 청동기 유물

①
교예를 형상한 청동 장식(BC 26세기)

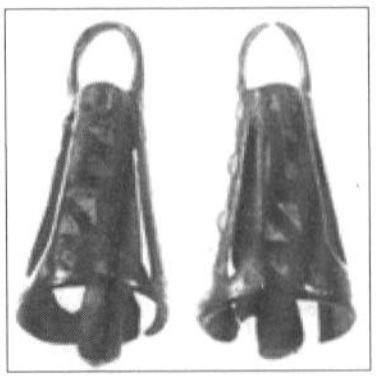

②
청동 방울 종 (BC 26세기)

③
다뉴세문경

④
청동의기 팔주령

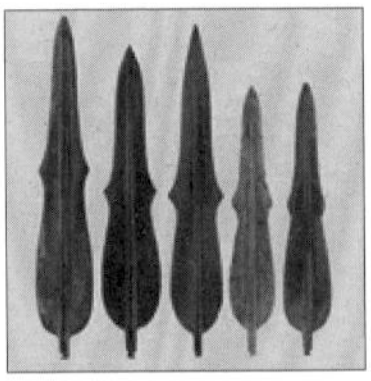

⑤
비파형동검

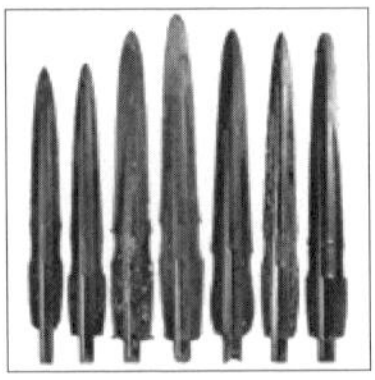

⑥
세형동검

[5-18] 단립벼의 재배 기원지와 보급 경로도

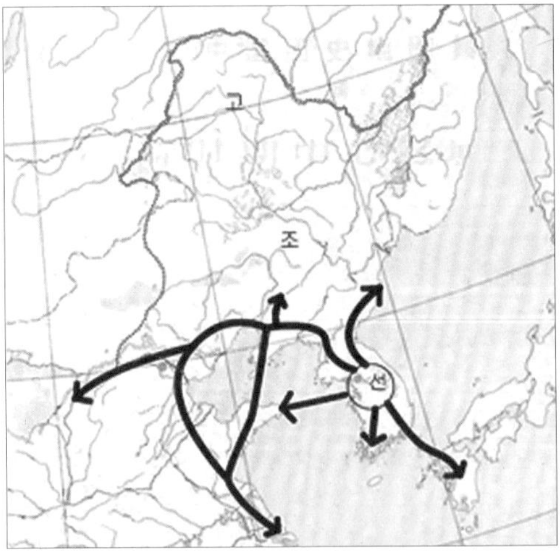

O표는 단립벼 재배 기원지

[5-19] 민족이동에서 본 우랄·알타이어족의 이동 형성 경로

다음을 바탕으로 하여 재작성. Jared Diamond, Peter Bellwood, Farmers and Their Languages: The First Expansions, Science 25 Apr, 2003, Fig.2.

이 아니라, 古한반도에서 오랜 기간에 걸쳐서 자생적으로 형성된 것이다.

6) 고조선 문명은 고조선 연방제국의 후국으로 참여했다가 고조선 국가 해체기에 분립되어 독립해 나간 제2형 후국들의 민족 기원을 알려주는 문명이다.

7) 고조선 문명은 후국 부여에서 매우 일찍 '말'을 가축하여 농경에 사역했을 뿐 아니라, 독특한 기마문화를 창조하여 교통·운수와 군사에도 사용하였다.

8) 고조선 문명은 독특한 음악·무용·축제문화를 창조하여 공유하였다.

9) 고조선 문명은 씨름·택견·궁시, 검술, 격투, 주마 등을 비롯하여 독특한 체육과 경기문화를 창조하여 공유하였다.

10) 고조선 문명은 '단군신앙(Tangrism)'을 공유하였다. 고조선 사람들은 고조선 개국시조 단군이 서거하자 그의 영혼이 신(神)으로 승천하여 하늘에서 살면서 자손인 모든 고조선 사람들을 보호하고 보살피신다고 신앙하게 되었다. 단군 신앙은 고조선의 전통적 태양숭배·하느님숭배와 조상신 단군숭배가 결합된 것이었다.

단군 신앙의 요체는 (1) 홍익인간(弘益人間), (2) 재세이화(在世理化), (3) 단군8교(檀君八敎)에 요약되어 있었다.

단군 신앙은 고조선 문명의 주민이 '하느님·단군'을 유일신이면서 조상신으로 신앙하고 그의 가르침을 윤리의 기초로 학습하며 생활하였다.

고조선 문명 해체 후에도 고조선 후예들은 단군 신앙을 갖고 古한반도에서는 5세기에 불교로 대체되기 이전까지, 중앙아시아에서는 13세기 이슬람교로 대체되기 이전까지, 중부 유럽과 발칸반도에서는 8-9세기 기독교로 개종하기 이전까지, 고조선 문명 후예들이 '단군'을 신앙하였다. 단군 신앙(Tangrism)은 세계 최초의 유일신 신앙이었다고 해석할 수 있다.

고조선 문명은 큰 줄기만 보아도 이상과 같은 특징을 갖는 동아시아 최초의 고대 독립 문명이므로 필자는 인류 문명사에서 고조선 문명은 수메르 문명(약 5,500년 전), 이집트 문명(약 5,100년 전), 고조선 문명(약 5,000년 전), 고인도 문명(약 4,500년 전), 고중국 문명(약 3,600년 전) 등 5대 초기 고대 독립 문명의 하나로 정립되어 인지되고 교육되어야 한다고 제의하며 주장한다.

고조선 문명의 현재성

고조선 문명의 탐구는 5,000년 전의 사실 탐구이지만 큰 의미의 현재성을 갖고 있다. 다음의 몇 가지를 특히 주목할 필요가 있다.

1) 학문은 진실·진리를 탐구하는 것인데, 일찍부터 문명 연구자들이 인류 초기 문명에는 4대 문명 이외에 아직 연구가 미치지 못하여 다수의 '잃어버린 문명'이 있다고 지적해왔다. 고조선 문명의 탐구는 역사적으로는 실재했는데 우리의 연구가 닿지 못하여 잃어버렸던 문명들의 하나를 재발견하여 초기에 인류가 성취한 또 하나의 문명의 진실을 추가할 수 있게 되었다. 이것은 인류 문명사를 더욱 풍부하게 하는 것이다.

2) 고조선 문명은 인류가 해(태양)가 솟는 이상향을 찾아 유라시아 대륙의 극동으로 이동해 왔다가 북방 툰드라에 접변하여 혹한을 극복해 가면서 창조한 인류 최초 독립 문명의 하나이다. 그 문명 내용은 매우 창의적이고 독특할 뿐 아니라, 고조선 문명의 후예들(예를 들어 훈족, 아발족, 위구르족, 불가르족, 마쟈르족, 투르크족 등)이 중앙아시아와 유럽 지역에까지 들어가 국가를 세우고 문명을 서로 교류하였다. 그러므로 고조선 문명의 발견과 정립은 유라시아와 세계사를 새로 써야 할 연구 주제이다.

3) 고조선 문명의 탐구는 한국민족이 '밝'족에서 나온 '한'족·'맥'족·'예'족이 약 5,000년 전에 古한반도에서 결합하여 자생적으로 형성되었음을 과학적으로 밝혀주었다. 이것은 한국민족이 자기의 기원과 형성 과정을 정확하게 알지 못하고, 종래 북방의 시베리아 지방, 바이칼 지방, 몽골 지역, 북중국 지역, 카프카스 지역 등 여러 지역에서 기원하여 형성되어서 북방으로부터 비어 있는 古한반도에 이동해 들어왔

다는 기존 학설들이 오류임을 증명해주었다. 한국민족은 북방에서 비어 있는 古한반도로 이동해 들어온 것이 아니라, 반대로 古한반도에서 '밝'족의 후예들인 '한', '맥', '예'족이 특히 '한'족이 중심이 되어 결합해서 자생적으로 형성된 다음에 북방의 시베리아 지역, 바이칼 지역, 몽골 지역, 북중국 지역, 카프카스 지역 등으로 진출한 것이 진실이었다. 그러므로 고조선 문명의 정립과 탐구는 한국 고대사의 패러다임의 전환을 요청하는 것이라고 볼 수 있다.

4) 고조선 문명의 탐구는 한국인(또는 한국민족)의 자기 문명의 기원과 그 내용을 정확히 알려주는 것이다. 고조선 문명이 원래의 제1단계의 근간이 된 한국문명이며, 한국인은 고조선 문명을 기본과 핵심으로 하여 AD 5세기부터 불교 문명, 10세기부터 유교 문명, 19세기부터 기독교 서양 문명을 수용하여 교류하고 통합하여 발전하면서 현재의 문명생활을 하고 있는 문명사의 기본적 변천 구조를 갖고 있다. 현재의 한국인의 문명의 핵심에는 아직도 고조선 문명의 요소가 매우 많은 비중을 점하고 있다.

5) 고조선 문명의 '고조선어'는 우랄·알타이어족, 유라시아횡단어족의 조어(proto language)이다. 따라서 고조선 문명의 탐구는 현재 유라시아 대륙에서 우랄어족·알타이어족·유라시아횡단어족에 속하는 언어를 사용하는 나라 사람들에게 자기의 언어와 자기 민족의 뿌리·기원을 알게 해준다.

6) 현재 유라시아 대륙에는 우랄어족·알타이어족·유라시아횡단어족에 속한 언어를 사용하는 나라와 민족이 매우 많고 광범위하며, 고조선 문명의 탐구에 의해 밝혀지는 그들의 공동의 기원과 공동의 문화와 언어구조의 공동성은 상호 이해와 학습과 교류를 용이하게 할 것이다.

이것은 그들 간의 국제 교류를 촉진하여 세계 평화에 기여할 수 있다.

7) 고조선 문명의 탐구는 중국의 '동북공정'의 허구를 용이하게 극복할 수 있다. 고조선·부여·고구려·발해의 정권은 중국의 지방 정권이었고, 그들은 당시 중국의 지방 부속민이었다는 중국 '동북공정'의 주장은, 고조선 문명이 탐구되면 도리어 고조선 국가와 고조선 문명이 고중국보다 훨씬 먼저 형성되었을 뿐 아니라, 고조선 문명의 협조와 영향을 받은 고중국 문명이 형성되었음이 증명되어, '동북공정'의 주장이 허구임이 명백하게 밝혀지고 극복될 것이다.

8) 고조선 문명의 탐구의 결과는 고대 한국민족이 인류의 최초 5대 독립 문명의 세 번째 독립 문명을 창조하여 초기 인류 문명의 성립과 발전에 크게 기여했음을 알게 해서, 현재의 한국인들에게도 '자부심'을 줄 것이다.

맺음말

고조선 문명은 역사적 실재를 간추려 정립하는 것이다. 고조선 문명론은 하나의 학술적 새 패러다임이다.

고조선 문명론은 필자가 제안했지만, 고조선 문명 탐구의 과제가 참으로 방대하여 한 개인이 할 수 있는 일은 아니다. 다수의 연구자가 공동으로 연구하고, 또 대를 계승하면서 연구해야 할 매우 방대한 과제이다.

문명은 종합적 실체이므로, 모든 '문명' 연구와 마찬가지로 고조선 문명의 탐구도 모든 인문학과 사회과학과 관련 자연과학이 학제적으로 협동 연구해야 할 과제라고 말할 수 있을 것이다.

동아시아의 여러 민족은 일본을 제외하고는, 열강의 침략과 압박을 받아서 근대적 학문과 과학적 연구방법으로 동아시아의 고대문명을 스스로 발굴하고 연구할 기회와 겨를이 없었다. 이제 한국 학자들이 각 분야에서 '고조선 문명'을 발굴하여 연구하면 인류는 동아시아 역사, 유라시아 역사, 세계사를 새 패러다임으로 다시 새로 써야 할 것이다.

두 거대 문명의 주변에서

- 청인과 조선*

이혜경**

오랫동안 중화(中華)라는 거대 문명의 변방이었던 조선은 근대 서구 문명, 즉 시빌라이제이션[1]의 아시아 상륙 이후 시빌라이제이션의 소용돌이 속으로 들어갔다. 거대 문명의 주변에서 살아가는 존재들은 일방적으로 그리고 수동적으로 그 문명의 영향권 안으로 들어가는가? 현재는 눈에 띄는 형적을 보여주지 못하나 18세기 세계에서 두드러진 영화를 누렸던 청조 만주족은 소수 인원으로서 중원에 들어가 천하를 호령했다. 그리고 그들은 19세기 말 또 다른 거대 문명인 시빌라이제이션과 조우했다.

중화와 시빌라이제이션의 창시자들은 한결같이 스스로의 문명을 보편 문명으로 규정했다. 그들은 완성태를 상정하고 스스로는 그 완전한

* 이 글은 〈청인(淸人)이 만난 두 '보편' 문명: 중화와 시빌라이제이션〉(《철학사상》 32권, 서울대학교 철학사상연구소, 2009)을 수정·보완하였다.

** 서울대학교 인문학연구원 교수.

1 본고에서는 18-19세기 영국과 프랑스에서 계몽주의와 결합되어 형성되고, 19세기 보편적인 것으로 탈바꿈하며 팽창주의로 기능한 특정한 문명을 '시빌라이제이션'으로 지칭하고, '문명'은 다원성을 전제한 일반 명사로서 사용한다.

것의 체현자로 자처했지만, 두 문명론 모두 스스로의 필요에 의해 자기 전변을 거듭했다. 정체성을 위해 조직되었던 원리는 사정이 허락하면 적극적으로 팽창의 원리로 작용한다. 이때는 우월함보다 유일함이 강조된다. 우월한 문명이 열등한 문명을 지배하는 것이 아니라, 유일한 문명이 전파되는 것이 군사적 팽창의 도덕적 명분이 된다. 그러므로 팽창의 원리로 작용하기 위해서는 배타적인 이념이어서는 안 된다. 정체성의 형성이 급무였을 때 부여되었던 차별의 요소는 약화되거나 적어도 명분상으로는 사라져야 한다. 그리하여 보편을 주장하는 문명은 창시자의 전유물이 될 수 없다. 보편적인 문명은 보편에 어울리게 어디에든 침투할 수 있으며 누구나의 것이 될 수 있어야 한다.

본고는 중화와 시빌라이제이션을 동일 지평에 두고, '청인'이라는 주체가 그 두 문명과 어떻게 대결해나갔는지, 그 안에서 그 주체와 문명론은 어떤 변용을 겪는지 고찰한다. 이러한 시도는 각각 '보편'을 자처한 두 문명론을 상대화할 수 있게 해주며, 그리하여 보다 객관적으로 그 문명론의 욕망과 기능을 볼 수 있게 해줄 것이다. 특히 '청인'이라는 주체가 거대 문명의 주변으로서 중화와 시빌라이제이션을 만났다는 점에서, 이 고찰은 역시 양쪽 문명의 주변인 우리에게 시사하는 바가 크다. 마지막 장에서는 조선의 박은식이 중화와 시빌라이제이션 사이에서 어떻게 자신의 길을 찾아가는지 논한다.

보편을 주장하는 두 문명: 중화와 시빌라이제이션

중화주의 혹은 화이관(華夷觀) 등으로 불리는 중국 중심의 문명론이 형성된 시기는 하(夏)나라까지 거슬러 올라간다. 중화를 표현하는 다른 용어인 화하(華夏)는 하나라 사람들이 자신들의 영토를 자기중심적으로 일컬으면서 사용되었다고 한다. '화(華)'는 찬란함을 형용하는 말이니 '화하'라고 하면 이미 지역과 문화가 얽힌 말이 된다. '중화'라고 하면 '하'라는 특정 지역의 이름이 중앙을 상징하게 하는 대신 중앙이라는 말을 직접 사용한 것이다.[2] 이후 대대로 중원을 차지했던 왕조들의 확대된 영토가 역시 같은 이름으로 불렸다. 즉 주변에 거주하는 이민족들을 중화로 흡수하는 과정을 겪은 것이다.

충돌과 통합의 과정을 겪으면서 중화사상은 덕치와 예교라는 유학을 그 실질적 내용으로 하면서 배타적 정체성의 원리와 통합의 원리라는 두 상이한 성격을 갖게 되었다. 이 상이한 성격은 각각 《춘추》의 두 해설서인 《좌씨전》과 《공양전》이 대표한다.[3]

《좌씨전》은 종족의 특수성에 근거해 이적을 차별한다. 《좌씨전》의 전통은 "우리 족류가 아니면 그 마음은 반드시 다르다"[4]라고 하는 데서 나아가 "융적은 승냥이나 이리 같은 금수와 마찬가지"라며 타자를 정벌의 대상으로 여긴다.[5] 후금의 압박 속에서 종족적 울분에 사로잡혀 있던 주희(朱熹, 1130-1200) 역시 "이적은 사람과 금수의 중간에 있기 때문에 끝내 고치기 어렵다"[6]고, 이적을 사람과 질적으로 다른 존재로 규정했다. 그는 '이일분수(理一分殊)'의 논리를 구사하며, 금수를 포함한 모든 존재는 천명의 성을 부여받지만 기질의 차이 때문에 각각 다른 모습

2 那波利貞, 《中華思想》, 岩波書店, 1936.

3 《춘추좌씨전》과 《춘추공양전》이 두 중화의 의미를 담고 있다는 정보는 北澤紘一, 〈康有爲の華夷觀〉, 《日本中國學會報》 第五十七集, 日本中國學會, 2005에서 얻었다.

4 《춘추좌씨전》, '成公傳四年': "非我族類, 其心必異."

5 같은 책, '閔公傳元年' 孔穎達疏 : "戎狄之心, 若豺狼之獸, 不可厭足也. 言其當伐戎狄也. 諸夏之國, 皆親近之人, 不可遺棄也, 言其當救邢也."

6 《주자어류》 4:11.

으로 드러난다고 설명했다. 이적을 금수와 같이 리가 차단된 존재로 처리함으로써 리의 보편성을 상처 입히지 않고 이적을 자신들과 차단된 별종으로 자리매김시킨 것이다.

옹정제의《대의각미록》을 탄생하게 한 일등공신 증정(曾靜)[7] 역시 이일분수에 의한 화이관을 가지고 있었다.

> 하늘이 사람과 동물을 낳았으나 리는 하나이면서 갈라져서 다르다(理一分殊). 중국 땅에서 바름을 얻으면 음양이 덕에 합하여 사람이 되고, 사방 변방에서 음험함으로 기울어 사악하고 편벽하게 되면 이적이 된다. 이적 밑의 존재로는 금수가 있다.[8]

이는 이일분수의 논리 위에서 지역에 의한 차이를 설명한 것이다. 왕부지(王夫之, 1619-1692) 역시 "태어난 땅이 다르면 그 기(氣)도 다르고, 기가 다르면 습관도 다르고, 습관이 다르면 알고 행하는 것이 모두 다르"므로 자연 귀천이 생긴다고 중화와 이적을 구분했다.[9] 그러나 이러한 지역의 논리라면, 청조 만주인의 경우 중원에 들어와 산다면 기질이 바뀐다는 주장의 근거가 될 수도 있다. 지역 차는 소통 불가능한 질적인

7 曾靜은 옹정제 재위 시절 역모를 꿈꾸다 발각된 한족 반청주의자이다. 옹정제는 처벌하는 대신 그의 사상적 잘못을 바로잡고 교화하고자《大義覺迷錄》을 저술했다. 증정 사건과《大義覺迷錄》에 대해서는 조너선 스펜서, 이준갑 옮김,《반역의 책: 옹정제와 사상통제》, 이산, 2004 참조.

8 《大義覺迷錄》권1, 54b (清雍正內府刻本, 中國社會科學院文學研究所圖書館藏. 四庫禁燬書叢刊, 北京出版社, 2000 수록).

9 《讀通鑑論》권14 (《船山全書》제10책, 嶽麓書社出版, 1996)〈東晉哀帝〉, 三 '苻堅禁富商': "中國之與夷狄, 所生異地, 其地異, 其氣異矣. 氣異而習異, 習異而 所知所行蔑不異焉. 乃於其中亦自有其貴賤焉."

차이를 설명하는 논리로서는 약하다.

그러나 지역에 의해서든 종족에 의해서든 중국과 이적이 다르다고 해도, 그 차이 때문에 왕부지가 말하듯이 "이적은 섬멸해도 불인(不仁)이 아니고, 그들의 것을 빼앗아도 불의(不義)가 아니며, 그들을 속여도 불신(不信)이 아니다"라고 말할 권리가 주어지는 것은 아니다. 왕부지는 "믿음과 옳음은 사람과 사람이 교제할 때의 도이지, 사람 아닌 것들에게 베푸는 도가 아니기 때문"[10]이라고 이유를 달지만, 그 이유가 그들에게 반가치적 행위를 해도 된다는 허락이 될 수는 없다. 오히려 《맹자》에서는 소를 보고 측은지심을 느끼는 왕이 등장하며[11] "친친, 인민, 애물"[12]이라는 사랑의 방식은 대상에 따라 차등적이기는 하지만 '물'로 지칭되는 동물이 그 사랑에서 제외되지 않음을 보여준다.

왕부지는 "저들은 화하를 침략해서는 안 되고 화하도 저들을 걱정시켜서는 안 된다. 각각 스스로의 기율을 편안히 여기고 서로 업신여겨서는 안 된다"[13]고 말하기도 했는데, 이것이 왕부지의 솔직한 심정이면서 또한 논리적으로도 타당한 입장이다. 종족적 중화주의자들의 금수 메타포를 그대로 사용해서 말한다면, 금수든 이적이든 한족의 통제하에 들어오는가 여부는 그들의 물리적 힘에 의할 뿐이다. 이들에게 일어나는 가장 심각한 문제는 정벌의 관계가 역전될 때이다. 실제로 중화가

10 이상, 《讀通鑑論》 권4, 〈漢昭帝〉 "三, 傅介子詐誘樓蘭."

11 《맹자》, 〈양혜왕상〉.

12 같은 책, 〈진심상〉: 孟子曰, "君子之於物也, 愛之而弗仁, 於民也, 仁之而弗親. 親親而仁民, 仁民而愛物."

13 《宋論》 권6 (《선산전집》 제11책): "語曰 '王者不治夷狄'… 彼我無侵, 我無彼虞, 各安其紀而不相瀆耳."

이적에게 갖는 혐오는 그때 발생한다. 증정은 "마치 강도가 집안의 가구를 강탈한 것처럼 이적이 천위(天位)를 훔치고 중하를 오염시켰다. 또 우리 주인을 밖으로 내쫓고 우리 집을 점거했다"[14]고 표현했다.

이것이 외부인을 미워하는 가장 솔직한 심정일 것이며, 실제로 이 상황이 그들이 중화주의를 만들어낸 큰 이유이다. "사람과 이적 사이에는 군주와 신하의 관계가 성립할 수 없다"[15]고 뻗대고, "황제 노릇에 가장 적합한 자는 우리 같은 학자들이다"[16]라고 말은 할 수 있지만, 그 말처럼 되지 않은 기간은 중국 역사에서 결코 짧지 않았다.[17]

청조는 나날이 번창해갔다. 여자가 두 남편을 섬길 수 없는 것처럼 신하는 두 임금을 섬길 수 없다[18]고 증정은 말하지만, 과연 그것이 올바른 유학자의 길인가? 황종희(黃宗羲, 1610-1695)에 따르면, 유학자는 일개 성(姓)이 아니라 도(道)에 헌신해야 하는 사람이다.[19] 중화주의는 이민족 지배의 현실을 받아들이고 유학자로서 그 현실에 적응해서 살기 위한 논리이기도 했다.[20]

이때의 중화는 '문화'로 규정되며, 이 문화란 왕도정치와 예교로 대표되는 유학이다. 중화와 이적의 차이를 문화의 소유 여부로 가르는 전통은 《공양전》의 전통으로 대표된다. "왕은 천하를 통일하려고 하면서

14 《대의각미록》 권2, 11b-12a.

15 같은 책, 10b.

16 같은 책, 5b.

17 진의 통일 이후 신해혁명에 이르는 2,100년의 3분의 1 기간 동안 화와 이의 위치가 전도되었다. 이성규, 〈중화사상과 민족주의〉, 《철학》 37, 1992 참조.

18 《대의각미록》 권1, 61a.

19 黃宗羲, 《明夷待訪錄》의 〈原君〉, 〈原臣〉 참조.

20 이성규, 앞의 글 참조.

왜 안팎(內外)이라는 말을 사용했는가? 가까운 것에서 시작하려는 것"[21] 이라고 《공양전》은 말한다. 중화와 이적 사이에 뛰어넘지 못할 단절은 없다. 윤리 주체 혹은 정치 주체의 역량 때문에 배려의 순서가 뒤에 놓이는 것이 이적일 뿐이다.

증정이나 왕부지가 상식적으로 보여야 하는 반응은 이종족에 대한 수세적 저항의식이어야 하는데, 중화주의는 그 불안감을 타자에 대한 멸시와 침략의식으로 표현하게 한다. 종족주의는 상호불간섭주의로 이어질 수는 있지만 혐오와 침략주의로 작동하기에는 논리적으로 약하다. 그러나 수세 시에 중화주의가 드러내는 얼굴이다.

논리적으로나 현실적으로 침략주의 혹은 팽창주의로서 유능한 것은 문화주의이다. 《공양전》에서 보듯 문화의 전파는 도덕적인 행위로 정당화된다. 이 문화의 전파는 조공체제와 같은 정치·경제·외교적 관계로 전개될 수도 있고 군사적 정벌 행위로 전개될 수도 있다. 이때 이 보편적 문화는 지역적 원근과 군사적 역량에 의해 그 전파가 제약된다. 그 현실적 배경이 어떠했든 명분상으로는 중국에서 내륙아시아, 외이(外夷) 지역으로 멀어질수록 문화적으로 차등화된다. 차등화하는 논리는 보통 중화주의의 또 하나의 기능이었던 종족적·지역적 차별의 논리에 따른다. 보편화의 원리와 종족주의나 지역주의가 유기적으로 결합하여 작동하는 것이 아니지만, 보편문명론이 팽창의 원리로 작용하게 되면 종족주의와 지역주의는 그 보편의 가치를 종족별 혹은 지역별로 위계 지우는 역할을 하게 된다.

21 《춘추공양전》 성공 15년: "春秋內其國而外諸夏, 內諸夏而外夷狄. 王者欲一乎天下, 曷爲以外內之辭言之, 言自近者始也."

한편, 시빌라이제이션은 '지리상의 발견' 이후 유럽인들의 제국주의와 동행했던 근대적 산물이지만, 서구중심주의 역시 중화주의처럼 자민족중심주의의 형태로 2,000년 이상의 역사를 갖고 있다고 한다.[22] 시빌라이제이션(civilization)은 라틴어 키빌리스(civilis)에서 왔는데, 이는 시민을 뜻하는 키비스(civis)의 형용사이다. 키비스는 정치적 단위인 폴리스(polis) 안의 시민을 일컫는 말이다. 이들 시민들은 폴리스 밖에서 살면서 알아들을 수 없는 말로 "바르바르(barbar)" 거리는 이종족을 가리키기 위해 바르바리스모스(barbarismos)라는 말을 만들어냈다고 하니,[23] 시빌라이제이션의 어원에서부터 장소와 문화가 결합되어 자기 우월감을 표현하는 말이었음은 중화와 마찬가지다.

18세기에 급부상해 궁정에 들어간 부르주아들이 부패한 귀족계급의 예절과 자신들의 것을 구별할 목적으로 쓰던 civility(civilté)라는 말은 점차 부르주아 계급이 세력을 확대함에 따라 예절이라는 협소한 의미에서 외연을 넓혀가며 'civilization'이라는 새로운 파생어를 만들어냈다. 시빌라이제이션은 외연의 확장과 더불어 변화의 뜻까지 가미된 것으로서, 모든 개혁적 실천을 담고 있는 말로 탄생했다. 즉 계몽주의 사조와 결합함으로써 시민사회의 개혁과 발전, 나아가 인류의 개혁과 발전이라는 의미로 확장된 것이다. 계몽된 사회비판적 개혁운동의 근본 이념은 지식의 발전을 통해 제도, 교육, 법률의 개선을 도모하려는 것으로 나타난다.

이 개혁운동은 사회는 문명의 과정에서 어느 일정한 단계에 도달했

22 강정인, 〈서구 중심주의의 사상사적 연원과 전개과정〉, 《한국과 국제정치》 제19권 3호, 2003.

23 김헌, 〈문명에 관한 논의를 시작하며〉, 《인물과사상》, 2008. 12.

으나 인간의 문명은 완성되지 않았으므로 계속되어야 한다는 관념을 가지고 있으며, 한편으로 이 개념은 사회의 다른 단계인 야만 상태를 대립 개념으로 상정하고 있다. 그리하여 국가·헌법·교육 및 넓은 계층의 국민의 문명화 그리고 기존의 상태에서 아직도 야만적이거나 반이성적인 모든 것으로부터의 해방이 주장되었다.

그러나 이성에 근거를 두고 평등한 인류를 전제하는 계몽주의의 이상은 또한 이면에서 인종주의적인 편견과 동거하고 있었다. 프랑스의 계몽주의자 몽테스키외는 피부색을 인간성의 본질로 받아들이면서 아프리카인, 나아가 아시아인들에 대한 경멸을 그대로 드러냈다. "새카만 육체 속에 선량한 영혼이 깃들어 있다고는 도저히 상상할 수 없다"[24]며 흑인을 노예로 삼는 것을 당연시했다.

예수회 신부 도미니크 부우르(Dominique Bouhours)는 민족주의적으로 각색된 풍토 이론을 전개하여 독일의 야만성과 대비시키며 프랑스의 우월성을 설명하기도 했으며, 이는 또 인종주의와 결합하여 온대권에 살고 있는 주민만이 육체와 정신의 조화를 이루고 있다는 주장으로 이어졌다.[25]

하나의 유럽이라는 관념은 17세기 베스트팔렌 조약 이후에 형성되기 시작했다. 중세의 범유럽적 권위에서 이탈하면서 배타적 독립성을 특징으로 하는 주권국가들이 유럽 안에 병립하게 되면서 이들은 국경에서 대치하며 무력적 충돌을 일으켰다. 항시적인 무력 충돌을 피하기 위해 국가 간의 규칙을 모색했고, 유럽의 주권 국가들 간의 평등한 관

24 몽테스키외, 이명성 옮김, 《법의 정신》, 2006: 강정인, 2003, 2008-2009 재인용.

25 안성찬, 〈문명 속의 야만 1-차별의 문명담론〉, 《인물과사상》, 2009. 02.

계를 상정하고 영토불가침의 원칙을 존중하는 '국제사회' 개념이 탄생했다.[26] 그러나 이 '국제사회'는 시빌라이제이션을 소유한 유럽만의 사회였다. 평등한 국제관계는 문명국가들 사이에 통용되는 것이었으므로 그들은 아시아의 국가들과는 당당하게 불평등조약을 강요했다. '만국공법'이라는 이름으로 한역되었던 그들의 '국제법' 원칙은 이러한 이중체계를 당당히 명시했다. 그들의 시빌라이제이션의 기준에 비춰 비유럽 나라들은 미개 혹은 반개였으며, 따라서 그들은 정당한 국가 주체가 아니었고 평등한 외교 대상이 아니었다. 그리하여 불평등조약이 강요되고 무력행사가 정당화되었으며,[27] 식민지 점유 또한 정당화되었다. 그들에게는 유일한 문명을 전 인류에게 전파한다는 도덕적이기까지 한 명분이 있었으며, 인종주의나 사회진화론 등 그 불평등한 현실을 설명해주는 '과학'도 있었다.

이상에서 살펴보았듯이, 중화와 시빌라이제이션은 보편을 주장하면서 열등한 외부를 상정한, 자기중심주의 또는 자기우월주의다. 문명화 또는 문화의 전파라는 이름으로 외부에의 팽창 욕구를 가진 점도 공통된다.

청조와 중화주의: 이한제한으로 중화의 주인이 되다

《대의각미록》 서문에서 옹정제는 "'나를 어루만지면 임금이고 나를 해치면 원수'라고 했다. 이것이 민심이 따르고 멀어지는 지극한 실정이다. 억조창민의 마음이 돌아가는 곳이 덕이 아니라 지역일 뿐이라는 이

26 강정인·안외순, 〈서구중심주의와 중화주의의 비교연구〉, 《국제정치논총》 제40권 3호, 2000.

27 강상규, 〈중국의 만국공법 수용에 관한 연구〉, 《동양철학》 제25집, 2006.

치는 들어보지 못했다"[28]고 천명한다. "불과 십만 병으로 십오 성을 지배하게 된 것은 덕의 소치"였지 "단순히 군사력이 아니었다." "인력만으로 되는 것도 아니었다." 자신들의 도덕이 "편애하는 일이 없는 하늘"도 움직였기 때문이다.[29] 이러한 자부심은 수사로 끝나는 것이 아니었다. 성공적으로 중국을 경영하고 있는 것이 청조가 정당한 중화의 왕조라는 증거였다. 문화적 중화에는 정해진 주인이 없다.

옹정제는 중화와 이적이라는 용어를 그 이전의 중화주의에서처럼 가치판단의 용어로 사용하지 않는다. 옹정제는 말한다.

> 《중용》에서 "중화(中和)를 이루면 천지가 제자리를 잡고 만물을 기른다"라고 했다. 구주와 사해는 넓어서 중화는 백 분의 일 정도이다. 그 동서남북의 하늘이 덮고 땅이 싣는 그곳은 모두 하나의 리이고 하나의 기이다. 어찌 중화·이적에 각각의 천지가 있겠는가. 성인이 '만물을 기른다'고 할 때 사람은 그 만물 안에 포함된다. 이적이 그 기르는 대상에 들어가겠는가, 들어가지 않겠는가.[30]

한족이 주장하듯이 한족과 이적이 사람과 금수의 차이처럼 종적으로 다른 존재라는 것은, 즉 이적이 사람이 아니라는 것은 상식적으로 터무니없다. 옹정제는 중화는 중국 내지를 가리키는 지역의 이름이고 이적은 그 밖을 가리키는 지역의 이름일 뿐이라고 말한다. 이적이란 출

28 《대의각미록》 권1, 1b.

29 같은 책, 41b-42a.

30 《대의각미록》 권2, 13b-14a.

신지를 가리키는 말이니, 이적이라는 말을 쓰는 데 꺼릴 것도 없다.[31] 중화와 이적을 지역을 가리키는 용어로 사용함으로써 만주족은 자신의 출생을 부정하지 않고 그 특성을 지키면서 중화의 정당한 권력자임을 주장한다. "천하는 한 집안이고 만물은 하나의 근원"이다. 바야흐로 화하-이적이 일가를 이루는 화이일가의 때였다.[32]

한족들이 이적을 차별하기 위해 사용한 중화와 이적이라는 상대어 대신, 옹정제는 사람과 금수라는 상대어를 사용한다. 사람과 금수를 나누는 기준은 인륜의 소유 여부이다. 옹정제는 '군신'은 "오륜 가운데 으뜸"이라고 하면서 "사람이 임금이 없다는 마음을 품는다면 이것이 금수가 아니겠는가. 인륜을 다하면 사람이고 천리를 어그러뜨리면 금수인 것이지, 화와 이로 구별에 사람과 금수를 나누는 것이 아니다"[33]라고 말한다. 중화 문화를 잇고 있는 청조를 부정한다면 한족 금수인 것이다. 옹정제는 증정과의 끈질긴 서간 교환을 통해 증정으로부터 다음과 같은 답변을 이끌어냈다.

> 이제 완전한 의로움이 영원히 회복되었습니다. … 저도 고유한 본성을 회복하려 합니다. … 사해 내의 모든 백성이 교화되고 구주의 사람들이 큰 덕으로 하나가 되어 각각 하늘의 도를 편안히 여기며 끝없는 복을 누리고 있습니다. 우리는 성세를 살아가는 기회를 버리지 않을 것이고 그런 시대에 사는 즐거움을 느낄 것입니다.[34]

31 《대의각미록》 권1, 43b.

32 같은 책, 3b.

33 같은 책, 11a-11b.

34 《대의각미록》 권4, 45a.

이 증정의 변화는 도덕적 교화자로서 청조 황제의 위상을 증명하는 것일 뿐 아니라, 교화하는 자와 교화받는 자가 이처럼 바뀔 수 있음을 생생하게 보여주는 것이기도 했다. "한족의 금수"[35]였던 증정을 중화의 주체인 만주족 황제가 교화하여 사람으로 만든 것, 이것이 증정 사건이 상징하는 가장 의미심장한 일이었다.

청조는 중국 내지로 진출할 때부터 명조의 계승자로 자처하고 중국 전통의 관료기구를 비롯해 명조의 제도를 답습했다. 주자학도 받아들였다. 그러나 흔히 얘기되듯이 만주족은 자신의 과거를 버리고 중화 문화에 흡수된 것이 아니었다. 청조는 명조와는 다른 만주족의 특징들도 유지했다. 지배구조의 버팀목의 하나의 만·몽·한의 팔기제를 유지했으며, 중앙 요직에 만·한 병용책을 시행했다. 황태자제를 대신한 저위밀건법 역시 청조의 독창적인 제도였다. 또한 그들은 북경에 입성하자마자 한족에게 만주족의 전통적인 두발을 강요했으며, 한편에서는 만주족 여인들의 치파오를 한족 여인이 입는 것은 금지했다.

청조는 단순히 한족 왕조의 자리에 들어간 것이 아니었다. 이시바시 다카오는 청조는 단순히 중국 왕조가 된 것이 아니라 "중국의 황제를 결합함으로써" 중국을 "넘어서는 독자적인 새로운 국가를 수립"했으며, 청은 "외의(外夷)와 중화의 융합에 기초한 화이일가의 다민족국가"라고 규정한다. 최고 통치자의 역할로 그 복합성을 대변하자면, 청의 최고 통치자는 단순히 중국 황제가 아니라, "팔기로 대표되는 만주족 고유의 사회에 기반을 둔 한(han)이 중국 황제를 겸한 것"이라는 말로 규정된다. 청조의 황제는 북경에 머물 때는 중화 세계의 천자로 군

35 《대의각미록》 권1, 42b.

림했지만, 만리장성을 넘어 승덕(承德)의 피서 산장에서는 내륙아시아의 han으로서 행동했다.[36] 청조의 영토는 공간적으로나 문화적으로나 그 이전 왕조보다 확대된 것이었다. 배타의 원리로도 작용할 수도 있고 팽창의 원리로도 작용할 수도 있는 중화주의의 칼자루는 이제 청조 만주인의 손에 있었다. 한족이 중화주의를 갖고 할 수 있었던 일들을 고스란히 청조도 할 수 있었다.

그 가운데 가장 중요한 것은 거대한 사회를 통제하기 위한 관료조직이다. 그 기제의 효능은 역대의 왕조가 증명한 터였다. 청조는 한족 정부가 그랬듯이 백성의 부모를 자처하며 덕치의 실행을 자임했다. 소수의 만주인 청 정부는 덕치의 이념을 내걸고, 어려서부터 덕치정부의 관료가 되기 위한 교육을 받아온 한족들을 기용하면 되었다. 한족은 오랑캐로 오랑캐를 제어하는 정책을 잘 구사해왔지만, 이민족 역시 한민족을 가지고 한민족을 제어하는 것(以漢制漢)이 상투적인 수단이었다.[37] 실제로 옹정제나 그 이후의 황제들이 채택한 정책은 전형적인 유학의 통치보다는 법가에 기운 것이었다. 특히 지방관을 직접 통제하고자 했던 의도에서 시행한 주접제도는 단적인 예이다. 그러나 청조의 황제들은 그러한 정책까지도 중화적인 것으로 채색할 수 있었다. 가령 충과 효의 문제를 들 수 있다. 강력한 왕권을 원했던 한무제의 의도에 부응해 대책을 제시했던 동중서(董仲舒, BC 176-BC 104)는 왕권을 하늘에서 직접

36 이시바시 다카오는 《대청제국 1616-1799》(2000)(홍성구 옮김, 휴머니스트, 2009)를 통해 대청제국의 세계관은 중화 세계의 틀 안에서 파악할 수 없는 것이라는 논지를 일관되게 전개한다. 그에 따르면, 청조는 중화 세계에 군림했던 최대 규모의 통일 다민족국가로서 조공체제의 시점만으로는 파악하기 어려운 독자적인 화이 통합을 이루었다.

37 '이한제한(以漢制漢)'이라는 표현은 다음에서 왔다. 마스이 츠네오, 이진복 옮김, 《대청제국》, 학민사, 2004, 58쪽.

받은 절대적인 것으로 규정했지만,《논어》나《맹자》에서 보여주는 이상적 사회에서는 충이 효를 능가할 수 없다. 효는 사회의 모든 연대와 질서의 바탕이다. 공자에 따르면 "효와 제는 인의 근본"이다. 순임금의 아버지가 살인을 저지른다면 순임금은 천하를 버리고 아버지와 함께 숨어 살 것이라고《맹자》는 말한다.[38] 그러나 옹정제는 충보다 더 중요한 것은 없다고 단언한다. 종족주의자 증정에게 옹정제는 "군신은 오륜 가운데 으뜸"이라고 호통친다. 그렇다면 "천하에 임금 없는 사람을 사람이라 할 수 있겠는가. 사람이 임금이 없다는 마음을 품는다면 금수가 아니겠는가."[39]

문화주의로서 중화주의는 한족의 팽창원리가 될 수도 있지만, 자신들이 팽창의 대상이 되도록 하는 데도 흠잡을 데 없는 논리였다. 앞 절에서 서술했듯이 옹정제는 중화와 이적이라는 상대어 대신 사람과 금수라는 상대어를 사용했다. 인간의 조건이 오륜의 소유이고, 오륜 가운데서도 군신의 윤리가 으뜸이라면, 청은 문화의 전파라는 의무감에 의해 금수 상태의 존재들을 구원하기 위해 어디에든 갈 수 있다. 옹정제는 "성인께서는 물고기나 돼지까지도 도덕적으로 변화시키려 하셨다. 그러니 중국에서 멀리 떨어진 곳에 사는 사람이라고 금수와 다를 바 없다는 말을 할 수 있겠는가"[40]라고 말한다. 짐승에도 미치는 무한한 교화력을 찬미하는 이 말은 도덕의 수호자로서 청조가 중화 지역은 물론이고 외이의 어디까지에도 확대될 수도 있다는 허용의 논리이기도 했다.

38 《논어》〈學而〉;《맹자》〈盡心上〉.

39 《대의각미록》 권1, 11a-11b.

40 《대의각미록》 권2, 14a.

중국은 이전에 결코 "우리 청조처럼 놀랄 만큼 광대한 영토를 차지해 본 적이 없다"고 옹정제는 자랑스럽게 말한다.[41] 자신은 중화의 주인이 아니라 "중외" 신민의 주인이다.[42] 오히려 이적까지 자신들의 통제하에 둔다는, 한족들이 꿈꿔왔던 명실상부한 천하의 주인 자리를, 청조는 성취한 것이다. 덕에 의한 정치라는 문화적 중화주의는 '화이일가(華夷一家)'라는 깃발 아래, 만주 민족의 군사력을 바탕으로 무력적 세계 정복을 위한 지도원리가 되었다. 이는 한족의 중화주의자가 꿈꿨을 그 팽창의 중화주의를 그대로 실현한 것이었다.

청조와 시빌라이제이션

영국과의 두 차례 전쟁을 경험한 청인은 시빌라이제이션의 위력을 인정해야 했으나, 그것이 중화를 대체할 새로운 세계관이라고는 생각하지 않았다. 장지동(張之洞, 1837-1901)의 '중체서용'이나 강유위(康有爲, 1858-1927)의 '삼세설'은 중화를 지키면서 시빌라이제이션을 수입하려는, 시빌라이제이션의 수입 논리이다.

장지동은 "중국의 학문은 내학"이고 "서양의 학문은 외학"이라는 논리로 중화와 시빌라이제이션을 동거시키고자 했다.[43] 그가 지키고자 하는 중화의 핵심은 "효제 충신의 덕"으로 대표되는 유학의 가치이며, 시빌라이제시션은 "증기기관차"로 상징되는 기술이었다.[44] 이와 같은

41 청의 최대 판도는 1750년 건륭제 때 이루어졌다.

42 《世宗憲皇帝實錄》권83, 4b.

43 '중체서용'의 대표 논객이라 알려진 장지동의 글에서는 실제로 '중체서용'이라는 말은 보이지 않는다. 그는 중학과 서학을 '내(內)'와 '외(外)'로 표현했는데, 중체서용과 다르지 않은 논리이다.

내외의 논리에 의해 시빌라이제이션의 수입이 이루어지고 유학이 제공한 가치체계와 질서체계가 유지된다면 중화로서의 자기규정은 흔들리지 않는다.

물론 예전 그대로일 수는 없었다. 장지동은 오대주와 오색 인종이라는 시빌라이제이션의 세계 규정을 그대로 받아들이고, "삼황오제의 성교가 미치는" 중화의 영역을 '아시아의 황인종'으로 제한한다.[45] 그는 진단(震旦)이라든지 몽고(蒙古), 거란(契丹) 등 한족이 아닌 이적의 이름이 중국 외부에서 중국을 통칭하는 이름이었다는 예를 들면서 "이것들은 모두 아시아가 동족이라는 증거"[46]라고 말한다. 즉 중화주의의 논리에서 이적이었던 존재까지 동족으로 감싸 안으면서 《좌씨전》의 전통 위에서 나머지 5분의 4의 인종들을 자신들과 질적으로 다른 종족으로 선을 긋는다.[47] 한족에서 황인종으로 그 외연이 넓어졌지만, 그의 중화는 세계의 5분의 1로 축소된, 전체를 포기한 중화인 듯하다.

그러나 그는 중화의 핵심인 유학적 가치의 보편성은 끝까지 포기하지 않았다. 여전히 삼강오륜의 질서는 그에게 유일한 가치였다. 그는 "성인이 성인인 이유, 중국이 중국인 이유"는 "오륜"에 있다[48]고 하는 데서 그치지 않고, 이 질서는 서양인을 포함한 인류의 질서라고 말한다. 그는 서양은 아직 '예'가 소략한 '이적'으로 취급한다.[49] 그렇다면 장

44 장지동, 《勸學篇》 外篇, 권13, 〈會通〉, 中州古籍出版社, 1998.

45 장지동, 《권학편》 내편, 권4, 〈知類〉.

46 같은 책, 〈知類〉.

47 같은 책, 〈知類〉.

48 장지동, 《권학편》 내편, 권3, 〈明綱〉.

49 장지동은 서양에도 "군신 간의 윤리(君臣之倫)"와 "부자간의 윤리(父子之倫)", "부부간의 윤리(夫婦之倫)"가 존재한다고 역설한다. 《권학편》 내편, 권3, 〈明綱〉.

지동의 중화는 보편적 가치를 주장하면서도 실제로는 배제의 영역을 갖는 종족적 중화주의와 다른 것이 아니다.

양무운동의 실패를 딛고 전개된 새로운 개혁운동, 즉 무술변법운동을 지탱한 시빌라이제이션의 수입 논리는 삼세설이다. 강유위는 거란세-군주제, 승평세-입헌군주제, 대동세-민주제가 공자가 예언한 정체의 발전 과정이라고《공양전》을 해석하고, 당시 중국은 승평세의 입헌군주제로 진입해야 하는 시기라고 주장했다. 그는 유럽제국 역시 민주제에는 이르지 못한 승평세의 국가들이라 진단했다.[50] 강유위가 이해하기에 승평세의 가장 두드러진 특징은 '경쟁에 의해 발전'한다는 점이었다. 경쟁은 "서로 속이고 능멸하는" 부정적인 것이지만, "만사 모든 것이 경쟁에서 일어나고 재지 역시 경쟁에 의해 진보하고 기물과 기술 역시 경쟁에 의해 정밀"해지니 부정할 수도 없었다.[51] 당면한 현실인 승평세에 강유위를 비롯한 중국인은 시빌라이제이션의 규정에 따라 경쟁에 참여해야 했지만, 승평세의 자신은 중화의 죄인이며 이적이었다.

그런데 삼세설의 논리에 따르면, 시빌라이제이션은 대동이라는 더 진보한 세상으로 가는 사다리에 불과했다. 강유위는 "지금의 세(勢)의 관점에서 보면 국가의 의의를 갑자기 없애고 전쟁을 갑자기 그치는 것은 불가능하지만, 공리(公理)의 관점에서 말하고 사람의 마음에서 헤아린다면, 대세가 향하는 곳, 장차 도달할 곳은 반드시 대동"[52]이라고 미래를 바라보며 오늘을 감내한다. 강유위에 따르면, 공리의 대동세는 공

50 강유위,《大同書》, 甲部, 緒言, 錢定安校本, 上海中華書局, 1935, p. 11.

51 강유위, 같은 책, 庚部, 제3장, p. 357.

52 강유위, 같은 책, 乙部, 제1장, pp. 103-104.

자의 정신이 실현된 세상이며, 유럽을 포함한 세계는 공자의 가르침이 실현된 대동세를 향해가는 도중에 있다. 결국 이 세상은 공자가 규정한 중화 안에 있는 것이며, 강유위 자신도 중화의 도덕인에서 물러난 것이 아니다.

강유위와 마찬가지로 삼세설의 논리에서 시빌라이제이션의 수입을 주장하더라도 양계초(梁啓超, 1873-1929)의 논리는 강유위의 것과 달랐다.

> 《춘추》의 칭호 사용법에 의하면 예(禮)와 의(義)를 소유하고 있는 자는 중국이라고 부르고 예와 의를 소유하지 않은 자는 이적이라고 부른다. 예(禮)란 무엇인가? 공리(公理)이다. 의(義)란 무엇인가? 권한(權限)이다.[53]

공양학자 강유위의 제자로서 양계초 역시 문화적 중화주의를 받아들이고 있는데, 중화와 이적을 가르는 문화적 지표는 '공리'와 '권한'으로 해석된다. 양계초는 "법률이 번성하고 공적일수록 문명이며, 법률이 누추하고 사적일수록 야만"[54]이라고 하며, "법(法)은 천하의 공기(公器)이고 변화(變)는 천하의 공리(公理)"[55]라고 말한다. 즉 변화에 적응한 법(제도)의 발달 여부가 문명과 야만을 가른다는 양계초의 논법은 화-이와 시빌라이제이션-야만을 문화주의적으로 이해하는 것이다.

그러나 《공양전》을 운위하고 중화와 시빌라이제이션을 동시에 운

53 《湘報》 제5호, 〈論中國宜講求法律之學〉, 《陰冰室文集》 권1, 1898.03.11.

54 《湘報》 제5호, 〈論中國宜講求法律之學〉, 1898.03.11.

55 《變法通議》(一) 〈論不變法之害〉; 《時務報》 第一册, 1896.08.09. : "法者天下之公器也, 變者天下之公理也."

위하고 있다고 하더라도 이미 양계초의 문명 규정은 중화의 것이 아니라 시빌라이제이션의 것이다. 양계초는 세계질서로서 중화를 포기하고 새로운 세계규정과 가치규정을 받아들이며, 그 가치체계에서 자신이 야만의 위치에 처할 수 있음도 인정한다. 그는 새로운 위계체계로 들어가서 그 안에서 상승하고자 했다. 그 길은 민족국가 간의 경쟁에서 이기는 것이었다. 그는 민족국가의 주체가 될 신민(新民) 창출에 자신의 정력을 쏟았다. 이전에 중국에는 없었던 '국가' 관념을 수입하는 한편 이전에 있었던 '민족' 관념을 새롭게 한다는 그의 '신민설' 안에서 '중화'는 '민족'의 '문화'로 축소된다.[56]

강유위-양계초의 개량파와 대립각을 세웠던 혁명파는 기존의 정권인 청 조정을 전복하려는 집단이기 때문에 그 이름으로 불렸다. 그들이 만주족 정부를 미워한 것은 외세의 침략에 방어하지 못하는 무능력 때문이며, 나아가 그들이 공화정부를 꿈꾸면서 군주국을 청산해야 했기 때문이다. 그들이 시빌라이제이션을 반영하는 정치체제로 추구한 것이 공화정이었으므로 논리적으로는 종족적인 혐오감을 표시할 이유는 없었는데, 그들은 혁명 에너지를 집결하는 방법으로 한족의 종족적 자존심을 자극했다.

혁명파의 대표 논객이었던 장병린(章炳麟, 1869-1939)은 투철한 한족주의자였다. 《좌전》 연구가로서 장병린은 한족의 종족적 정체성을 주장하는데, 그 한족의 우월성을 주장하는 데는 별다른 논리를 필요로 하지 않는다. 그의 주장에 따르면, 한족은 우월하게 태어났으므로 "중화

56 양계초의 민족국가에 대해서는 이혜경, 《량치차오(梁啓超): 문명과 유학에 얽힌 애증의 서사》, 태학사, 2007, 제3장 참조.

에 의해 이적이 변하는 것"[57]은 가능해도 그 역은 있을 수 없다. 한족의 "민족주의는 태고 원시시대부터 근성이 이미 잠재해 있었고 멀리 오늘날에 이르러 비로소 발달한 것으로 이는 백성들의 양지 양능"[58]이라고 그는 주장한다. 이는 시빌라이제이션과 동행했던 민족주의의 존재에 고무되어 자신의 한족주의와 동일 차원의 것으로 다루며 그것은 천성적인 정서라고 선언하는 것인데, 이 역시 양계초와 마찬가지로 중화주의를 민족주의로 축소한 것이다.

종족주의의 입장을 일관되게 유지한다면 서이(西夷) 역시 배척해야 할 대상이다. 그러나 장병린은 백색인과 문화적 문명을 공유하고자 한다. "유럽과 미국의 경우는 바다를 건너도 모두 중국이다. 우리 화하는 황인종이고 그들은 백인종이라는 차이는 있지만, 모두 덕이 있고 지혜롭고 재주가 있고 지식을 가진 백성"[59]이라고 장병린은 주장했다.

장병린의 배만주의는 기본적으로 종족적 중화주의를 유지하는 입장에서 나온 것이다. 그러나 시빌라이제이션을 또 하나의 문명으로 인정하고 그들의 세계규정을 받아들임으로써 스스로를 유일한 문명으로 규정했던 중화의 세계는 포기한 것이다. 이제 중화는 시빌라이제이션이 규정한 세계 안에서 일개 민족이라는 위치밖에 갖지 못한다. 그러나 그 시빌라이제이션 안에서 자신들은 어느 정도의 위계에 처하는지 알지 못한 채 그들과 문명을 평가하는 같은 척도를 가졌다고 착각한 것이다.

57 《맹자》, 〈등문공상〉 : "吾聞用夏變夷者, 未聞變於夷者也."

58 章炳麟, 《太炎文錄初編》, 文錄卷 2, 〈駁康有爲論革命書〉, 《章太炎全集》 제4책 수록, 上海人民出版社, 1985 : "民族主義, 自太古原人之世, 其根性固已潛在, 達之今日及始發達, 此生民之良知良能也."

59 章炳麟, 《訄書初刻本》 〈第十一 原人〉, 《章太炎全集》 제3책 : "如歐美者, 則越海而皆爲中國. 其與吾華夏, 黃白之異, 而皆爲有德慧術知之氓."

청나라의 영화를 실현한 만주족의 문명은 부정하면서 시빌라이제이션은 인정하는 그의 문명론과 그 배만한족주의의 근거가 얼마나 허약한 것인지는 혁명파들이 청 정부를 '만주 정부'라고 부르는 일의 부조리를 지적한 양계초의 말에서 알 수 있다. 만약 중국 정부가 아니라 만주 정부라면 중국이라는 나라는 없는 것이니,[60] 그들은 나라 없는 종족으로서 '혁명'도 '구국'도 그들에게는 어불성설이다. 혁명이라는 말 자체가 청조의 존재를 인정하는 것이었다.

장병린이 인정하지 않는다고 하더라도 청조는 중화의 연속성을 이어준 중화의 주체였다. 중화의 주체들은 자신들이 속한 왕조와 관계없이 자신의 나라를 '중국'이라고 부른다. 왕조의 교체에도 불구하고 문화 주체로서의 영속성을 보장해주는 것 역시 중화주의의 중요한 기능 가운데 하나였다.

중화와 시빌라이제이션 사이의 조선

중국 북방의 '오랑캐'였던 만주족이 중원을 차지하며 '청'이라는 나라를 세웠을 때, 일본은 "중화가 오랑캐에게 제압된 것은 외국의 이야기지만 유쾌하다"[61]는 반응을 보였다는데, 조선은 멸망한 한족 왕조를 대신해 중화의 명맥을 잇겠다며 '소중화'를 자처했다. 그만큼 조선은 중화의 강한 자장 안에 있었다. 그런 의미에서 시빌라이제이션이 아시아에 상륙했을 때 조선은 청만큼 중화의 핵심에 있었다. 중화의 책임자라는 조선 사대부의 자부심은 시빌라이제이션의 등장에도 건재했다.

60 梁啓超,《신민총보》제84호,〈雜答某報〉, 1906.02.20.

61 에도막부가 1644년부터 1724년에 이르는 80년간의 해외 소식을 집성하여 편찬한 책《華夷變態》에 실려 있는 말이다. '화이변태'는 중화와 오랑캐가 변했다는 의미이다.

우월한 군사력을 가진 오랑캐는 낯선 것이 아니었다. 당장 중원을 차지한 만주족 청조 역시 우월한 군사력으로 그 자리에 들어선 자들이었다. 대부분의 조선 사대부에게 시빌라이제이션은 "인간의 도덕적 생활에 해를 끼치는 음란한 기술"[62]에 불과했다. 대표적 위정척사론자인 이항로(李恒老, 1792-1868)는 조선은 "중국의 속국"으로서 "몰락한 중국"을 대신해 "사방의 오랑캐들에게 법도를 보여줘야 한다"[63]고 생각했다.

그러나 위정척사파의 열정에도 불구하고 조선은 1876년 일본과 강화도조약을 맺는 것을 시작으로 차례로 서구 열강에 문을 연다. 이항로와 같은 위정척사파는 자신들이 중화적 예교의 최고를 실현하고 있다고 자부하며 서양을 오랑캐 취급했지만, 서양인들의 눈에는 그들의 문명에 무지한 조선인들이야말로 야만이었다. "조선인들은 아직 야만 상태에 있는 것 같다. 만일 그들이 선교사들에 의해 문명화된다면 좋겠지만 그들은 완고하고 잔인하다"[64]고 하는 것이 조선에 상륙한 선교사들의 평이었다.

조선으로선 중화를 벗어나 시빌라이제이션의 세계로 들어가는 것이 '반개' 나아가 '야만'으로의 추락을 의미하는 것이었지만, 생존을 위해 시빌라이제이션을 학습하지 않을 수 없었다. 시빌라이제이션을 '기(器)'로 자리매김시키며 그 수용과 학습을 제한한 시기도 있었으나 오래지 않아 제도와 교육 차원의 전면적 수용이 불가피함을 인정하게 된다. 그 수용의 급박함은 "지식을 넓히지 않고 기계를 이용하지 못하면 금수

62 이항로, 《華西先生文集》 上, 〈華西集〉 권3, 疏箚.

63 이항로, 《華西先生文集》 下, 〈雅言〉 권10, 尊攘.

64 《페레올문서》, 한국교회사연구소, 1997.

일 뿐이므로 저들이 병탄하는 것도 당연하다"[65]고 하는 자학적인 발언으로 드러나기도 한다. 시빌라이제이션의 사회진화론을 변혁의 원리로 받아들이는 것이 얼마나 자기 파괴적인지 곧 자각한 박은식(朴殷植, 1859-1925)은 한쪽으로 치워두었던 유학을 다시 불러내고, 유학의 도덕에게 과학으로 대표되는 시빌라이제이션을 지도하는 역할을 부여한다.

그런데 유학은 시빌라이제이션을 만난 후 자신의 민족주의적 성격을 드러내었다. 천하는 전체가 아니라 중국이며 중화주의는 중국 중심주의로서 중국 민족주의의 발양에 동원되고 있었던 것이다. 국권을 잃고 만주에 망명한 박은식은 〈몽배금태조(夢拜金太祖)〉, 〈천개소문전(泉蓋蘇文傳)〉, 〈명림답부전(明臨荅夫傳)〉 등 조선 민족의 영웅을 소개하며 민족주의를 고취한다. 박은식은 "세계 만국의 모든 사람이 모두 자기 나라를 존중함으로써 의리를 삼는 까닭에 중국인은 존화양이를 주장"한다지만, "조선의 유생이 주창하는 존화양이는 무엇을 말함인가?"[66]라고 일갈하며, 민족국가 시대에 더 이상 유학은 조선의 길이 될 수 없다고 선언한다.

그러나 조선의 민족주의를 성공적으로 발양한다고 해도 그것이 조선의 밝은 앞날을 보장할 수 없었다. 박은식은 민족주의를 발판으로 제국주의로서 맹위를 떨치고 있는 시빌라이제이션의 행보는 옳은 길이 아니라고 판단한다.

중화와 시빌라이제이션을 모두 비판하는 눈을 갖게 된 박은식은 "인(仁)", "법신(法身)", "곡신(谷神)", "영혼"이라는, 아마도 당시 박은식이 알

65 이상, 朴殷植, 〈教育이 不興이면 生存을 不得〉, 《서우》 제1호, 1906.12.01.

66 박은식, 〈몽배금태조〉, 《白巖朴殷植全集》 권4, 181쪽.

고 있던 동서양을 망라한 모든 최고의 가치들을 동원하여 명실상부한 보편을 찾고자 한다. 조선 민족의 분발을 촉구하지만, 민족이 원하는 것은 민족의 영화가 아니라 이 숭고한 가치들을 회복하여 "인류 자격"에 참여하는 것임을 분명히 한다.[67]

맺음말

스스로를 중심으로 세계를 규정하고 타자를 규정하는 보편 문명에, 타자로서 그 우산 아래로 들어간다는 것은 이류 이하로 떨어지는 것을 의미한다. 최대한 이류이다. 보통은 그때까지 자신이 규정한 세계와 인간, 가치 등이 전복되는 일을 당한다. 그리하여 최상위에서 최하위로 전락할 수도 있다. 나아가 자신을 그러한 처지로 전락시킨 새로운 문명에 항거하기는커녕 자학과 또 다른 약자에 대한 가학으로 이어지는 비극적 상황에 빠지기 십상이다.

타인의 문명에 들어가는 일이 이토록 처절한 일이라면, 누구도 쉽게 타인의 규정에 자신을 온전히 내던지는 일은 하지 않을 것이다. 그것은 추락이며 나아가 인간성의 상실이기 때문이다.

그런데 중화와 대결했고 시빌라이제이션과 대결한 청의 본보기는 우리에게 어떤 문명론에 완전히 종속되는 일은 가능하지도 않고 바람직하지도 않다는 일면적인 교훈만을 줄 뿐이다. 우리가 만주족처럼 두 거대문명론의 주변이기는 하지만, 그들처럼 문명론을 장악하고 팽창을 주도할 만한 물리력을 가질 가능성은 높지 않기 때문이다. 그러나 바람직한 일이라고도 할 수 없다. 그것은 끝이 없는 위선과 전쟁 속으

67 박은식, 〈명립답부전〉, 《白巖朴殷植全集》 권4, 267쪽.

로 들어가는 일이기 때문이다. 중화의 변방으로서 그리고 시빌라이제이션의 변방으로서 조선-한국인의 문명관은 어떤 것이었으며 어떤 것이어야 하는가? 그것은 박은식이 잡은 실마리에서 시사하듯이, 보편을 가장한 자기중심주의가 아니라 진정한 보편을 찾아내고 실천하는 일이 되리라 생각한다.

자유, 평등, 권리 개념의 등장*

- 19세기 후반 개화파 지식인들의 공적 가치 연구

김충열**

현대 한국 사회의 공적 질서의 기초 규범인 '자유(自由)'와 '평등(平等)' 그리고 '권리(權利)'는 본래 전통 어휘들로서 19세기 후반 서양과의 전면적 대면 이후 번역어로서 재개념화된 어휘들이다. 한국의 개화파 지식인들은 전통 사회의 개혁을 위하여 새로운 가치를 필요로 하였고, 당시 부강한 서양 국가들, 특히 영국과 미국을 모델로 그 사회들의 규범적 토대로 작용한 가치들을 주로 일본의 번역을 매개로 수용하였다. 오늘날 법과 사회규범의 기초로서 당연하게 인정되는 이들 가치들이 보편적 가치로 수용되기까지는 새로운 가치 개념으로서 한국어 속에 정착하는 과정이 필요하였고, 그 전에 개념으로서 한자어로 번역되는 과정도 필요하였다. 대체로 그 개념들은 1860년대까지 일본과 중국에서 다양한 어휘들로 번역되었는데 그 번역어들 간의 경쟁도 최소

* 이 글은 《OUGHTOPIA》 39권 3호(경희대학교 인류사회재건연구원, 2025)에 실린 〈자유, 평등, 권리 개념의 등장: 19세기 후반 개화파 지식인들의 공적 가치 연구〉를 일부 수정·보완하였다.

** 서울대학교 사회과학연구원 연구원.

한 1880년대까지 계속되었다. 한국의 경우 일본과 미국에 사절을 보내기 시작한 1880년대 초부터 이들 개념들이 문헌에 나타나기 시작하고, 1890년대 후반의 주요 언론 매체인 《독립신문》(1896.4-1899.12), 《협성회회보/매일신문》(1898.1-1899.4), 《황성신문(皇城新聞)》(1898.9-1910.9)에 이 개념들이 흔히 쓰이는 것으로 미루어 이 시기에는 한국어 속에 정착한 것으로 보인다.

서양과의 대면 이후 형성된 번역 신조어 혹은 개념들에 대한 연구는 먼저 그 개념들의 번역 과정과 동북아시아의 언어 속으로의 전파를 다룬 연구들이 있다. 본래 서양 개념들의 번역은 중국과 일본에서 별도로 이루어졌으나 그 후 이음절어 어휘의 대세와 일본에 유학한 중국 지식인들의 일본식 번역어의 차용으로 인해 일본에서 형성된 번역 어휘들이 더 많이 동북아 삼국의 어휘체계에 자리 잡았다.[1] 개념사적 접근이 유행하기 전까지 서양어의 번역에 대한 연구가 주로 일본 학자들에 의해 이루어진 것은 이런 이유 때문일 것이다.[2] 본 연구에서 다루는 자유와 권리 개념이 영어의 liberty/freedom과 rights의 번역어로 채택되고 전파되어 동북아시아 삼국의 어휘체계 속에 수용된 과정에 대해서는 야나부 아키라(柳父章 2003), 최경옥(2007; 2018), Zhang(2011)의 연구가 대

1 중국인 학자들인 가오밍카이(高名凱)와 류정탄(劉正埮)에 따르면 19세기 후반과 20세기 초반에 중국에 수용된 한자로 된 어휘들은 세 가지 형태를 띠고 있다. 첫째, 전근대 일본에서만 사용된 어휘들[人力車, 場合(경우, 상황), 宗教 등], 둘째, 본래 한문의 표현 중 일본인들에 의해 서양 어휘의 번역어로 사용되어 다시 중국에 수입된 어휘들(革命, 文化, 經濟, 科學 등), 셋째, 근대에 일본인들이 한자를 가지고 새로 형성한 어휘들(種族, 美術, 美學, 國際 등). 이 형태는 한국의 경우도 크게 다를 바가 없다고 볼 수 있다(Liu 1995, pp. 32-33).

2 메이지기 '권리'와 '자유' 번역어 성립 과정에 대한 최경옥의 논문은 일본 학자들의 연구 성과에 기대고 있다(최경옥 2007, 2018).

표적이다. 이들 연구들은 번역사의 관점에서 당시 편집된 이중어 사전이나 번역 서양서, 19세기 후반과 20세기 전반에 동북아시아 삼국에서 발간된 신문 잡지를 포함한 저작들을 통해 번역어들의 용례와 그들 간의 경쟁 그리고 그 양상들의 변화 과정을 살피고 있다.

다음으로 새로 번역되거나 수입된 개념들이 해당 사회 속에서 일으키는 정치사회적·문화적 변화를 검토하는 일련의 연구들이 있다. 중국인 학자 리디아 류(Liu 1995)는 교차문화(cross-cultural)의 관점에서 번역어들의 수용이 중국어에 미친 영향뿐 아니라 그 번역어와 관련된 당시 중국의 사회적·문화적 맥락을 질적인 차원에서 깊이 있게 분석하고 있다. 류는 신개념과 용어들이 중국에 정착된 20세기 초반 당시 출판된 저작들을 분석하여 언어와 역사의 관계를 생생히 보여주고 있는데, 신개념과 용어를 둘러싼 역사적·사회문화적 차원의 설명을 "trans-lingual practice"라고 불렀다. 진관타오와 류칭펑(金觀濤 외 2010)도 청말부터 1920년대까지의 혼란한 중국의 상황에서 새로 번역되거나 수입된 개념들이 당시의 역사적 맥락 속에서 어떻게 이해되고 그 의미가 변해 가는지를 잘 분석하고 있다. 이들은 전산화된 대량의 역사 문헌을 키워드로 추적하여 개념 사용 빈도의 계량적 통계를 제공할 뿐 아니라 그 개념들의 의미 변화와 역사적 상황을 결부시켜 심도 있는 설명을 제공한다. 장칭(Zhang 2011)의 연구는 liberty/freedom이 '自由'로 번역된 이래 다른 번역어들과 경쟁한 번역사적 맥락뿐 아니라, 청말의 중국 지식인들이 '자유'란 개념에 대해 가졌던 다양한 입장들, 나아가 자유 개념이 5·4운동 전후의 정치적 상황 속에서 '자유주의'로 발전하지 못하고 민족주의와 사회주의에 사상적 헤게모니를 내주게 된 맥락을 사상사적 관점에서 분석하고 있다.

한국은 일본이나 중국의 경우와 달리 스스로 번역하는 과정 없이 한자어로 번역된 개념을 수입한 경우에 해당한다. 본 연구에서 다루는 자유와 권리 개념의 수용을 다룬 최경옥(2007; 2018)은 먼저 일본에서의 번역 상황들을 설명하고 한국에의 수용 과정을 그 개념들이 사용된 텍스트들을 시간순으로 열거하며 간략하게 소개하고 있다. 이에 비해 권리 개념에 집중한 문준영(2012)의 연구는 개항 이후 조선이 외국과 체결한 조약문과 협정문, 법령 자료, 나아가《한성순보》/《한성주보》,《독립신문》그리고《황성신문》을 조사하여 권리 개념이 사용된 용례와 빈도 그리고 경향을 분석하여 그 개념이 수용되어가는 과정을 설명하였다. 두 연구자는 대체로 번역어 수용사의 관점을 택하고 있다. 번역어 수용사의 관점은 주로 키워드 검색을 통한 사료 속에서의 개념 사용에 초점을 맞추기 때문에 그 개념의 수용 과정을 잘 설명할 수 있지만, 그 개념과 관련된 역사적·사회문화적 토대나 개념과 텍스트와의 관계 맥락에 대해서는 덜 주목하게 되는 한계가 있다. 이 한계는 텍스트를 전체로 독해하여 텍스트와 개념과의 관계, 그리고 서로 다른 텍스트들 간의 차이 분석을 통해, 나아가 텍스트와 역사적 상황과의 맥락적 독해를 통해 보완될 필요가 있다.

본 연구는 1880년대와 1890년대를 개화파 지식인들의 공적 질서 재구성을 위한 노력의 시기로 이해하고 그들이 옹호한 자유, 평등, 권리 개념을 사상사적 방법, 특히 동서양의 직접적 문화 대면 과정에서 서양 근대 개념의 번역과 그것의 수용 관점으로 분석하려고 한다.[3] 본 연구에서 초점을 두는 질문은 다음 두 가지이다. 먼저, 개화파의 저작들에서 '자유', '평등', '권리' 개념이 옹호되거나 논의되는 구체적 맥락은 어떠한가? 지금까지의 연구에서 충분히 드러나지 않은 내용은 개별 텍스트들 간에 나타나는 해당 개념들의 사용의 차이 문제, 개념 사용의 역사적 맥락과 한국에서의 특수성 문제, 그리고 1880년대 저작과 1890년대 저작들 간의 차이 문제 등이다. 위의 사항들을 염두에 두면서 당시 개화파 지식인들의 핵심 저작을 전체적으로 분석하려고 한다.

다음 질문은 번역되는 서양 개념들과 유사한 의미와 관념이 동아시아의 한자 문화 속에 없었는가 하는 문제다. 기존 연구들은 자유와 권리 같은 가치 개념들은 번역을 통해 서양에서 수용된 것이라는 관점을 취해왔다. 거기에는 암암리에 동북아시아의 문화 속에는 '자유'나 '권리'와 같은 관념이 없었다는 인식도 포함되어 있다. 본 논문에서는 서양어 개념들보다 그들의 번역어로 채택된 '自由', '平等', '權利' 개념에 집중하여 이 어휘들이 옛 문헌들 속에서 어떻게 사용되었는지를 파악하여 이 개념들과 서양어 원개념들과의 관계를 의미론적으로 살펴보려고 한다.

본 논문은 1880년대와 1890년대로 분석 시기를 한정하고 당시 개화파의 사상을 대표하는 사료인 《漢城旬報》(1883.10-1884.12)/《漢城週報》(1886.1-1888.7), 박영효의 〈建白書〉, 《독립신문》을 주 분석 대상으로 하며, 유길준의 《西遊見聞》(1895년 출간), 《협성회회보/매일신문》, 《황성신

3 동아시아에서 서양 개념들의 번역과 수용의 문제는 여러 차원에서 논의될 수 있는데, 흔히 언급되는 개념사적 접근과는 구별이 필요하다. 독일의 지성사가 코젤렉이 언급했듯이, 개념사는 모든 언어가 역사적으로 조건 지어지고 역사는 언어적으로 조건 지어져 있다는 인식에서 기인한 것으로, 특정 시대의 개념은 그 시대의 이론을 담고 있다는 사실에서 출발한다(Koselleck 1989, 2002). 서양 개념이 전통 동아시아의 어휘로 번역되고 전통 어휘가 새로운 의미를 획득하는 주제를 다루는 번역의 문제는 동아시아의 전통적 사유와 서양 근대사상의 만남으로서 전통과 근대의 문제, 그중에서도 전통의 근대적 변용의 관점에서 더 잘 설명될 수 있다. 인간 사유의 선구조를 형성하는 전통과 전통의 근대적 적응성에 대해서는 독일 철학자 가다머가 뛰어나게 논증한 바 있다(Gadamer 1998).

문》을 부수적으로 다룬다. 自由, 平等, 權利가 영어 개념들의 번역어로 살아남게 된 맥락을 조명하고, 그 번역 개념들이 1880년대와 1890년대 개화파의 저작들 속에서 논의되는 바를 분석한다.

자유 개념의 등장

1. 번역어 '자유'와 전통 어휘 '자유'

영어 단어 'liberty'와 'freedom'은 현재 동아시아 삼국에서 '자유(自由, 中, ziyou; 日, jiyu)라는 어휘로 번역된다. 자유는 이미 중국의 옛 문헌들과 시(詩)들 속에서 사용되었던 표현이고 19세기 후반 서양과의 대면 과정에서 새로 형성된 어휘는 아니다. 다만 중국 문헌들 속에서의 '自由'는 오늘날과 같은 공적 가치로서의 '자유'의 의미가 아니라 무엇이 외부의 간섭 없이 혹은 자의적으로 행해졌음을 의미하는 표현으로 사용되었다.[4] 기존 연구에 따르면 자유가 liberty/freedom의 번역어로 사용되기 전 그 표현은 일본에서 더 많이 사용되었는데, 주로 기독교 선교사에 대한 심문조서에서 발견되고 1860년대에는 서양 국가들과의 외교조약에서도 사용되었다. 이때에도 자유는 공적 가치로서가 아니라 간섭 없이(임의대로) 행한다는 의미의 술어로 사용되고 있다(최종고 1982, 319-322).

일본에서 자유 개념 채택의 첫 번째 사례는 1862년에 출판된 호리 타츠노스케(堀達之助, 1823-1894)의 《A Pocket Dictionary of the English

4 《후한서(後漢書)》에 다음과 같은 구절이 있다: "建武元年 赤眉賊率樊崇逢安等 立劉盆子爲天子 然崇等視之如小兒 百事自由."; 松尾章一, 《自由民權思想の硏究》, 日本經濟評論社, 1990, p. 14(정용화 2004, 339쪽); 백거이(白居易)의 시 〈苦熱〉에도 자유 표현이 있다: "始慙當此日 得作自由身."《大漢和辭典》, 大修館書店(최경옥 2018, 355쪽).

and Japanese Language》에서였다. 하지만 여기에서도 자유는 "무언가를 마음대로 하다(do something at will)"와 "고집스럽다(be wayward)"의 다소 부정적인 의미였다(Zhang 2011, 29). 한편 중국에서 liberty는 흔히 '자주(自主)'로 번역되었는데, 독일 출신 선교사 빌헬름 롭샤이트(Wilhelm Lobscheid, 1822-1893)의 《English and Chinese Dictionary》(1869)에 의해서 처음으로 '自由'가 '自主', '治己之權', '自操之權', '自主之理' 등과 함께 'liberty'의 번역어로 사전에 등재되었다(Zhang 2011, 29). 다른 한편 liberty의 번역을 둘러싸고 1860년대 이래 일본에서는 自由가 自主, 自在, 寬弘, 自由自在, 自由自主, 自主自由 등과 경쟁하고 있었다. 후쿠자와 유키치(福澤諭吉, 1835-1901)의 경우도 1866년에 출판된 《서양사정(西洋事情)》의 초편(初編)에서 '自由' 대신 '自主任意'라는 표현을 주로 사용하였다(福澤諭吉 2004, 15-16). 하지만 1869년에 출간된 2편에서는 liberty의 번역어로 '自由'를 사용하였고, 《서양사정》이 인기를 얻으면서 自由가 사람들 사이에서 유행하고 심지어 중국과 조선에도 전파되었다. 후쿠자와의 선례를 따라 존 스튜어트 밀의 《On Liberty》를 《自由之理》(1872)로 번역할 때 나카무라 마사나오(中村正直, 1832-1891)도 liberty를 주로 自由로 번역하였고 자유 개념의 확산은 이 책의 보급과 관련이 있었다.

위의 기존 연구들은 대개 전통적 '자유' 어휘는 영어의 liberty/freedom과는 다른 것이고, 자유라는 표현이 전통 동아시아 사회에서 부정적 의미로 사용되었음을 강조한다. 하지만 《조선왕조실록》을 통해 드러난 조선시대 '자유'의 용법은 그리 부정적이지 않다. 현재 국사편찬위원회에서 제공하는 《실록》들에서 '自由'는 총 310회 사용되었다. 그 중 성종대 전군수(前郡守)의 이름으로 사용된 경우(楊自由)와 순종대 단체의 이름으로 사용된 경우(自由討究社)를 제외하면 308회이다. 《실록》에서 '자유'는 일차적으로 글자 그대로의 의미인 '스스로/본래/저절로 말미암다'는 의미로 쓰이고 있다. 예종 1년 5월 20일조 기사에서 예종이 세조 때의 공신(功臣)들을 기리는 자리에서 숙부 밀성군(密城君) 이침(李琛)에게 "孝順하기가 楚王과 같은데 스스로 자질의 아름다움에서 말미암은 것이다(孝順似楚王 自由資質之美)"라고 말하는 표현이 이러한 예이다. 하지만 자유는 글자 그대로 의미의 확장 형태인 '자유로 하다'는 표현으로 더 많이 쓰였다. 예를 들어, 세종 18년 5월 30일조 조정에서의 대화에서 김종서가 "[조선 사람들이] 애초에는 피로 되었을지라도 잇달아 야인들과 혼인하여 생업을 임의로 하고 [국경] 출입을 자유로 한다(初雖被虜 連婚野人 任意生業 出入自由)"고 말하고 있다. 자유가 '자유로 하다'는 술어와 '자유로움'이라는 명사 형태의 의미를 가리킬 때, 흔히 "不得自由", "不能自由"라는 표현으로 많이 사용되었다. 다만 맥락에 따라서 "不能自由"와 "不可自由"란 표현은 '자의로 할 수 없다'라는 의미를 나타내기도 하였다.

《실록》을 통해서 볼 때, 조선에서의 '자유' 개념 속에는 일본에서와 같은 부정적인 의미가 들어 있지 않았으며, 불간섭으로서의 자유로움이라는 의미로 사용되고 있었다. 조선인들은 '自由' 어휘와 함께 '자유롭다'는 관념을 이미 가지고 있었다고 해석 가능하다. 이 자유가 영어의 liberty/freedom의 번역어로, 혹은 '자유권'으로서 한국사에 재등장한 것은 1880년대 초였다. 이 당시는 번역어 '자유'가 다른 번역어들과의 경쟁에서 우위를 점하고 있던 시기였다. 1881년에 소위 조사시찰단(朝士視察團)의 일원으로 일본에 다녀온 후 제출한 개인 보고서에서 민종묵(1999, 101)이 "自由之權"을 언급하고, 1883년에 보빙사(報聘使) 부

대신으로 미국을 방문하고 돌아온 홍영식이 고종과 나눈 대화에서 "自由"가 언급되었는데, 그 이후의 사료들에서 '자유'라는 개념의 의미를 낯설어하거나 그것을 비판하는 경우는 위정척사파의 경우를 제외하고는 거의 보이지 않는다.[5] 박영효와 유길준이 사회 속에서 개인 자유의 정당한 제약을 말하고 자유와 방종을 구분하는 것이 전부이다.

2. 자유 개념의 옹호: 부강과 문명화의 조건으로서의 자유

자유 개념이 낯설지 않았음은 자유가 무엇인지 설명해야 할 필요를 경감시켰을 것이다. 실제로 자유 개념은 1880년대의 경우 이론적으로 다루어지기보다 그것의 실제적 필요와 효용의 차원에서 더 다루어졌다. 사회 속에서 자유라는 가치가 가지는 의미를 강조했던 유길준을 제외하고 대부분의 사료들에서 자유는 매우 구체적이고 필수불가결한 가치로 이해되고 있다. 1880년대의 사료들 속에서 자유 개념을 옹호하는 논리는《한성순보》와 박영효의 〈건백서〉에서 잘 드러난다.

5 고종이 미국인들의 자유의 상황을 묻고 홍영식이 답하는 내용은 다음 구절에 있다: "上曰 凡民凡事皆得自由乎 英植曰 事之善者 均得自由 其不然者 說法而限制矣"(김원모 편역 1981, 227쪽). 위정척사파에 속하는 유인석(2002)은 자유와 평등의 가치를 인정하지 않고 오히려 세계 혼란의 주범으로 보았다. 그 가치 개념들이 한국어 속에 이미 정착된 1913년에 지은 〈宇宙問答〉에서 다음과 같이 기술하였다: "평등하면 질서가 없고 질서가 없으면 어지러워지고, 자유로우면 사양하지 않고 사양하지 않으면 다투게 된다. 오늘날 어지러운 다툼은 다름 아닌 평등과 자유에서 비롯된 것이다. … 평등과 자유가 만고천하에 가장 나쁜 설이란 것은 다름 아니라, 사람들로 하여금 모두 거리낌이 없게 하고 모두 소인이 되게 하기 때문이다(平等則無序 無序則亂 自由則不讓 不讓則爭 今世界亂爭之爲起無他 平等自由也 … 平等自由 萬古天下 無等最惡設也 無他 是欲使人皆無忌憚也 是欲使人皆小人也)."

《한성순보》 속에서의 자유의 이해

《한성순보》 속에서 자유의 가치는 공개적으로 다루어지지 않고 있다. 그 이유는 신문이 정부에 의해서 창간되었고 재정적으로 지원을 받고 있었던 상황과 관련이 있다. 편집자들은 국왕과 정부의 보수적 관리들에게 거슬리는 사상을 다루는 것에 신중해야만 했을 것이다. 1880년대 초 당시의 여전히 전통적 사회 조건을 고려하면 자유와 같은 가치를 직접 소개하지 않은 것은 이상하지 않다. 대신 자유는 유럽 국가들과 그들의 정치체제를 소개하는 기사 속에서 소개되며 간접적으로 옹호되고 있다.

《한성순보》 1883년 11월 10일자 기사 중 〈歐羅巴洲〉는 자유의 가치를 소개하는 드문 기사이다. 기사는 처음에 유럽의 지리적 특성을 상세히 묘사하는 것에서 시작하여 유럽의 인종, 종교, 사회적 관습 그리고 그 학문적·정치적 특징들을 설명한다. 유럽의 사회적 관습을 다루는 부분에서 저자는 유럽에서는 의복, 음식, 주택, 교회가 화려하고 귀천(貴賤)의 차이가 크지 않으며, 사람들은 위계적이기보다 서로 친하기를 원한다고 적고 있다. 심지어 왕과 왕자와 같은 귀족 계급조차도 겸손해서 외부 출입을 할 때 하인들을 대동하지 않으며, 무릎을 바닥에 대고 몸을 굽혀서 인사하지 않는다고 한다. 그 기사의 저자가 말하고자 하는 것은 유럽에서는 사람들이 아시아에서보다 더 '평등'하다는 것이다. 기사는 뒤이어 유럽에서는 만약 그들의 행동이 사회에 해를 끼치지 않는 한, 사람들은 정부로부터의 제재와 이웃들로부터 비방이 없이 자신들이 원하는 바를 할 수 있다고 말한다. 그리고 이것을 "자유의 권리(自主之權利)"라고 적고 있다.

고려할 점은 그 기사의 저자가 자유를 이해하는 방식이다. 기사에 의

하면 자유권이 주어져 있음으로써 유럽에서는 상하(上下)가 서로 협력하고 크게는 한 나라가 "부강(富强)"을 추구할 수 있으며, 작게는 한 사람이 자신의 권리를 보호할 수 있다고 한다. 이에 반해 다른 대륙에서는 사람들이 사회에 해를 끼치지 않더라도 자신들이 원하는 것을 추구할 수 없다고 말한다. 간략하게 쓰여 있긴 하지만 기사의 저자가 유럽 국가들의 부강을 '자유권'과 연결시키고 있는 점이 두드러진다.[6] 자유권 때문에 개인들은 자신의 재능과 관심을 추구할 수 있고 결과적으로 국가의 부강에 기여한다는 것이다. 이《한성순보》기사 속의 자유에 대한 관심은 그것의 순전한 가치보다 그 정치사회적 효과 때문이었다. 이 기사를 중국 자료에서 가져온 것이라고 가정한다면 우리는《한성순보》의 편집자들이 이 자료의 논지를 수긍하고 전파하려는 목적이 있었다고 평가할 수 있을 것이다.

박영효의 〈건백서〉 속의 자유 이해

박영효의 〈건백서〉 속에서 이와 같은 자유의 이해는 되풀이되어 나타난다. 자유의 주제는 여러 곳에서 드러나는데, 먼저 여덟 가지 개혁안 중 여섯 번째인 백성을 교육해야 할 필요에 대해 다루는 와중에 언급되고 있다. 그에 의하면, 만약 왕이 무한한 군권을 향유하고자 한다면 그 결과가 어떻든 인민을 백치 바보 상태가 되게 하는 것이 좋은 전략이겠지만, 반대로 "부강"을 기약하고 다른 나라들과 동등하게 대치

6 '自主'라는 표현을 쓰는 것으로 미루어 이 기사는 중국 자료에서 가져온 것이라는 것을 추측할 수 있으나 자세한 것은 알기 어렵다. 한 가지 주목할 점은 기사가 유럽 대륙을 소개하고 있으나, 저자는 유럽과 동아시아 국가들 간의 비교적 관점을 취하고 있다는 점이다.《한성순보》의 본 기사 속의 자유와 국가의 부강과의 관계에 대해서는 정용화(2004, 327쪽)도 주목한 바 있다.

하려 한다면, 왕권을 축소하고 인민들에게 "정당한 만큼의 자유(當分之自由)"를 주며, 동시에 그들로 하여금 나라에 보답하는 책무를 지도록 해서 점차 개명한 상태로 나아가게 해야 한다. 나아가 오직 그렇게 함으로써만 백성이 편안하고 나라가 태평하며, 종사(宗社)와 군위(君位)가 모두 오래갈 수 있다(朴泳孝 1888).

정치를 바르게 하는 문제를 다룬 일곱 번째 개혁안에서는 "모든 백성에게 자유의 권리가 있고 임금에게 권위의 한계가 있으면, 백성과 나라가 영원히 평화로울 것이다. 그러나 백성에게 자유의 권리가 없고 임금의 권한이 무한하다면, 비록 잠시 강성한 시기가 있다 하더라도 오래 가지 못하고 쇠망할 것이다"라고 진술하고 있다.[7]

이 두 파트에서 박영효는《한성순보》의 기사처럼 국가의 부강을 백성의 자유권과 연결시켜 이해한다. 박영효의 차이는 한 발 더 나아가 구체적으로 행해져야 할 문제를 다루고 있는 점이다. 즉, 국가의 부강을 위해서는 백성의 자유권이 증진되어야 하는데, 백성의 자유를 증진하기 위해서는 군권이 제약되는 것이 필요하다는 것이다. 박영효는 민권과 군권을 대립적으로 보았고, 군권을 약화시키는 대신 민권을 증진하여 국권을 강화시키는 것이 중요하다고 보았다. 즉, 인민의 자유 증진을 위해서는 정체의 전환이 불가피하다고 생각하였다. 정체와 국가의 부강과의 관계에 대한 이 주장은 당시 영국, 미국과 같은 부강한 나라들이 입헌군주정이나 공화정을 택하고 그 정체(政體) 하에서 인민은 더 많은 자유를 누린다는 경험적 관찰에 기댄 것이었다. 급진파인 박영

7 "凡民有自由之權 而君權有定 則民國永安 然民無自由之權 而君權無限 則雖有暫時强盛之日 然不久而衰亡"(朴泳孝 1888, 309쪽).

효에게 자유는 부강한 국가를 위한 정치사회적 조건이나 비결로서 이해되고 있었다.

박영효는 또 다른 맥락에서 한국인의 자유 증진의 필요성을 언급한다. 백성의 '자유'를 확대할 필요성에 대해 다룬 여덟 번째 개혁안에서 그는 먼저 천부인권(자연권)의 존재를 언급한 후 왜 당시 조선에서 자유의 권리가 심각하게 제약되고 있는지에 대해 초점을 맞춘다. 박영효에 따르면 그 주요한 이유는 사회의 "악풍(惡風)" 혹은 "악속(惡俗)"에 있다. 그는 당시 조선에서의 자유는 남성과 남편들이 여성과 부인들의 부자유 위에서 누리는 것이고, 양반 계층이 다른 계층의 희생 위에서 누리고 있는데, 이를 "야만적 자유(野蠻之自由)"로 규정하였다. 구체적인 사례들로 그는 고위 관리들이 사람이 메는 가마를 타는 행위, 양반들이 하인들을 동물처럼 취급하는 것, 그리고 남성들이 첩을 두는 관행을 들었다. 조선에서의 "문명의 자유(文明之自由)"의 일차적 제약은 남성과 여성의 불평등과 양반이라는 특권 계층의 존재에 있었다.

이어서 그는 꽤 이론적으로 자유란 자신이 옳다고 생각하는 바를 행하는 것으로 천지의 이치를 따르는 한 아무런 속박도 굽힘도 없어야 하지만(所爲自由者 行其所思之可者也 只從天地之理 而無縛束 無屈撓), 사회 속에서 개인은 通義(사회적 규범)와 法(법)을 따를 수밖에 없다고 하며 일정 부분의 자유는 제약될 수밖에 없는데 이를 "처세의 자유(處世之自由)"라고 부르고 있다. 사회 속에서 개인 자유 제약의 필요는 후쿠자와 유키치의 《서양사정》 속의 아이디어를 빌려온 것으로 보인다. "野蠻之自由"와 "處世之自由" 표현도 후쿠자와가 《서양사정》에서 사용한 개념들이다.[8]

8 박영효와 유길준 모두 이 표현들을 사용하고 있다.

김현철(1999)은 박영효가 '처세의 자유'를 강조한 것은 그가 유학의 토대 위에서 권리 개념을 이해하고 있었기 때문이며, 박영효에게서 전통과 근대가 복합적으로 작용한다고 주장한다. 박영효가 여전히 유학의 영향 하에 있었다는 것은 분명하지만, 그가 이론적으로 자유 관념을 논한 후쿠자와와 달리, 조선의 당대의 문제들과 대결하며 자유권을 옹호하는 것은 주목할 필요가 있다. 이 점은 급진주의자로서 박영효가 현실에 기초하여 그 현실을 개선할 목적으로 자유 개념을 사용하고 있었던 것과 관련이 있다. 그에게 자유 개념은 사회를 변화시킬 수 있는 개혁의 가치였다. 자유 개념 때문에 그는 부조리한 현실을 더 명확히 인식하고 개선의 필요를 깨달을 수 있었다. 배후에 하나의 이상적 사회관을 담지하고 있는 정치사상의 개념은 새로운 비전을 제시하고 사회를 개혁할 수 있는 규범적 힘을 가지고 있다. 당시 조선사회에 대한 그의 문제의식과 자유 개념은 서로를 필요로 하였고 서로를 추동하는 역할을 하였던 것으로 보인다. 동시에 구체적 부자유에 대한 고려는 자유로움의 가치에 대한 넓은 공감대 위에 기초해 있었다. 전통적 자유와 번역어로서의 자유(권)는 연속적이었고, 번역어 자유는 전통적 자유에 추상적이고 보편적인 권리로서의 의미를 더하는 역할을 하였다.

《독립신문》 속의 '자유권'

갑오개혁의 산물이자 갑오개혁파의 이념을 계승한 최초의 국문신문인 《독립신문》의 논설 속에서 자유는 흔히 쓰이는 어휘였고(총 90회 사용), 그 의미는 현대 한국에서 통용되는 것과 다르지 않다. 《독립신문》 논설에서 자유라는 표현은 크게 보아 두 그룹으로 구분된다. 첫 번째는 명사 형태의 자유 개념으로서 '자유권', '자유지권', '자유권리', '자유하는 권리' 등의 표현으로 사용된 공적 가치로서의 자유와 일반적 의미의 '자유롭다', '간섭받지 않다'의 명사형으로서의 자유가 있다. 다음으로 자유 표현은 '자유하는', '자유롭게', '자유로 하고', '자유하다', '자유를(로) 하다' 등의 형용사, 부사 그리고 술어 형태로 사용되었다. 《독립신문》의 '자유' 어휘 사용의 주요한 특징 중 하나는 명사 형태의 자유가 다른 형태보다 훨씬 더 많이 쓰이고 있으며, 그중에서도 공적 가치로서의 '자유권' 표현이 유달리 많다는 점에 있다. 《황성신문》이 '자유권'보다 일반적 의미의 '자유' 표현을 많이 사용한 것과 비교되는 부분이다. 《황성신문》에 비해 보다 정치적이고 급진적이었던 《독립신문》은 한국의 전통을 비판적으로 보는 측면이 강하였고 당시 개별 한국인들과 국가 모두 과거의 의존적 태도를 버리고 자립하고 독립할 것을 주장하였다. 이 맥락에서 '자유' 어휘를 사용하였기 때문에 전통적이고 일반적 의미의 '불간섭'으로서의 자유보다 자립, 독립의 의미와 가까운 '자유권'을 선호하였다고 볼 수 있다. 실제로 서재필이 주필로서 논설을 주로 썼던 1898년 5월 초까지의 논설에서 '자유권'과 '자유' 표현은 특히 개인의 경제적·정신적 자립과 국가의 독립의 의미로 많이 사용되었다.[9] 이때의 자유는 '자주'의 의미를 가리켰고, 논설에서 "자유독립"과 "자주독립"은 동일한 표현으로 사용되었는데, '자주독립'은 '문명개화'와 함께 《독립신문》이 주창한 두 핵심 메시지였다. 한 예로 부국강병을 위한 인민의 교육을 논한 1896년 4월 30일자 논설에서는 "사람이 무엇이든지 배워 이 세상에서 벌어먹을 줄 알 지경이면, 그 사람은 총리대

9 1898년 5월 이후 주필로서 주로 논설을 쓴 윤치호에게서는 개인과 국가의 자립, 독립의 의미는 약화되고 있다. 대신 보다 일반적 의미로서 '자유/자유권'이 사용되고 있다.

신보다 편한 사람이요, 세상 사람에게 참 자유독립한 사람이 될 터이니 남에게 의지할 묘리도 없고 누구를 두려워할 묘리도 없는지라"고 하며 경제적 자립의 의미로 '자유독립'의 표현을 사용하고 있다. 1896년에 있었던 독립문과 독립공원 건립을 위한 모금운동을 평가한 동년 7월 4일자 논설에서는 "이달 초이틀날 새 외부(外府)에 여러 분들이 모여 의론하기를 조선이 몇 해를 청국 속국으로 있다가 하느님 덕에 독립이 되어 조선 대군주 폐하께서 지금은 세계에 제일 높은 임금들과 동등히 되시고 조선 인민이 세계에 자유하는 백성들이 되었으니 이런 경사를 그저 보고 지내는 것이 도리가 아니요, 조선이 독립된 것을 세계에 광고도 하며 또 조선 후생들에게도 이때에 조선이 영영히 독립된 것을 전하자는 표적이 있어야 할 터이요 … 모화관(慕華館)에 새로 독립문을 짓고 그 안을 공원으로 꾸며 천추만세에 자주독립한 공원이라고 전할 뜻이라"고 하여 '독립', '자유', '자주'가 유사한 의미로 사용되고 있다. 실제로《독립신문》에는 '자유'와 '독립'이란 어휘가 "자유(자주)독립"이란 한 어휘로서 혹은 "나라의 독립과 인민의 자유권"과 같은 표현으로 함께 쓰이는 경우가 많은데, 이것은 당시 한국의 국민과 국가의 현 상황을 드러내면서 그 시대의 과제를 나타내고 동시에《독립신문》의 소명을 담고 있는 표현이었다.

한 사람의 생활의 차원과 정신의 차원에서의 자립과 독립의 강조는 칸트적 의미에서의 '자율적' 인간의 이상과 연결되어 있다. 삶이 사적인 그리고 공적인 영역에 중첩되어 있듯이, 자율적 인간의 행위가 사적 영역에 그치지 않고 공적 영역으로 확장되는 것은 불가피하다.《독립신문》의 국가의 위태로운 현실에 대한 일깨움과 국민 개개인의 자립과 계몽의 노력은 많은 선구적 젊은 지식인들로 하여금 국가의 위기에 관심을 갖게 하였고, '자유권'을 정치의 영역으로 확장하도록 만들었다. 이 과정에서 1897년 8월부터 시작된 독립협회의 '토론회'는 협회가 계몽의 단계에서 정치적 참여의 단계로 진전되어 나가는 데 결정적 계기가 되었던 것으로 보인다. 다양한 정치사회적 주제들을 좌의(左議)와 우의(右議)로 나누어 토론을 펼치는 과정들을 거치며 회원들은 스스로에게 정치적 자율성을 부여하였던 것 같다(신용하 1976, 261-273). 이 정치적 자기결정권의 부여가 결국 1898년에 이르러 당시 정부의 러시아에 대한 의존에 반대하는 만민공동회(萬民共同會)라는 인민의 집회와 거리 연설 그리고 상소운동으로 발전하여 결국 한국 최초의 의회인 중추원(中樞院)의 설립으로까지 나아간 것은 잘 알려진 사실이다(신용하 1976; Chandra 1988).

이 정치적 자유권의 발휘는 전통 사상의 재전유를 통하여 발생하였다. 민이 정치에 참여할 수 있다는 논리는 서양사상에도 존재하지만, 동양사상 속에도 민본(民本)과 공론 존중의 사상으로 존재하였고 또 제도화되어 있었다. 독립협회는 주로 상소를 통하여 협회의 정치적 견해를 정부에 전달하였는데, 이미 1898년 2월의 만민공동회 상소에서부터 나라의 "공론"이 정치에서 중요함을 환기시키고 공론을 위해 "나라마다 인민들이 모이는 처소가 있어 여럿이 규칙 있게 모여 정제하게 만사를 토론하여 좌우편 이야기를 다 들은 뒤에 작정한 의론"이 공론이라고 하여 당시 대한제국에서도 공론을 만드는 기관이 필요함을 암시하고 있다(《독립신문》 1898.02.24. 논설). 러시아에 석탄저장고로 절영도를 조차하기로 한 정부의 결정이 국민의 이익에 반한다고 보고, 정부의 외국에 대한 이권양여를 막기 위해서는 의회원이 필요하다는 견해도 이미 1898년 4월 30일자 논설에서 제기되었다. 또 같은 해 7월의 협회 상소에서는 임금과 나라를 걱정하는 것은 관인과 백성 사이에 차이가 없고, 동양이든 서양이든 백성의 의론을 장려한 증거가 있다고 하며 《대학장구》와 《시경》의 구절을 인용하였다(《독립신문》 1898.07.13. 논설). 같은 해 9월 김홍륙 사건 이후 만민공동회의 열기가 뜨거웠을 때 올려진 상소에서는 "백성은 오직 나라 근본이니 근본이 튼튼하여야 나라가 편안하다" 함은 전일에 임금의 조서에서도 확인되었는데 임금이 백성 다스리는 것을 의무로 삼듯이 백성은 임금 돕는 것을 직분으로 한다고 주장하였다(《독립신문》 1898.10.26. 논설). 또 다음 호에 계속된 상소문에서 간세배(奸細輩)는 인민이 정부대신을 탄핵하고 정치를 의론하는 것이 당연한 권리가 아니라고 하지만, 비방목(誹謗木)을 설치하고 풀 베는 사람과 미친 사람의 말도 가려듣는 것은 밝은 임금이 행한 일들이라고 하며, 하늘이 슬기의 능력을 주었고 말하는 권리가 갖추어져 있는 상황에서 열 사람이 모인 데에도 좋은 말이 있고 한 마을에도 공론이 있다고 하며 백성이 나랏일에 말할 권리가 있음을 주장하였다(《독립신문》 1898.10.27. 논설). 이러한 논리들을 통하여 당시 한국의 보통 사람들은 정치적 자유권을 스스로 획득해 가고 있었다. 인민의 자유권 주장과 함께 전통 사상도 치자의 사상에서 인민의 사상으로 주체의 변동이 발생했고 그 결과 새로운 생명을 얻을 수 있었다.

평등 개념의 등장

1. 전통적 평등 개념과 평등권

오늘날 영어 어휘 'equality'는 동북아시아 삼국에서 '평등(平等, 中, pingdeng; 日, byodo)'으로 주로 번역된다. 문명화된 사회에서 인간 삶의 토대를 구성하는 개념들 중 하나로서 평등을 가리키는 어휘는 전통 동아시아의 한자어 속에 이미 존재하고 있었다. 대표적으로 '均', '同', '平', '等'은 영어의 equal과 유사한 의미를 가진 어휘들이다. 그렇다면 오늘날 흔히 쓰이는 '평등'은 equality의 번역어인가 아니면 전통적 한자어의 이음절어 형태인가? 명백히 영어의 'equal'을 번역한 표현은 한문으로 번역된 국제법 관련 서양 문헌 중 가장 많이 알려진 《萬國公法》(1864)에서 확인된다. 《만국공법》에서는 '平行(평항)'으로 번역되었다(이근관 2002, 부록1). 한편 량치차오는 그의 저작 《飮氷室文集》(1899)에서 equality를 가리키는 표현으로 '平權'을 사용하고 있는데, 이 표현은 당시 일본에서 통용되던 번역어라고 한다(Masini 2005). 하지만 이 번역이 흔히 쓰인 표현은 아니었던 것 같다. 왜냐하면 후쿠자와 유키치의 경우 그의 주요 저서들에서 '同等'이라는 표현을 흔히 사용했기 때문이다. 문제는 후쿠자와의 '同等' 표현이 전통적 한자어의 이음절어 어휘인지, 아니면 equality의 번역어로 만들어진 신조어인지를 파악하는 일이다. 서양어 번역을 연구한 기존 연구들을 일별하면 '동등'은 equality의 번역어로 사용되지 않았고, 애초에 equality의 번역어로 조어된 어휘는 平權(평권)이었다(Liu 1995 부록; Masini 2005 부록). 기존 연구에 의하면 '동등'은 전통시대 중국과 한국에서 오랫동안 사용되던 표현이었다(정종원 2018, 338-341). 《조선왕조실록》에서도 '同等'이란 표현이 적지 않게 쓰이고 있는데 주로 글자 그대로의 의미인 '같은 등급'이란 의미로 사용되고 있다. 《독립신문》에서는 '동등'이 '평등하다'는 의미로 흔히 쓰였고(106회), 1898년에 들어와서야 '평등'이 쓰이기 시작하여 총 9회 사용되었다. '平等'은 불교사상의 핵심 용어로서 마찬가지로 동아시아에서 오랜 기간 사용되어온 표현이었다(안옥선 2004). 한편 1880년대 자료인 《한성순보》와 박영효의 〈건백서〉에서는 전통 한자어인 '均'이 평등하다는 의미로 사용되고 있다.《만국공법》에서 equal의 번역어로 쓰였던 '平行'도 조선 측 자료에서 사용되었는데,《독립신문》에서는 5회,《매일신문》에서는 1회,《황성신문》에서는 1899년 말까지를 기준으로 9회 사용되었다. 따라서 1890년대 후반 조선의 신문들 속에서는 '동등', '평등', '평항'이 모두 사용되고 있었다. 이로 보아, 일본과 한국에서 많이 사용되고 나중에 영어의 equality에 상응하는 어휘로 살아남게 된 '평등'은 전통적으로 사용된 표현으로서 동북아 삼국의 한자어의 이음절화 경향의 결과로 전통 어휘 속에서 소환된 것으로 보아야 할 것 같다. 대체로 '同等'이 동일하게 같다는 뉘앙스를 가지기 때문에, 동일성의 의미가 다소 약화된 어휘인 '平等'이 점차 선호되었다고 볼 수 있을 것이다. 한자어 표현인 '동등'과 '평등'은 인간은 태어나면서 하늘로부터 주어진 양도불가능하고 빼앗길 수 없는 권리를 부여받고 있다는 천부인권 사상과 결합하면서 개화기 당시 '동등권', '평등권'으로 의미의 확장이 발생하였다.

2. 평등 개념의 사용 맥락

《한성순보》와《주보》속의 평등

현재 남아 있는《한성순보》의 호(號)들 중에서 평등의 문제를 독립적으로 다룬 기사는 존재하지 않는다. 당시 신분제가 작동하고 있던 역사적 맥락을 고려하면 정부의 지원을 받는 신문이 신분의 평등을 주장하는 것은 위험한 일이었다. 하지만 자유 개념처럼 외국 신문에서 가져온 기사들 속에서 평등의 문제는 중심 주제로 작용하고 있었다. 평등 개념은 1884년 2월 7일자 신문의 〈譯民主與各國章程及公議堂解〉라는 기사에서 다루어지고 있는데, 그 기사는 서양 국가들의 정부 형태의 본질적 특징을 그 권력의 원천이 '民'에게 있는 데서 찾고 있다. 기사에 따르면, 이것은 백성이 '평등(均)'하다는 사실에서 기인한다. 기사는 왜 인간이 평등한지를 원초적 자연주의의 관점에서 설명하는데, 자연의 공평함 때문에 귀천(貴賤)이 동일하기 마련이고, 왕이나 그의 신하들이 더 긴 귀, 목, 입, 코를 가지고 있지 않은 것처럼 소민(小民)이 더 작은 신체기관을 가지고 있지 않다는 것이다. 이로써 기사는 한 나라의 법은 모든 백성에게서 나와야지 통치자 한 사람이 자의적으로 만들어서는 안 된다고 주장한다. 하지만 현실적으로 인민은 수많은 개인들로 분리되어 있기 때문에 인민의 권력을 한 사람의 통치자에게 위임할 필요가 있었고, 여기에 공적으로 선출된 통치자와 관리제의 기원이 있다고 말한다. 이 대담한 주장은 서양 국가들의 민주정체의 기원을 소개하기 위한 과정에서 나온 것으로 하나의 당위적 주장의 형태를 띠고 있는 것은 아니다. 오히려 기사의 편집자는 서양 신문에서 본 기사를 가져왔으므로 신문국에 대해 의심을 하지 말 것을 부탁하고 있다.[10] 이 기사의 핵심은 평등을 '평등권'으로 이해하고 있고 서양의 민주정체는 만인의 평등한 권리 위에 기초하고 있다는 점을 지적한 것이다. 간접적으로 인간의 평등권을 옹호하고 있음이 드러난다.

평등권의 옹호는 사노비의 신역(身役)을 자신 대에 한정하도록 한 고종의 1886년 칙령에 대한《한성주보》의 기사 속에서도 드러난다. 순조대에 취해진 공노비 해방에 이어, 고종의 사노비에 대한 조치는 전통적 신분제에 대한 의미 있는 균열이었다. 〈禁奴婢世役論〉이란 기사에서

10 편집자는 이 기사를 서양 신문에서 번역했다고 쓰고 있는데 아무런 관점 없이 번역하지는 않았다. 오히려 그는 서양 국가들을 삼인칭으로 간주함으로써 자신의 관점에서 편집하였고 자신의 의견을 더하고 있다.

저자는 고종의 조치를 불평등 교정에 대한 하나의 큰 진보로서 평가하고 있다(《漢城週報》 1886.02.15.). 《한성순보》와 《한성주보》에서 다루어진 평등은 인간의 '평등한 권리' 문제로서 당시 조선의 가장 중요한 사회적 모순을 다루고 있다. 비록 간접적인 방식이지만 평등(권)의 문제가 1880년대 초의 개화파 지식인들에게 긴급하고도 필수적 가치로서 옹호되고 있었음을 알 수 있다.

〈건백서〉와 《독립신문》 속의 평등

긴급히 해결되어야 할 사회문제로서의 평등의 주제는 박영효에게서 명확히 드러난다. 자유와 함께 평등은 박영효에게 당시 조선 사회의 핵심적 사회 모순을 드러내는 새로운 가치 개념이었다. 그의 〈건백서〉에서 평등은 자유와 함께 다루어지는데, 그가 보기에 평등은 자유에 전제되어 있다. 《한성주보》에서처럼 그 역시 〈건백서〉에서 사노비의 신역을 자신의 세대에 한정시킨 고종의 칙령을 칭찬하며 그것을 "성인의 다스림(聖政)"이라고 평가하고 있다(박영효 1888, 290). 하지만 박영효의 평등에 대한 관심은 《한성주보》의 편집자보다 더 진지해서 당시 조선의 불평등의 현실들을 하나하나 열거하며 기술하고 있다. 먼저, 그는 여성과 부인들이 불평등한 사회 제도들과 관습 때문에 차별받고 있는 현실을 구체적으로 기술하며 고종에게 남성과 남편들에게 주어진 것과 동일한 권리를 그들에게 부여하도록 요청하고 있다. 다음으로, 그는 반상중서(班常中庶)의 위계적 사회신분제를 철폐하도록 강력하게 요구하고 있다. 김옥균이 1885년에 고종에게 올린 상소문에서 특권 양반 계층의 존재를 한탄했던 것처럼, 그 역시 양반 계층이 계속 존재하는 현실을 탄식하고 있다. 그는 특히 양반의 특권과 그들이 하인들을 동물처럼 다루는 것, 또 여성이 남의 첩이 되어 다른 사람들로부터 욕을 얻어먹고 풍속을 어지럽히는 것은 의(義)가 없고 부끄러움이 없는 짓이며, 하늘의 이치를 해치고 사람의 도리를 잃게 하는 일로 보았다. 그가 지적하는 두 가지 악습은 제도와 문화로서 수천 년 내려온 전통 한국 사회의 고질병이었다. 당시 외국에 체류하며 조선을 객관적이고 비교적으로 평가할 수 있는 시각을 가졌던 박영효에게 이 불평등의 문제는 시급히 해결되어야 할 긴급하고 중요한 사회문제였고 그 자신 문제들을 폭로하는 데 주저하지 않았다. 박영효의 평등관은 인간의 타고난 권리로서의 근대적 평등관에 기반을 두고 있으며, 전통적·행정적 차원의 동등함과 명백히 다른 것이었다. 자유권 개념이 자유를 인식하게 하고 주장하게 하여 자유를 확산시켰던 것처럼, 평등권은 조선 내부에서 서서히 진행되어온 평등화 과정을 가속화하는 역할을 하였다. 갑오개혁을 통해 공식적으로 사회신분제가 사라지게 된 것은 개화파 지식인들의 자유와 평등 권리에 대한 의식에서 시작된 것이었다. 전통 사회가 균열을 보이기 시작할 때에 개화파 인사들은 가장 먼저 그 뿌리 깊은 사회 모순들과 전면적으로 대결하였다.

《독립신문》의 논설들에서도 평등은 중요한 주제로 제기되고 있으며 그 신문 속의 평등에 대한 인식은 대체로 박영효의 관점과 연속적이다. 먼저 《독립신문》은 평등에 대한 이론적 설명을 거의 하고 있지 않다. 주로 논의하는 것은 당시의 사회적 불평등의 구체적 사례들이었는데, 《독립신문》이 주로 다룬 불평등은 여성과 부인들에 대한 차별과 양반과 상민 사이의 불평등이었다.[11] 박영효가 양자에 대해 동등한 가치를 두고 있었던 것에 반해, 《독립신문》은 전자에 초점을 맞추고 있다. 거기에는 반상의 구별과 양반의 상민에 대한 불법적 행위가 잔존하고 있긴 하였지만, 이미 갑오개혁으로 신분제가 공식적으로 폐지된 현실이 반영되어 있다. 오직 두 논설만이 양반 계층의 부정적 유산을 다루는 데 반해, 여성과 부인들을 천대하는 문화와 여성 교육에 대해서는 더 많은 관심이 주어졌다.[12] 여성과 부인의 차별은 제도적인 문제에서 기인한 불평등이기보다는 남성 중심적 문화와 관습에서 기인한 것이었는데, 뿌리 깊은 "풍속" 때문에 그 차별을 뿌리 뽑기가 쉽지 않았다. 구체적으로 신문에서 자주 다루어진 문제들은 남성이 첩을 얻는 풍속과, 부인들의 재가(再嫁)가 허용되지 않은 반면 남성들은 상처(喪妻) 후 재혼하는 관습을 들었다. 더구나 부모들의 딸 교육에 대한 무관심과 종종 딸들을 부유한 남자의 첩으로 파는 관행도 논설에서 다루어졌다. 이 문제들을 교정하기 위해 《독립신문》에서 반복해서 강조한 것은 양성의 평등과 여성 교육의 중요성이었다. 실제로 여성 교육의 필요와 여학교 설립을 다룬 논설이 열 개나 되며, 찬양회(贊襄會)와 승동부인회라는 여성단체가 여학교를 설립해 줄 것을 고종에게 청원한 것을 칭찬하고 있다.[13] 결국 1880년대와 1990년대 조선의 개혁가들에게 '평등(권)'은 뿌

11 평등을 '주제'로 살핀 필자와 달리 정종원은 '동등'과 '평등'이란 어휘가 함께 결합되어 사용되는 명사나 문장들 속에서의 쓰임을 빈도화하여 어휘의 '의미장'을 도표화하였다. 문제는 이러한 방식은《독립신문》의 평등관의 초점을 놓치게 하는 단점이 있다(정종원 2018).

12 당시 여성들과 관련한 부정적 문화와 관습 그리고 그에 대한 대안으로써 여성 교육을 강조하는 논설은 총 15개이다. 양반 계급에 대해 다룬 두 논설은《독립신문》(1899.02.22.; 1899.04.26.)에 보인다.

13 찬양회에 대한 논설은《독립신문》(1898.10.13.)을 볼 것. 이 단체에 대한 보다 상세한 기술은 신용하(1976, 118-119쪽) 참고. 승동부인회가 여학교 설립을 청원한 논설은 1899.09.21. 참고. 여성 교육에 대해 다룬 논설들은《독립신문》(1896.05.12.; 1896.09.05.; 1898.01.04.; 1898.09.13.; 1898.10.13.; 1899.04.03.; 1899.04.28.; 1899.05.26.; 1899.09.07.; 1899.09.21.)에 들어 있다.

리 깊은 사회문제를 해결하고 조선의 공적 질서를 재건하는 데 핵심적이고 긴급히 요구되는 가치였다. 전통적 평등 관념이 권리 개념과 결합하면서 사회 모순을 드러내고 교정하는 규범적 가치로 발전하였다.

권리 개념의 등장

1. Rights의 번역: '權利'와 '通義'

영어 어휘 'rights'는 오늘날 동아시아 삼국에서 '권리(權利, 中: quanli, 日: kenri)'라는 어휘로 번역된다. '權利'는 문자 그대로의 의미로는 '[정당하게] 부여된 권한, 권능 혹은 이익'이라는 의미, 혹은 '권위적으로 부여된 이익'이라는 의미로 해석될 수 있고, 그런 점에서 전통적인 어휘들인 '權', '權限', '權勢' 등과 상통한다. 또 동아시아 문화권에서 '권력과 이익(재화)'을 가리키던 전통적 표현인 權利의 약간의 의미상의 변형에 불과한 것으로 생각할 수도 있다.[14] 하지만 영어 어휘 rights가 '권리'로 번역되어 정착하기까지는 꽤 긴 토론의 과정이 필요하였고, 게다가 전통적으로 동아시아에서 권력, 권세, 권한, 권능을 가리키던 표현인 '權' 자를 사용함으로써 권리의 용어상의 혼란은 상당 기간 지속되었다.

Rights를 둘러싼 최초의 혼란은 법률 용어로서 그 어휘가 실정법상의 권리와 자연적 권리라는 의미 두 가지로 쓰인다는 점에 있었다. 최초 번역된 후 동북아시아 삼국에서 큰 영향을 가졌던 《만국공법》에서 rights는 오늘날 우리가 쓰는 번역어인 '權'과 '權利'로 번역되었다. 《만

14 '權利'라는 표현은 중국의 고전인 《荀子》와 역사서인 《史記》, 《漢書》 등에서 사용되었다(최경옥 2007, 285-286쪽).

국공법》은 미국인 선교사 윌리엄 마틴이 중국인 학자들의 도움을 받아 번역한 것으로 어떤 맥락에서 rights를 '권/권리'로 번역했는지는 이해하기 어렵다. 그 맥락을 이해할 수 있는 한 여지는 전통 한문 문헌 속에서 '權' 자의 쓰임을 보는 것이다. 《조선왕조실록》에서 '權'이 단독으로 쓰이며 rights와 유사한 의미로 쓰인 사례는 먼저 《성종실록》에 드러나는데, 당시 대간의 역할에 있어서 논란이 일자 왕이 대신들에게 의견을 피력하도록 하였다. 이에 대신인 윤필상이 "대간이 피혐(避嫌)하는 것은 진실로 마땅합니다. 그러나 만약 홍문관(弘文館)의 상소로 인하여 대간을 모두 갈면 신은 권(權)이 홍문관에 돌아가서 장차 치우치게 중해지는 폐단이 있을까 두렵습니다. 국가의 대체(大體)로서 결코 이와 같을 수는 없습니다"고 말하였다.[15] 이때 '권'은 맥락상 권한, 권능으로 해석하는 것이 적절해 보인다. 중국 문헌들에서 '권' 자가 다른 의미와 맥락으로 사용되었을 가능성을 부인할 수는 없지만, 최소한 '권' 자가 전통적으로 권한과 권능, 나아가 권력, 권세의 의미까지 함유하고 있었던 것은 분명해 보인다. 아마 마틴과 중국인 학자들은 법적인 권리를 무언가를 할 수 있는 '능력'으로 이해하고, 한자어 중 유사한 의미인 '권한, 권능'을 함유한 '權'과 그로 인해 얻는 이익을 뜻하는 '利' 자를 결합하여 번역어로 채택했을 가능성이 높다. 실제로 실정법적인 권리(rights)의 의미를 고려해 볼 때, '權/權利'는 잘못된 번역이라고 보기 어렵다.[16] 문

15 성종 21년 7월 21일조: "尹弼商議: 臺諫避嫌固宜矣. 然若因弘文館之疏, 盡遞臺諫, 則臣恐權歸弘文, 將有偏重之弊矣. 國家大體, 斷不可如是也."

16 한국 전통법 전공자인 이하경 교수에 따르면 1890년대 중후반의 민사소송을 다룬 소장(訴狀)들에서 '권리'와 같은 용어가 사용되지는 않았지만 민사상의 권리의 관념은 명백히 존재했다고 한다. 이 주장은 조선시대 소송에 대한 연구들에서도 확인된다(한국고문서학회 2013; 김성갑 외 2017).

제는 이 번역이 자연권(natural rights)의 의미를 담기에는 충분치 않았다는 점이다. 자연권은 그 기원을 둘러싼 서양 학자들의 논쟁에도 불구하고 중세 말인 13세기로 거슬러 올라간다. 이 시기에서 기원을 찾는 브라이언 티어니에 따르면, 자연권은 위대한 종교들에서 기원한 인간의 생명에 대한 가치와 존중에서 시작되었다. 즉 기독교 사상이 자연권 개념의 형성에 큰 기여를 하였다(Tierney 2004). 그리고 자연권 개념은 실정법에 영향을 미치며 인간의 권리 확장에 공헌하였다. 이 맥락에서 자연권은 인간 존중의 도덕관에 바탕을 두고 있는 관념이었다. 이 규범적 의미를 '권/권리'가 담지 못했기 때문에 rights의 번역을 둘러싼 최초의 논란이 발생하였다.

'Rights'를 주로 자연권으로 인식한 사람은 후쿠자와 유키치였다. 문준영(2012, 166)에 따르면 후쿠자와가 주로 참고하고《서양사정》에서 번역하고 있는 텍스트는 미국의 〈독립선언서〉와 윌리엄 블랙스톤이 지은《Commentaries on the Laws of England》의 '개인의 절대적 권리'에 대한 부분으로 두 텍스트에는 자연권 사상이 잘 드러나 있다. 후쿠자와가 자연적 '권리'의 번역어로 채택한 어휘는 중국 고전에서 사용되었고 당시 중국에서 'rights'의 다른 번역어로 쓰이고 있던 '通義'였다. 통의는 번역하면 '보편적으로 통용되는 옳은 원칙 혹은 규범'으로 풀이 가능한데, 이 규범적 의미 때문에 후쿠자와는 자연적 '권리(rights)'의 의미와 통한다고 보았을 것이다.

윌리엄 마틴이 번역한《만국공법》은 번역 직후 곧 일본에 전파되었고, 1868년에는 일본어로 재번역되어 출판되기도 하였다. 따라서 후쿠자와가 그의 저서《서양사정》초판(1866)을 출판했을 당시 그는 이미 '權利'란 번역어를 알고 있었을 수 있다. 하지만 權利가 자연적 권리의 의미인 '태어날 때부터 만인에게 주어진 기본적 자격과 능력'이란 의미를 반영하고 있지 못했기 때문에 '通義'를 고수했다고 보는 해석이 타당하다.[17] 하지만 rights의 번역어를 법률로 반영할 때 일본의 법학자들은 '權利'가 실정법적 권리에 부합하다고 보았고, 결국 법률상으로 채택된 어휘는 '權利'였다.

문제는 유학의 영향으로 규범적으로 세계를 이해하는 성향이 강한 조선의 개혁적 지식인들은 두 번역어 사이에서 큰 혼란을 가졌다는 점이다. 1880년대의 개혁가들은 일본에 머물 때 주로 후쿠자와에게서 지도를 받았고 그의 영향을 받았다. 하지만 당시 유통되고 있던 權利 역시 수용하였다.[18] 그 결과 通義라는 표현을 사용할 때, 어떤 맥락에서는 후쿠자와가 의도한 대로 rights로 이해하고, 다른 맥락에서는 통의의 글자 그대로의 의미인 '보편적으로 통용되는 옳은 원칙 혹은 규범'으로 해석함으로써 권리 개념에 대한 혼동을 낳고 있다. 박영효의 경우, 〈건백서〉에서 자유를 강조하면서도 통의를 일종의 사회적 규범으로 이해하여 개인의 자유 추구와 대조되는 것으로 간주하였다. 그 결과 한 인간의 자유는 적절한 수준에서 통의와 법으로 제한함으로써 사회 속에서 다른 사람들과 함께 사는 자유, 즉 '처세의 자유'를 획득할 수 있다고 보았다.

이 혼동은 유길준에게서 더 명확하게 드러난다. 그는 通義를 "當然

17 후쿠자와는 《學問のすすめ》(1873)란 책에서 "權理通義"란 용어를 썼고, 《時事大勢論》(1882)에서는 "權理"라는 표현을 썼다. 이것은 그가 rights의 번역어에 여전히 불만을 가지고 있었음을 의미한다. 일본에서 rights의 번역에 관해서는 柳父章(2003, 148-166쪽) 참고.

18 박영효는 '權利' 대신 '權'을 rights의 의미로 사용하고 있다. 윌리엄 마틴이 번역한 《萬國公法》에서 rights는 '權'과 '權利' 두 어휘로 번역되었다(이근관 2002, 부록 1).

한 正理"로 이해하면서 인간의 권리는 자유와 그에 대응되는 통의로 이루어진다고 하였다. 즉 권리란 '자유권'과 '통의권'으로 구성되는데, 전자는 개인에게 속하는 것이고 후자는 개인의 과도한 자유 추구를 규제하는 사회적 규범으로 이해하였다. 이 통의 어휘의 사용에 대하여 기존 연구 중 쯔키아시 다쯔히코(1996)와 정용화(2004, 7장)는 유길준의 유교적 사유 방식이 잘 드러나는 것으로 해석하였다. 즉 유길준은 유교적 사유가 강했기 때문에 후쿠자와보다 통의를 더 규범적으로 해석하여 개인의 자유 추구 규제를 강조하는 쪽으로 나아갔다는 것이다. 하지만 필자는 번역어로서의 '通義'의 특성을 주목할 필요가 있다고 본다. 유길준의 유교적 사고가 통의를 그렇게 해석하도록 몰아가기보다는, 반대로 通義라는 번역어가 권리(rights)를 보다 도덕적으로 해석하도록 하고 나아가 자유권을 제약적으로 이해하도록 하였다는 것이다. 전통에 비판적이고 자유를 강조한 박영효 역시 통의를 자유 제약의 관점에서 이해한 것은 이 시각에서 해석되어야 설명 가능하다. 의역된 한자 번역어는 번역하는 원개념의 의미뿐 아니라 로컬 어휘로서의 본래의 의미를 내재하기 마련인데, 이 과정에서 개념적 혼동이 생겨나는 것은 불가피하고 그것은 상당 기간 지속될 수박에 없다. 번역어는 번역하는 원개념 못지않게 로컬 언어로서의 본래적 의미에 영향을 많이 받기 마련이다.

2. 《독립신문》 속에서의 '권리'

1890년대 후반에 발간된 《독립신문》에서는 rights의 번역어로 '通義'가 사라지고 '權/權利'가 정착되어 있음을 확인할 수 있다. 《독립신문》의 권리 사용에서 가장 두드러진 점은 '권/권리' 어휘가 거의 폭발적으로 사용되고 있다는 점이다. Rights는 《독립신문》에서 '권'과 '권리' 두 어휘로 번역되고 있는데, 논설을 대상으로 필자가 조사한 바에 따르면 '권'은 총 76회 사용되었고 '권리'는 499회 사용되었다.[19]

질문되어야 할 점은 '권/권리'가 왜 그토록 흔하게 사용되었는가 하는 점이다. '권리' 개념만을 가지고 그 용례를 네 가지로 구분하여 그 쓰임을 살펴보면, 첫째, 권리가 법적, 행정적 그리고 사회적 차원에서의 권한, 권능, 자격, 권익의 의미로 쓰인 사례가 약 190여 회에 이르는데, 이때의 권리 개념은 오늘날에도 가장 일반적으로 사용되는 권리의 의미이다. 둘째, 권리가 보편적 '자연권'과 '인권'의 의미로 사용된 사례는 약 150여 회에 이른다. 세 번째로 정치적 권력, 권세를 가리키는 의미로 사용되는 경우는 약 90여 회에 이르렀다. 마지막으로 나라의 주권, 자주권의 의미로 약 70여 회 사용되었다.[20] 실정법적 권리(rights)의 의미와 전통 어휘 權이 공통적으로 가지고 있는 의미는 첫 번째 용례와 관계가 있다. 세 번째 용례는 전통적 權의 의미 중 특히 권력, 권세의 의미로 쓰인 경우이다. 네 번째 용례는 권리를 나라에 확장하여 적용한 것이고, 서양의 자연권 전통의 수용으로서의 권리 개념은 두 번째 용례가 해당된다.

위의 네 용례 중 가장 많이 쓰인 권한, 권능, 자격, 권익의 의미와 전통적 권 개념인 권력, 권세의 용법을 제외하고 '권리' 개념이 많이 사용

19 '자유권'과 '자유지권' 같은 표현은 제외하였다. 한편 문준영(2012)은 《독립신문》 논설 속의 '권리' 개념을 분석하면서 '권(權)' 개념도 rights의 번역어로 사용되고 있다는 사실을 놓치고 있다.

20 권리 개념이 다양한 맥락에서 광범위하게 사용되고 있으므로 한 용례를 어느 한 카테고리에 명확히 귀속시키기 어려운 경우도 적지 않다. 횟수를 다소 모호하게 처리한 이유이다.

된 용례는 두 번째로 자연권과 인권의 의미를 가리킨 경우이다. 만인의 타고난 동등한 권리에 대한 강조는 당시 갑오개혁의 결과 신분제가 공식적으로 폐지된 상황에서 갑오개혁의 이념을 계승한《독립신문》이 당시의 한국인들을 동일한 '인민' 혹은 '백성'으로 대우한 것과 일차적으로 관련된다. 갑오년 이전에 양반이 아니었던 사람들을 하나의 국민으로 통합하기 위해서는 만인의 동등한 권리를 강조하는 것이 필요하였다. 더구나 과거 신민(臣民)이었던 백성들을 권리를 가진 근대적 주체로 만드는 것은 독립협회와 그 신문의 중심적 목표였다. 앞 장에서 다룬 여성의 동등한 권리문제도《독립신문》에서는 중요한 주제로 다루어졌다. "사람의 권리", "인민의 권리", "여성의 권리" 등의 표현이 이 맥락에서 사용되었다.

다른 한편, 독립협회가 1897년 후반경부터 정치단체로 전환되면서《독립신문》도 보다 정치화되고 국가의 정치적 이슈들에 더 개입하게 되는데, 이 과정은 1898년 초부터 시작된 만민공동회로 귀결된다. 그리고 그해 9월부터 12월까지 계속된 민회에서는 박영효의 〈건백서〉에서 잘 드러나는 정체 전환의 문제가 다시 제기되었고 중추원이라는 최초의 의회 설립으로 연결되었다. 이 과정에서 민권(民權)과 군권(君權)의 관계가 중심 주제로 제기되었는데,《독립신문》1898년 10월 25일자 논설에서 보이는 독립협회의 상소문에서 협회는 다음과 같이 주장하였다:

> 육대주와 동등하여 만국과 평항[平行]되는 것은 폐하의 권리이지만, 폐하의 백성이 되어 폐하의 토지를 지키고 그 정치를 거스르고 법률을 어지럽게 하는 신하가 있어 종사를 해롭게 한다면 탄핵하여 성

> 토(聲討)하는 것은 신 등의 권리이옵거늘 말하는 자들은 민권이 성하면 군권이 반드시 감하리라 하오니 사람의 무식하옴이 누가 이보다 심함이 있사오리까. 만일 오늘날 이 백성의 의론이 없은즉 정치와 법률이 무너지고 손상되어 어떠한 재앙의 기틀이 어느 땅에서 일어날 줄을 알지 못하겠으니 폐하께서는 홀로 이에 생각이 미치지 못하시옵나이까.[21]

독립협회는 민권과 군권의 양립론을 주장했는데, 이는 실상 민권을 높여서 결과적으로 국권을 높이자는 논리였다. 이 맥락에서 "민권", "백성의 권리"와 같은 표현들이 사용되었다.[22]

네 번째 용례인 나라의 주권, 자주권으로서의 권리 개념의 사용은 당시 조선을 둘러싼 국제관계와 정부의 대외 의존에 대한 독립협회와 신문의 입장을 드러내고 있다. 1896년에《독립신문》이 창간되기 전 청일전쟁으로 조선은 청국의 속국의 지위를 벗어나게 되었지만, 아관파천(1896)으로 인해 조선은 러시아에 의존하고 있었다. 환궁 이후에도 고종은 러시아 의존정책을 폈고, 1897년 후반부터 러시아 군사교관 초빙, 한아은행 설립과 총세무사를 러시아인으로 교체하는 방식으로 러시아와의 관계를 강화하려 하였다. 다른 한편 아관파천 중 일본은 러시아와 밀약(야마가타 로마노프 의정서)을 맺어 조선에서의 세력 균형을 확인

21 당시 보수파들은 민권은 군권을 감소시킨다는 사고를 가지고 있었으며, 고종의 군권 훼손에 대한 우려를 이용하여 독립협회를 타도하려 하였는데, 1898년 11월 4일의 소위 '익명서' 사건은 그 대표적인 경우에 해당한다. 자세한 내용은 신용하(1976, 7장) 참조. 인용문은 현대적 표현으로 개작됨.

22 《독립신문》,《황성신문》,《대한매일신보》 속에 민권 대 군권의 문제가 어떻게 드러나는지를 분석한 연구로는 문유미(2012) 참조.

하려 하였다. 협회와 신문은 중국의 영향력에서 벗어난 조선이 다시 러시아에 의존하는 것에 반발하면서 정부의 정책에 개입하는 방식으로 나아가 1898년 초 러시아를 규탄하는 만민공동회를 열기도 하였다. 이러한 정치적 상황이 신문 속에서 "나라 권리", "국권" 등의 표현으로 나타났다.

이상의 분석에서 우리는 '권/권리'가 rights의 의미로서뿐 아니라 전통적인 의미 모두로 사용되고 있음을 알 수 있다. 전통 어휘인 '권(權)'은 그 의미를 잃지 않고 새로 획득한 의미와 연동된 채 사용되고 있었다. 그것은 신구(新舊) 의미가 서로 연결되어 있었음을 말해준다. 구체적으로 '권' 자가 논설에서 어떻게 사용되고 있는지를 살펴보기로 하자. '권' 개념은 1896년부터 1998년까지 다양한 의미로 사용되었는데, 점점 rights를 가리키는 의미로 수렴되어갔고, 1899년 들어서는 사용 횟수가 크게 줄었다. 1898년 이후에는 대체로 한문으로 된 상소문의 번역이나 정부의 법령을 실은 논설에서 쓰였다. '권' 자가 다양하게 사용된 사례들은 다음과 같다:

1) 오늘날 일본이 이왕 일본보다 문명 개화된 일이 많이 있으니, 일본이 조선 정부에 권 있을 때에 참 조선 정부와 인민을 위한 생각만 있었을 것 같으면… (1896.04.18.) — 권위 혹은 법적 권한

2) 정치당이 생기면 그 당에서 그 당 본의와 방책을 그 당에 속한 사람들이 모여 작정하여 전국 인민에게 알게 하되 만일 우리 당이 권이 있어 정부 일을 하게 되면 우리는 나라와 백성을 위하여 무슨 일을 하겠노라고 미리 광고를 하여야 본국 인민과 외국 사람들이 그 당이 권이 있으면 무슨 일을 할 줄을 미리 알고 앉아 있는지라. (1896.08.27.)

— 정치권력, 법적 권한, 권능

3) 대범 학문이라 하는 것은 사람이 어렸을 때에 널리 배워서 장성한 후에 차차 실시하여, 첫째 몸을 닦고 그 집을 가지런히 하고 나라를 다스리고 천하를 평정케 하는 바인즉 어찌 홀로 사나이만 학문을 배우며, 권으로 말할지라도 남녀가 다 같은 인품이라, 어찌 사나이만 사람의 권을 가지고 여편네는 사람의 권을 가지지 못하리요. (1898.01.04.) — (사회적) 권리, 인권(자연권)

4) 신 등은 써 하되 나라가 나라 됨이 두 가지가 있으니 가로되 스스로 서서 다른 나라에 의지하며 힘입으려 아니 함이요, 가로되 스스로 닦아 정사와 법을 온 나라에 행함이라. 이 두 가지 자는 웃[뭇?] 하나님이 써 우리 대황제 폐하께 부치신 한 큰 권이라. 이 권이 없은즉 그 나라가 없으리니 (1898.02.24.) — 주권, 자주권

위 인용문 중 1)과 2)에서 쓰인 '권' 개념은 전통적 의미와 가까운 용법들이고 3), 4)에서 쓰인 '권'은 rights의 번역어로서의 의미와 rights를 국가에 적용한 경우이다. 이와 같이 신구의 의미를 포괄하고 있는 것은 '권리'의 경우도 마찬가지다. '권리'는 1896년부터 1899년까지 꾸준히 사용되었는데 전통적인 권력, 권세와 법적인 권한, 권능의 의미와 자연권으로서의 권리와 주권의 의미로 사용되었다. 권리 개념이 다양하게 쓰이는 사례들은 다음과 같다:

1) 열리지 못한 나라에서는 사람이 권리만 있으면 나라 법률을 가지고 자기 몸에 편하고 이롭도록 시행을 하는 고로 (1896.07.14.) — 권력, 권세

2) 학부대신이 무슨 권리가 있어 칙령을 어기고 머리 깎고 양복한 사람을 상투를 짜고 옛 복색을 입으라 하며… (1896.06.11.) — 법적 권한, 권능

3) 조선 유지각한 여인네들은 당당한 권리를 뺏기지 말고 아무쪼록 학문을 배워 사나이들과 동등히 되며 사나이들이 못하는 사업을 할 도리를 하여 보기를 바라노라. (1896.09.05.) — 인권, 자연권

4) 조선 인민이 되어 이러하신 성의를 아는 자는 그 임금을 위하여 목숨을 버려도 한이 없을 터이요, 그 성의를 받들어 점점 나라가 튼튼해질 터이니 독립된 그 권리를 잃지 말고 권리가 더 늘어가고 견고하게 대군주 폐하를 도와 말씀을 하며 전국에 있는 동포 형제들을 사랑하여 일을 행하는 것이 신민의 도리요, 또 나라가 보존할 터이라. (1896.06.20.) — 주권, 자주권

위의 용례들을 통해 우리는 '권리' 개념이 '권' 개념과 마찬가지로 신구의 의미를 모두 함유한 채 사용되고 있음을 알 수 있다. 그것은 인간의 자연적 권리와 나라의 주권 같은 의미뿐 아니라 전통적인 권력, 권세와 법적 권한, 권능으로도 사용되고 있는데, 이러한 현상이 발생한 이유는 다양한 의미들이 공통으로 가지고 있는 특성과 관계가 있다고 볼 수 있다. 즉 번역어 '권리'는 전통 어휘인 '權' 자를 포함하고 있는데, 그것은 무언가가 권위적으로 혹은 정당한 권위에 의해 부여되어 있다는 의미를 함유하였고, 따라서 권위에 의해 부여된 '힘, 역할, 권한, 지위'의 의미를 가지고 있었다. 그리고 바로 이 점에서 영어의 rights가 실정법적 권리이든 자연적 권리이든 가지고 있는 어떤 능력, 자격, 힘의 의미와 상통하였다고 볼 수 있다. 즉, 權 자는 그 속에 rights의 의미

를 가지고 있었다. 문준영(2012)이 지적하듯이, '權' 자로 인하여 rights의 번역어 '권리'는 전통적 의미를 그 자체에 내재하고 있는 위에 번역어로서 새로운 의미를 담게 됨으로써 다양한 맥락에서 폭넓게 사용되었다. 그 의미의 중첩성에 의해 상이한 맥락에서 사용될 수 있었기 때문에 권리 개념은 남용된 채 사용되었는데, 역설적으로 그 남용 때문에 하나의 일상어로 빠르게 정착되었다고 볼 수 있다. 권리 개념은 1899년 말경에 이르러서 오늘날과 같이 법적 권리와 자연적 권리로 그 의미가 어느 정도 제한되어 사용된 것으로 보인다.

이로써 권리가 rights의 번역어로서 동아시아에 새로운 의미를 드리우기 시작할 때도 로컬 어휘로서의 본래의 의미가 사라지지 않고 번역하는 새 의미와 중첩된 채 사용되어진 것을 확인할 수 있다. 후쿠자와의 '통의(通義)' 개념이 그 번역어의 축자적 의미 때문에 혼동을 낳은 것과 같이 전통적으로 '권력/권세'와 '권한/권능' 관계를 표현하던 개념인 '權' 자가 번역어로 채택됨으로써, rights는 전통적 權의 의미를 동반한 채 동아시아의 언어 속에 들어왔고 그 결과 다소간의 혼란이 있었다. 하지만 영어의 rights와 한자어 權은 '능력'으로서의 의미를 공유하고 있었고, 바로 이 이유 때문에 權利가 번역어로서 살아남게 되었다고 볼 수 있다. 동아시아 한자어 중에 영어의 rights에 정확히 대응되는 어휘가 존재하지 않았을지라도 능력 또는 권한, 권능으로서의 '權'의 관념은 rights 개념을 동아시아에 수용하는 매개로 기능하였다.

맺음말

개화기 당시 유학의 가치들을 대체하며 등장한 자유, 평등, 권리의 공적 가치들에 대해 기존 연구들은 밖으로부터의 수용의 관점을 취하였다. 본 연구는 서양 개념의 번역 이전에 유사한 관념들이 이미 동아시아 어휘들 속에 있었음을 논증하며 번역을 통해 안과 밖의 상호작용을 주장하였다. 서양 개념의 번역은 전통적 관념이 개념화를 통하여 그 의미를 명백히 하는 계기가 되었다. 특히 만인은 태어날 때부터 양도 불가능하고 빼앗길 수 없는 권리를 가지고 있다는 사유는 기존의 관념들에 당위적 가치를 더하였고 전통 사회의 질곡으로부터 벗어날 수 있는 강력한 이념적 무기로 작용하였다. 개화기 이후 한국 사회의 변화와 전통 체제로부터의 이탈은 이 자연권 개념에 의해 추동된 측면이 크다. 서양 근대사상이 한국의 근대에 미친 영향은 부정할 수 없지만, 그러한 사상이 서양에 고유한 것으로 보는 사고는 역사적 사실에 배치된다. 모든 문명화된 사회는 그 문화라는 용광로 속에 다양한 사상적 계기들을 내재하고 있다고 보아야 한다. 그 사상적 계기들은 특정한 상황과 맥락 속에서 재발견되고 재개념화되어 역사의 전면에 드러나게 된다. 한자어 '自由', '平等', '權/權利' 개념은 서양과의 전면적 대면의 역사적 국면에서 재발견되거나 재개념화되어 유학의 개념들을 제치고 중심적 가치가 된 경우이다. 이 개념들이 번역하는 영어 어휘들은 위 세 개념이 새로운 역사적 단계에서 새롭게 무장되도록 추동하는 중요한 계기로 작용하였다. 본래 안의 관념은 밖의 자극과의 상호작용 속에서 새로운 의미를 형성하고 역사의 중심적 개념으로 등장하였다.

한국문명의 계보학*
- 우리는 어떻게 세계 문화강국이 됐는가?

김기봉**

한강의 노벨 문학상 수상과 '한국 문화의 문명화'

스웨덴 한림원은 2024년 노벨 문학상 수상자로 한국의 작가 한강을 선정했다. 2000년 김대중 전 대통령이 노벨 평화상을 받은 이후 우리는 다른 노벨상을 학수고대해왔다. 특히 문학상을 기대하면서 발표 시점에 취재진이 예상 작가의 집 앞에 몰려가는 진풍경이 벌어졌다. 하지만 10년 넘게 무산되면서 올해는 아예 기대조차 접었는데 벼락같은 축복이 내려왔다. 노벨 문학상 수상 작품을 번역해서 읽어야 하는 나라에서 다른 언어로 번역되는 원본을 보유한 나라가 됨으로써 세계문학의 변방에 있던 한국문학이 단번에 중심부에 진입하는 쾌거가 일어났다.

그동안 예체능 분야에서 세계 최고의 기량을 보인 한국인이 여럿 있었다. 수영의 박태환, 피겨의 김연아, 영화의 봉준호, 피아노의 조성진과 임윤찬 등. 우리는 그런 천재적 재능을 가진 한국인이 출현할 때마

* 이 글은 학술대회 '한국문명론-인류 문명의 새로운 패러다임에 대한 탐구'(2024.11.15.) 발제문을 수정·보완하였다.

** 경기대 사학과 명예교수.

다 돌연변이로 여겼다. 제비 한두 마리가 나타났다고 해서 봄이 온 것은 아니다. 하지만 문학의 경우는 다르다. 문학은 기록경기가 아니고, 인류 문화의 표상인 고전이 되려면 숙성의 시간이 필요하다.

한강 작가가 노벨 문학상을 받기까지 축적의 시간이 있었다. 한강은 역대 수상 작가들과 비교하면 이른 나이에 노벨 문학상의 전당에 입성했다. 그럴 수 있었던 요인은 그의 작품이 그만큼 뛰어났기 때문이라기보다는 노벨위원회가 한국 역사와 문학에 준 선물, 곧 한국인의 집단적 성과물이다. 한강 자신도 말했다. "어릴 때 옛(old) 작가들은 집단적인(collective) 존재였다. 그들은 삶에서 의미를 찾고 때로는 길을 잃고 때로는 결연했다. 선배 작가들의 모든 노력과 힘이 나의 영감이었다."[1]

내가 이 세상에 나오기까지 수많은 과거의 조상들과 그리고 사건들이 연결돼 있다. 알고 보면 이 세상에 우연은 없고, 모든 것은 다른 모든 것과 연결돼 있다. 그 연결의 중요한 인연 고리를 찾아내 집단 서사로 구성한 것이 역사다. 한강 작가가 노벨 문학상을 받은 것은 한국 역사의 쾌거다. 그것을 일각에서는 "가장 한국적인 것이 가장 세계적인 것"이 된 것으로 의미를 부여한다. 우리가 K-pop, K-food, K-movie, K-drama, K-beauty라고 명명한 것이 과연 '가장 한국적인 것'인가? BTS의 노래는 결코 가장 한국적인 가요가 아니다. 그것은 '가장 한국적인 것'과 '가장 세계적인 것'의 이분법을 넘어선 둘의 접합 내지는 혼종(hybrid)이다. 한류의 성공 비결은 문화적 순수성이 아닌 혼종성에 근거한다. 한국 문화의 특성은 '비빔밥' 문법으로 구성된다는 점이다. 그 성과물에 전 세계인들이 열광하고 그 구성 방식이 하나의 독자적 스타

1 〈[일문일답] 한강, '어떤 책부터 권하겠나' 물음에 이렇게 답했다〉, 《경향신문》 2024.10.11.

일인 밈(meme)으로 복제되면서 개체적 한국 문화의 단계를 넘어 보편성을 가진 한국문명으로 탄생할 가능성이 생겨났다.

종래 우리는 한국 문화사는 쓸 수 있어도 한국문명을 통사(通史)로 서술하는 것이 과연 가능한지에 대해서는 회의적이었다. 그런데 최근 한류(K-wave)의 전 세계적인 확산을 통해 한국 문화가 한국문명으로 질적 전환하는 징후가 나타난다. 한국이 세계 문화강국으로 도약한 것은 그런 전환이 일어나는 단계에서 발생한 자연스러운 현상이다. 이 같은 "한국 문화의 문명화"가 일어날 수 있는 요인은 무엇이고, 어떤 과정으로 전개됐으며, 인류의 문화적 진화와 연관에서 함축하는 의미를 해명하는 연구가 한국문명의 계보학이다.

인류의 문화적 진화와 한국사

유약한 유인원의 일종으로 탄생한 현생 인류가 현재 지구의 정복자로 등극한 요인은 문화를 발명한 종(種)이란 특이성에 근거한다. 인간 이외의 동물은 자연선택에 따라 생존이 결정된다. 이에 비해 인간은 자연에 적응하기보다는 그것을 바꾸고 이용해서 계속 업그레이드하는 문화적 학습 기반의 삶을 영위한다. 문화가 없다면 인류는 유약한 유인원에 불과하다. 하버드 대학의 인간진화생물학 교수인 조지프 헨릭(Joseph Henrich)은 만약 인간 50명과 원숭이 50마리를 낙하산을 태워 중앙아프리카 열대림에 떨어뜨려서 서바이벌 게임을 벌인다면 인류 집단이 패배할 것이라 했다. 질 수밖에 없는 이유는 인류 종이 다른 모든 종과 달리 문화중독자로 진화했기 때문이다. 인류가 지구상의 최상의 포식자로 등극할 수 있게 한 최대 무기는 문화다. 헨릭은 "문화란 우리 모두가 성장하는 동안 주로 다른 사람에게 배우는 방법으로 습득하는 관행, 기법, 발견법(휴리스틱), 도구, 동기, 가치, 믿음 따위로 이루지는 커다란 덩어리"[2]라고 했다.

인간이 문화를 가진 종으로 진화할 수 있는 것은 학습할 줄 아는 능력을 보유한 덕분이다. 인지신경과학자 스타니슬라스 드앤(Stanislas Dehaene)은 학습(learning)을 뇌과학적으로 정의해서 현실 일부를 움켜쥐어 그걸 우리 뇌 안으로 가져와서 마음속에 세상의 모델을 만드는 행위라고 정의했다.[3] 우리는 배움을 통해 실재로서의 세상을 그대로 복사하는 것이 아니라, 획득한 정보나 지식을 토대로 뇌 속에서 우리 나름의 매트릭스를 구축하고 그것을 토대로 주변 환경을 우리에게 맞게 변화시킬 수 있는 길을 모색한다. 인간의 그런 배우는 행위를 사회적 학습으로 이루어진다. 사회적 학습은 어느 개체의 학습이 다른 개체에 의해 영향을 받는 모든 경우를 지칭한다. 인간은 기량이 뛰어난 사냥꾼, 성공하고 명망이 있는 인물, 그리고 부모와 교사 또는 선배 등과 같은 타인들에게 영향을 받는다. 이런 영향들이 집단으로 축적돼 형성된 삶의 매트릭스가 바로 문화다.

문화라는 의미 그물망에 매달려 사는 인간에게는 다른 종(種)에는 없는 신, 법, 화폐 등과 같은 허구의 사회적 실재가 있고, 그것들을 토대로 인간은 자연에서 그냥 생존이 아니라 자아를 실현하는 삶의 방식을 추구하도록 만들었다. 어떻게 태어날지는 결정할 수 없어도 어떤 사람이 될 것인지를 선택할 수 있는 실존적 자유를 갖고 있다는 것이 지구에서

2 조지프 헨릭, 주명진·이병권 옮김, 《호모 사피엔스-인류를 지배종으로 만든 문화적 진화의 힘》, 21세기북스, 2024, 30쪽.

3 스타니슬라스 드앤, 엄성수 옮김, 《우리의 뇌는 어떻게 배우는가-배움의 모든 것을 해부하다》, 로크미디어, 2021, 36쪽.

인간을 특별한 생명체로 만들었다. 인간은 사회적 학습을 통해 자연 속에서 이뤄지는 생물학적인 진화로는 이룰 수 없는 문명을 창조했다. 자연선택으로 날개를 진화시켜서가 아니라 비행기와 로켓과 같은 문명의 성과물로 하늘을 날고 지구 밖의 우주로 진출했다. 이렇게 인간이 문화적 진화로 인간의 조건을 바꿔온 전 과정에 관해 탐구해서 서술한 것을 역사라고 부른다.

인류 역사에 등장했던 수많은 종족과 집단이 있었다. 그들 가운데 소수만이 오늘날까지 존속해 왔다. 무엇이 존재하느냐 존재하지 않느냐의 운명을 결정했을까? 동물 종(種)의 생존을 결정하는 것이 자연선택이라면, 인간 공동체의 운명을 가르는 것은 문화 선택, 곧 문화적 진화이다. 21세기에도 한국이란 역사공동체가 유지하고 번영할 수 있는 것은 세계사에서 도태당하지 않고 문화적 진화를 해왔기 때문이다. 그렇다면 오늘날 한국의 역사가들이 해명해야 할 가장 중요한 문제가 한국인이 문화적 진화를 계속 이어올 수 있었던 요인은 무엇인가이다.

그런 문제의식으로 김한규는 한국사의 가장 중요한 과제가 한국이란 역사공동체의 생존력이 어디에서 나오는지를 규명하는 것이라 했다. "전통시대에 동아시아 '세계'를 구성하고 있었던 다수의 역사공동체들 가운데 중국 이외에 한국과 베트남, 일본, 몽골 등 4개의 역사공동체만 현재 독립된 국가를 운영하고 있다. '중국'과 '중화인민공화국' 사이 '변강'에 병존했던 수많은 역사공동체들이 중국의 일부로 편입되어 역사의 무대로 사라졌는데, 이들 네 역사공동체들만이 생존하게 된 까닭은 무엇일까? 특히 한국이 그 숱한 역사적 골곡을 겪으면서도 장구한 기간 동안 독립된 국가를 영위할 수 있었던 힘은 어디에서 찾을 수 있을까?"[4]

특정 집단이 역사공동체를 형성할 수 있는 필요조건이 독자적인 의미의 그물망인 문화를 보유하느냐다. 중국사에서 한때 흉노, 거란, 여진 그리고 몽골과 만주족이 중국을 지배한 적이 있었다. 그들 가운데는 원과 청처럼 중국 전체를 지배하는 천하 국가를 이룩했지만, 오늘날 몽골은 약소국으로 전락했고 만주족은 중국의 소수민족으로 전락했다. 그들이 이룩한 제국사는 중국 정사의 계보로 포섭되는데, 그렇게 된 이유는 그들의 독자적 문화가 중화라는 보편 문명의 일부로 해소됐기 때문이다. 그런데 왜 한국은 그렇게 되지 않았을까?

한국사에서 여러 왕조 국가가 성립했다가 사라졌다. 그것들의 흥망성쇠 이야기를 하나의 한국사로 통합할 수 있는 장기 지속의 구조는 적어도 2가지 땅과 사람의 연속성이다. 일반적으로 우리가 한국사의 범주와 계보를 결정하는 첫 번째 요인으로 지적하는 것이 사람, 곧 민족이다. 예컨대 고조선, 고구려, 발해는 한반도 밖에도 영토가 있었던 왕조지만 '우리 민족'이 세운 나라라고 믿기에 한국사의 계보로 넣지만, 이민족이 통치했던 한사군과 식민지 조선은 한반도에 있었음에도 한국사에서 제외한다.

땅은 실재다. 그런데 문제는 한국인으로 지칭되는 '우리 민족'이란 무엇인가다. 그들은 한국이란 역사공동체에 속했던 사람들이고, 그들이 누구인지의 정체성 코드는 문화다. 나는 어떤 존재가 될지를 고뇌하는 삶을 사는 인간이 문화라는 의미의 그물망에서 제기하는 가장 근본적인 질문이 "우리는 어디서 왔고, 무엇이며, 어디로 가는가?"이다. 이 세 가지 빅 퀘스천에 답하는 서사를 구성하는 것이 역사의 궁극적 목적

4 김한규, 《동아시아 역사상의 한국》, 세창출판사, 2015.

이다. 따라서 한국사란 그런 답을 할 수 있는 '우리'의 이야기를 할 수 있을 때, 곧 한국 문화라는 독자적인 의미의 그물망을 형성하는 조건 속에서 성립한다.

《삼국사기》와 《삼국유사》, '문화적 기억'의 2원형

나는 누구인가는 내가 살아온 삶의 기억으로 인지된다. 윌리엄 워즈워스는 〈서곡(The Prelude)〉(1805)에서 "모든 사람은 자기 자신의 기억이다"[5]라고 했다. 기억이 정체성이고, 한국이란 역사공동체도 기억공동체로 성립한다. 얀 아스만(Jan Assmann)은 인간이 가진 기억을 개인적 기억(individual memory), 소통적 기억(communicative memory), 문화적 기억(cultural memory)의 세 차원으로 구분했다.[6] 개인적 기억이 개인의 신경망에서 작동되는 주관적 기억이라면, 소통적 기억은 사회의 틀에서 작동되는 상호 소통의 기억으로 동시대를 사는 3세대에 걸친 약 80년 정도의 시간을 포괄한다. 문화적 기억은 앞의 두 기억의 차원을 넘어서는 역사적이고 신화적인 시간의 틀에서 작동하는 것으로 몇 백 년 혹은 수천 년에 걸친 시간의 축적으로 형성된다. 문화적 기억은 모든 지식과 여러 세대를 거쳐서 반복되는 사회적 관습을 통해서 얻은 것을 포괄하는 집합개념이며,[7] 그것은 사회체계의 틀 속에서 행위와 경험을 규정하는 삶의 문법을 형성한다. 그것은 특정 장소나 매체에 고정되며, 그 지평은

5 알라이다 아스만, 변학수·채연숙 옮김, 《기억의 공간 - 문화적 기억의 형식과 변천》, 그린비, 2011, 119쪽 재인용.

6 Jan Assmann, 1995 "Collective memory and Cultural Identity," *New German Critique*, No 65, Cultural History/Cultural Studies, 1995 Spring-Summer.

7 Jan Assmann, *Ibid.*, p.129.

시간이 흐른다고 쉽게 변하지도 않는 공동체적 삶의 정전(canon)으로 작동한다. 따라서 모든 역사공동체는 과거의 중요한 사건을 문서나 의례, 기념비 같은 문화적 형식에 고정하고 암송이나 훈련, 의례 등을 통해 재현하는 문화적 기억을 토대로 성립하고 발전한다.

우리가 한국인이란 정체성을 갖고 사는 이유도 같은 한국인으로서 문화적 기억을 공유하기 때문이다. 한 공동체의 문화적 기억은 기억을 문화적으로 재구성하며, 문화적 상징 효과를 발휘하고, 문화적 실천을 하는 집단의식의 매트릭스로 작동한다. 그 같은 문화적 기억의 착상은 원래 얀 아스만이 아니라 그의 아내이자 동료인 알라이다 아스만(Aleida Assmann)에게서 나왔다. 알라이다 아스만은 예술과 기술은 본질적으로 기억이며, 그것은 오래 기억되는 장기기억으로 성립한다고 했다. 장기기억을 담고 있는 장소가 기억의 공간이며, 그곳은 의미를 생성하는 공장의 역할을 한다.

기억은 과거인데 인간이 사는 것은 미래다. 그런데 인간의 미래라는 시간 의식은 기억으로부터 나온다. 현재란 내가 가진 기억의 가장 끝지점이고, 그것을 넘어서는 상상의 영역이 미래다. 그렇기에 인간의 미래에 대한 이미지와 기획은 기본적으로 기억을 토대로 이뤄진다. 한 공동체의 기억도 마찬가지다. 문화적 기억이 한 공동체의 정체성 코드를 형성하며, 미래의 새로운 의미를 만들어내는 문화적 실천을 할 수 있는 기반이다. 그렇다면 한국이란 기억공동체를 형성하는 근간이 되는 문화적 기억의 원형(archtype)은 언제 어떻게 형성되었는가?

고려시대 김부식이 편찬한 《삼국사기(三國史記)》가 가지는 중대한 의미는 한반도와 만주 대륙에 걸쳐 독자적으로 존립했던 고구려, 백제, 신라를 '우리 역사'로 포섭하는 '문화적 기억'으로 만든 최초의 정사(正

史)라는 점이다. 그것을 시작으로 해서 고려 건국에 이르기까지의 시간을 하나의 역사공동체로 형성하는 과정으로 파악하는 정사로서 국사(國史) 개념이 탄생했다. 고려는 후삼국을 통일함으로써 성립한 왕조다. 그런데 고려의 역사적 정체성을 고구려의 계승국가로 위치 지울 때 문제가 되는 것이 고구려를 멸망시킨 신라의 위상이다. 신라에서 고려로 이어지는 현실 역사의 계보와 고려가 고구려를 계승하는 국가이어야 한다는 당위 역사의 계보는 충돌을 빚을 수밖에 없다. 그 같은 역사 충돌이 급기야는 '묘청의 난'이라는 현실정치의 문제로 비화했고, 김부식의 승리는 고려 초 광종 때 편찬됐을 것으로 추정되는 고구려 중심의 《삼국사》를 신라 중심의 《삼국사기》로 수정하는 이른바 '역사 바로 세우기'를 국가 프로젝트로 추진하는 전기가 됐다. 《삼국사》에서 《삼국사기》로 고려의 정사가 바뀐 것이 지금의 한국 고대사의 체계가 정립되는 기점이 된다.

고구려의 역사를 축소하려는 김부식의 의도는 고구려의 전신인 고조선을 역사시대 밖으로 추방하는 결과를 초래했다. 김부식은 그것을 정당화하는 명분을 〈연표〉의 서문에서 다음과 같이 썼다.

> 해동에 나라가 있은 지 오래였다. 기자가 주나라 왕실에 봉작을 받고 위만이 한나라 초엽에 왕호를 참칭한 뒤부터 연대가 요원하고 기록들이 조잡하여 도저히 그 사적을 알 수 없으며 3국이 솥발처럼 대치함에 이르러서는 왕대들의 전장이 더욱 많았는바 신라는 56왕에 992년이요, 고구려는 28왕에 705년이요. 백제는 31왕에 678년이었다. 그 시초와 종말은 상고할 수 있으므로 3국의 연표를 작성한다.[8]

서문의 마지막에 "'고구려는 한나라 시대로부터 나라를 가졌는데 지금 900년'이라고 당나라 가언충이 기록했는데 이것은 착오이다"라는 주를 붙였는데, 그 이유는 고구려 본기부터 시작했던《삼국사》를 반박하기 위해서였을 것으로 추정한다.[9] 김부식은 연표를 중국의 연대를 기준점으로 박혁거세의 신라 건국을 시작으로 신라, 고구려, 백제의 순서로 병렬했다. 이 같은 연표 작성법은 중화주의자로서 김부식의 면모를 전형적으로 보여주는 구성 방식이다. 먼저 '해동'이란 지명은 중국을 기준으로 해서 동쪽 지역에 있음을 지칭한다. 해동의 역사는 주나라 왕실의 봉작을 받은 기자로부터 시작한다. 위만은 책봉을 받지 못했기에 정통성을 인정받지 못했다. 그 이후의 역사, 예컨대 고조선의 멸망과 함께 이어지는 삼한 시기는 공백으로 남기고 삼국시대부터 서술했다. 김부식이 삼국시대의 시작을 고구려가 아니라 신라로 설정했다는 것은 고조선과 삼국시대를 단절로 봤다는 증거다.

김부식에 의해 망각된 우리의 '문화적 기억'을 복원하려는 시도로 일연은《삼국유사(三國遺事)》를 집필했다. 그 같은 역사의식은 몽골 제국의 지배를 받는 시기에 문화적 정체성을 지켜야 한다는 자각을 통해 일어났다. 유사(遺事)의 문자 그대로의 의미는 '잃어버린 사실' 또는 '남겨진 사실'이다. 전자의 '잃어버린 사실'이란《삼국사기》와 같은 역사로 기록되지 못함으로써 잊힌 사실을 뜻하며, 후자의 '남겨진 사실'은 역사가 되지 못함으로써 신화가 돼버린 사실을 가리킨다. 史가 되지 못한 事는 신화가 된다. 이를 이병주는《산하》의 에필로그에서 "태양에 바래

8 김부식,《삼국사기》下, 고전연구실 옮김, 신서원, 2004, 9쪽.

9 정구복,《삼국사기의 현대적 이해》, 서울대출판부, 2004, 11쪽.

면 역사가 되고, 월광에 물들면 신화가 된다"라고 썼다. 《삼국사기》가 태양에 바랜 역사를 기록했다면, 《삼국유사》는 월광에 물들여진 신화를 이야기하고자 했다.

일연은 당대 인간들이 상상적으로 구성한 이른바 '허구적 사실'도 《삼국유사》에 수록한 이유를 〈기이편(紀異篇)〉 서문에서 밝혔다.

> 대개 옛 성인이 예악으로 나라를 일으키고 인의로 가르침을 베풀 때는 괴이한 일과 헛된 용맹 그리고 어지러운 일과 귀신에 대해 말하지 않았다. 그러나 제왕이 장차 일어날 때는 부명(符命)과 도록(圖籙)을 받들어, 반드시 보통 사람과 다른 점이 있고 난 뒤에야 큰 변화를 타서 천자의 지위를 얻어 왕업을 이루는 것이다.
>
> 그러므로 황하에서 그림이 나오고, 낙수에서 글씨가 나타나 성인이 태어났다. 심지어는 무지개가 신모를 둘러 복희를 낳았고, 용이 여등과 교접해 염제를 낳았다. …
>
> 이 뒤의 일들을 어찌 다 기록할 수 있겠는가. 그렇다면 삼국의 시조가 모두 신비하고 기이한 데서 나왔다 한들 어찌 괴이하랴. 이것이 〈기이〉를 여러 편 앞에 두는 까닭이다. 나의 뜻이 바로 여기에 있다.[10]

여기서 옛 성인이란 《논어》를 통해 괴력난신을 말하지 않겠다고 선언한 공자를 지칭한다. 그런데 유교의 합리적인 사고방식으로는 역사를 바꾼 비합리적인 사건들과 초월적인 현상들을 설명할 수 없다는 것이 일연의 생각이다. 많은 사람이 태몽을 갖고 태어나듯이 고구려, 백

10 일연, 이가원·허경진 옮김, 《삼국유사》, 한길사, 2006, 63-64쪽.

제 그리고 신라의 시조가 신이(神異)하게 출생했다는 것은 전혀 이상한 일은 아니다. 단지 문제는 그것을 역사로서 기록할 수 있느냐 없느냐의 문제다. 예컨대 주몽이 고구려를 건국하지 않았다면, 일연은 그에 관한 신이를 기록하지 않았을 것이다. 주몽이 했던 위대한 일(事)이 역사(史)가 됨으로써 그의 태몽은 하나의 이야기로 꾸며져서 신이로 믿어졌다. 이러한 '허구적 사실'이 '광개토대왕비문'에도 새겨졌다는 것은 고구려 건국신화로서 실제로 작용했던 역사였음을 입증한다.

고대인들은 '허구적 사실'의 담론인 신화의 세계를 믿었다. 기본적으로 고대사에서 신화와 역사의 구분이 애매하다. 신화란 역사가 되지 못한 사실을 상징적으로 표현하는 메타포라고 할 수 있다. 그런데도 메타포를 사실로 여기는 것은 "내 마음은 호수다"라는 말을 했다고 해서 마음과 호수를 같다고 생각하는 것처럼 어리석은 일이다. 우리 시대 사람들이 '꿈꾸는 역사'로 사극을 제작하듯이, 고대인들은 현실의 역사가 아닌 꿈의 역사를 신화로 표현했다. 꿈이란 비현실적인 세계이지만 인간 삶의 일부분인 것은 틀림없다. 꿈과 현실은 인간 삶의 동전의 양면이다. 꿈 없는 현실은 무의미하고, 현실 없는 꿈은 공허하다.

그렇다면 중요한 것은 현실로부터 꿈을 제외하기보다는 현실을 넘어선 현상과 세계와 소통할 수 있는 언어로 꿈을 해석하는 것이다. 꿈은 비현실적인 세계이지만 인간의 무의식을 표현하는 상형문자다. 김부식에 의해 역사(史)가 되지 못해서 신화가 된 일(事)을 일연은 우리 꿈의 역사로 재현했다. 나의 정체성을 형성하는 것이 의식뿐 아니라 무의식이며, 전자보다는 오히려 후자의 영역이 더 깊고 넓듯이, 우리는 꿈의 역사로서 신화가 합리적인 역사 서술보다도 누구인가의 정체성에 대해 더 많은 것을 이야기해 줄 수 있다. 일연이 《삼국유사》에서 기록한 최초의 우리 꿈의 역사가 단군신화다. 《삼국유사》는 《삼국사기》가 배제한 고조선을 꿈의 역사인 '기이'로 기록함으로써 '우리 역사'의 범주를 확장했다.

인간 삶은 현실과 꿈으로, 그리고 마음은 의식과 무의식이 동전의 양면을 이루면서 전개된다. 우리가 한국인 이유는 동전의 양면을 이루는 그 둘 관계와 접합을 규정하고 공유하는 '문화적 기억'이 있기 때문이다. 《삼국사기》와 《삼국유사》는 그런 '문화적 기억'의 원형을 이루는 두 코드다. 먼저 《삼국유사》에는 민족 정체성 형성의 원형 서사(archetype narrative)인 단군신화가 있다. 일연이 《삼국유사》의 시작을 단군신화로부터 했다는 것은 김부식의 중화사상과는 다른 천하관을 가졌다는 것을 의미한다. 단군은 하늘의 통치자인 환인의 서자인 환웅의 아들이다. 단군은 조선을 개국하여 1500년간을 다스리다가 주나라 무왕이 봉한 기자의 등장으로 역사의 무대에서 퇴장했다.

여기서 이상한 점은 단군과 기자로의 권력 이동 과정에 관한 기술이 애매하다는 점이다. 하늘의 자손인 단군이 주나라 무왕이 봉한 기자에게 순순히 권력을 이양하고 산신이 되었다는 기록을 어떻게 이해할 수 있는가? 아마 그것은 토착문화가 중화 보편 문명으로 대체됐다는 것을 상징적으로 표현한 것으로 추정한다. 단군조선에서 기자조선으로의 이행, 곧 우리의 개체 문화가 보편 문명에 포섭되는 것으로 한국이란 역사공동체가 존속하고 번영하는 한국문명사의 원형 서사를 구성한다. 단군이 우리의 혈연적 기원의 코드라면, 기자는 보편 문명의 코드다. 그 둘의 관계와 접합 방식에 관한 원형 서사의 플롯이 김부식이 《삼국사기》를 편찬한 이유와 목적에 관한 기술이다. 김부식은 《삼국사기》 편찬을 끝냈다는 것을 왕에게 보고하면서 올린 글에서, "지금 학문에 종사하는 사람들이 오경(五經) · 제자(諸子)의 서적과 진(秦) · 한(漢) 역대 사기에 대해서는 간혹 환하게 알며 자세하게 설명하는 자가 있지만 자기 나랏일에 대해서는 그 전말을 알지 못하고 있음은 매우 개탄할 일이라고 생각하셨습니다"라고 썼다.[11] 위 문장에서 보듯, 김부식은 고려인이라는 정체성 의식을 가진 사대주의자다.

사대주의자란 한국 문화는 보편 문명을 모방해야 한다는 중화주의 세계관을 가진 지식인을 지칭한다. 그런 김부식의 사대주의는 오늘날의 용어로 표현하면 중국과 다른 문화공동체의 일원이란 자의식, 곧 맥적(脈籍)[12]을 가진 '글로벌 한국인'이다. 단군조선에서 기자조선으로 고조선의 평화적 정권교체는 한민족이 중국화하여 소멸하지 않고, 개체 문명이 보편 문명을 모방하는 문화적 유전자인 '밈'을 형성한 한국문명 계보의 출발점이다. 단군이 종족의 기원을 상징하는 개체 정체성 코드라면, 기자는 보편 문명의 코드다. 단군조선과 함께 한국사는 끝난 것이 아니라 기자조선으로 중화 문명에 편입되어 문화적 진화를 하는 것으로 전개한다.

김부식의 《삼국사기》가 보편 문명에 포섭되어 전개되는 한국문명 문법의 원형이라면, 그것에 대항하는 문화적 기억을 재생하는 일연의 《삼국유사》는 개체적 고유성을 이어 나가는 문화 문법의 원형이다. 일연은 단군을 불교의 제석(帝釋)으로 서술한다. 제석은 불교에서 천상 세계 신들의 왕(제석천왕, 인드라)을 뜻하며, 인간 세계의 통치자와 신을 연

11 김부식, 앞의 책, 479쪽.

12 우리 학문의 한국화 길을 모색하는 행정학자 김현구 교수는 법률공동체로서의 한국이 아니라 문화공동체로서의 한국을 의식한 개념으로 맥적을 말한다(김현구, 〈한국사회과학의 한국화 논리: 이론의 보편성 확보〉, 《한국정치학회보》 54집 4호, 2020, 114쪽).

결하는 역할을 한다. 이는 단군신화의 신성을 불교적인 틀에서 해석하여 그 위상을 부각하려는 목적을 가진다. 승려인 일연은 하늘에서 내려온 신성한 존재인 단군을 불교의 제석천왕과 같은 것으로 보았다. 하지만 아직 불교의 전래는 고사하고 석가모니가 출현하기도 전인 고조선 단군을 제석으로 지칭하는 것은 시대착오가 아닐 수 없는데, 어떻게 일연은 그런 생각을 했을까? 고려는 불교를 국교로 삼고 건국한 나라다. 그러기에 일연이 보편 문명인 불교를 복제해서 몽골 제국시대 위기에 처한 고려의 정체성을 보전할 목적으로 단군의 문화적 기억을 만들어 냈다. 총 5권으로 구성된《삼국유사》의 백미 가운데 하나가 마지막 '효선편(孝善篇)'이다. 여기서 효는 유교 윤리이고, 선은 불교 사상이다. 일연은 이 둘을 융합하는 '비빔밥' 같은 한국 문화 문법의 창시자다. 요컨대 김부식의《삼국사기》가 역사를 통한 한국인 문명 문법의 원형이라면, 일연의《삼국유사》는 신화를 통한 한국인 문화 문법의 원형이다.

문명 문법의 전환, 모방의 왕조사에서 번역의 국사로

고려가 망하고 건국한 조선은 단군조선과 기자조선의 '문화적 기억'을 토대로 왕조의 정통성을 세웠다. 이것을 잘 보여주는 것이《조선왕조실록》의 '태조 원년'의 기사다. "조선의 단군(檀君)은 동방(東方)에서 처음으로 천명(天命)을 받은 임금이고, 기자(箕子)는 처음으로 교화(教化)를 일으킨 임금이오니, 평양부(平壤府)로 하여금 때에 따라 제사를 드리게 할 것입니다."[13] 단군이 종족의 시조로 조선이 천명을 받은 왕조라는 징표라면, 공자 이전 초기 유교의 성인으로서 기자는 문명국으로서

13 《조선왕조실록》, 〈태조실록〉 태조 원년 8월 11일.

조선의 표상이다.《조선왕조실록》의 전체에서 '단군'은 121번 나오지만, '기자'는 468번이나 등장한다. 결국, 이는 조선왕조의 정체성이 시조인 단군보다는 보편 문명 코드인 기자에 근거함을 증명한다.

조선왕조를 멸망 직전까지 이르게 한 최대 위기는 1592년부터 7년간의 임진왜란과 1616년의 병자호란이다. 임진왜란은 조선왕조의 제도적 결함과 선조의 무능함을 극명하게 보여주었다. 나라를 지킨 것은 왕이 아니고 왕조를 구원한 것은 충성스러운 신하와 의병이었다. 그것을 아는 선조는 그들을 토사구팽(兎死狗烹)하듯 실각시키거나 처단하고, 대신 종묘사직을 지킬 수 있었던 원동력을 명나라 원군의 공으로 돌리는 재조지은(再造之恩)이란 문화적 기억을 조작해냈다.[14] "내부(內附)하는 것이 본래 나의 뜻"이라는 말을 공공연히 했던 선조는 조선은 명나라의 구원으로 제2 창업을 하는 은혜를 입었다는 문화적 기억으로, 자신의 왕권에 걸림돌이 되는 세력을 물리치면서도 자신의 콤플렉스에서도 벗어나는 이중의 효과를 노렸다. 하지만 뒤이어 명 대신에 청이 천하국가로 부상하면서 재조지은의 문화적 기억에 갇힌 조선은 병자호란을 당할 수밖에 없는 운명에 봉착했다. 삼전도에서 굴욕을 당한 인조는 임진왜란 때의 선조처럼 실추된 왕조의 정통성을 회복하고 왕권의 정당성을 복원하는 포스트(post) 재조지은의 문화적 기억을 어떻게 만드느냐의 과제에 직면했다.

인조의 열망에 부응해서 정도전 이후 조선왕조를 재건하는 이념의 설계자 역할을 한 성리학자가 송시열이다. 송시열은 대명 의리를 저버리는 항복을 했음에도 조선왕조가 지속할 수 있는 명분을 명나라가 망

14 한명기,《임진왜란과 한중관계》, 역사비평사, 1999.

한 이후 중화의 역할을 조선이 대신 수행하는 조선중화 또는 소중화의 사상적 기반을 마련했다.[15] 이는 조선의 명에 대한 충성의 맹세인 동시에, 조선왕조가 명의 정신적 후계자로서 역할을 하겠다는 의지의 발로다. 재조지은이란 문화적 기억을 토대로 조선중화 내지 소중화라는 문화적 실천 전략을 도출해낸 것이다.

병자호란 이후 명나라는 결국 망하고 청나라가 중국의 패자가 되었고, 조선은 공식적으로는 청의 제후국이 되었다. 하지만 조선은 현실적 굴욕을 청에 대한 정신적 승리로 심리적 보상을 받을 수 있는 문화적 기억을 만드는 데 성공했기에 그 후 거의 300년 동안 왕조를 유지할 수 있었다.

고조선 이래로 지금의 한국사 기본 틀을 성립한 결정적 계기는 신라의 삼국통일이다. 이후 한국 문화는 중화 세계질서에 포섭되어 동아시아 보편 문명을 복제하는 문명 문법을 내면화했다. 결국 김부식의 문명 문법에 따라 한국사가 전개되는 구조로부터 한국 문화사는 서술할 수 있지만, 한국문명사를 쓰는 것은 어려웠다. 여기서 문화와 문명의 구분을 어떻게 하느냐의 문제가 제기된다. 조동일 교수는 2024년 11월 한국문명연구회 〈한국문명론〉 세미나 발표 "한국·동아시아·세계 문명"에서 "문화는 말로 이루어지지만, 문명은 글이 있어야 한다. 글은 문자만이 아니고, 일관성 있는 논의여야 한다"[16]고 했다. 이 정의에 따르면, 조선은 한자 문명권에 있었고, 조선 선비가 한자를 사용해서 일관성 있

15 문화적 화이론이 조선 중화주의로 변환되는 정치사상적 과정에 대해서는 다음을 참조. 우경섭, 〈송시열의 세도정치사상 연구〉, 서울대 박사학위 논문, 2005.

16 조동일, 〈한국·동아시아·세계 문명〉, 〈한국문명론〉 세미나 발표집, 한국문명연구회, 2024.11.15, 9쪽.

는 논의를 전개할 수 있는 단계에서 한국문명이 성립한다고 말할 수 있다. 다시 말해 당시의 한국문명은 한자 문명의 복제로 성립했고, 그런 복제의 대가들이 조선의 성리학자들이다.

문제는 문명의 문법이 바뀌는 상황에서 발생하는 위기다. 중국의 한자 문명을 추종하는 사대주의 문명 문법 덕분에 양난 이후에도 조선왕조는 멸망하지 않을 수 있었지만, 중화 문명의 새장 속에 머무는 쇄국은 근대로의 이행을 지체시켜서 일본에 의해 식민 지배를 당해야 했다. 일본은 1853년 미국 페리 제독의 흑선에 의해 개항을 당한 이래로 서구 근대를 번역하는 메이지유신을 통한 근대화로 문명 전환에 성공했다. 모방이 전근대 왕조사의 문명 문법이라면, 번역은 근대 국민국가의 문명 문법이다. 모방과 번역의 차이는 근대적 주체의 탄생인 칸트가 말하는 '코페르니쿠스 전환'이다.

전근대의 책봉-조공의 중화 세계질서가 무너지고, 근대 만국공법의 국제법 질서로 전환할 목적으로 창안된 것이 국민국가의 역사로서 '국사(國史)'다. 메이지 시대 일본 역사가들은 국민국가를 주체로 해서 근대화를 목표로 삼는 근대 역사학 모델로 국사로서 일본사와 더불어 일본의 오리엔트로서 '동양' 그리고 문명 번역의 원본으로서 '서양'이란 상상의 지리를 발명하고, 역사를 국사-동양사-서양사의 삼분과 체제로 분류하는 근대 역사학 체계를 정립했다. 식민지 해방 후 성립한 한국의 근대 역사학 체계 역시도 일본의 삼분과 체제를 번역하는 것으로 성립했다. 한국의 민족주의 사학은 역사의 주체를 일본에서 한국으로 바꿔서 일본사 대신 한국사를 국사로 치환하고, 국사-동양사-서양사의 체계로 대학의 사학과와 교수진을 구성했다.[17]

'조선인'에서 '한국인'으로 문화적 진화

한국과 일본은 보편 문명을 전유하는 방식이 다르다. 일본은 번역의 방식으로 '탈아입구(脫亞入歐)'의 문명 개화를 했다. 하지만 전근대 조선은 모방의 문명 문법에서 갇혀 있다가 식민 지배를 당해서 일본을 이중 번역하는 것으로 식민지 근대화했다. 그런데 근대화에서 세계화로 시대정신의 바람이 바뀌면서 일본과 한국의 위상에 변화가 일어났다. 21세기에 동아시아 근대를 선도했던 일본은 쇠락하는 경향성을 보인 반면, 세계화 시대의 바람을 타고 한국은 계속 부상하는 추세다. 시대정신의 바람이 바뀌면 빛과 그림자 또한 위치가 변동한다.

일본 문화의 최대 장점 가운데 하나가 장인정신이다. 그런 전통은 지식과 기술을 전문화하는 서구 근대성을 성공적으로 번역할 수 있는 정신적 자산으로 작용했다. 하지만 디지털 문명 전환을 통해 초가속적 변화가 일어나면서 정상과 비정상이 바뀌는 뉴노멀(New Normal)의 도전에 얼마나 잘 응전하느냐가 성공의 열쇠가 되었다. 가장 강한 종이 아니라 가장 변화를 잘하는 종이 살아남는 그야말로 다윈이 말하는 진화의 생존방식이 자연뿐 아니라 문명 세계를 지배하는 원리로 자리잡았다. 뉴노멀의 시대적 조건 속에서는 성공의 경험 때문에 실패의 함정에 빠지는 역설이 일어난다. 경험주의라는 도그마(dogma)로부터 해방될 때 창조성이 발현되는 4차 산업혁명 시대 성공의 신화와 역사를 가진 장인정신이 혁신의 장애물로 작용하면서 근대화의 기획을 선진적으로 추진할 수 있는 토대가 됐던 일본의 과거가 굴레가 되었다.

17 한국 근대 역사학의 식민적 기원에 대해서는 김기봉, 〈6강 글로벌 시대, 한국 역사학이 나아갈 방향〉, 《내일을 위한 역사학 강의》, 문학과지성사, 2018, 206-240쪽.

일본은 보편 문명의 흐름을 따라가는 글로벌리제이션을 하기보다는 그것을 번역해서 전유하는 문화적 유전자를 갖고 있다. 이에 비해《삼국유사》문화적 기억을 가진 한국인은 보편 문명의 문화 유전자를 복제한다. 이 같은 복제의 한국인 문화 문법이 전근대 '조선인'을 근대 '한국인'으로 진화시킨 요인이다.《삼국사기》의 문명 문법은 "가장 세계적인 것"을 모방하는 방식이라면,《삼국유사》는 "가장 한국적인 것"을 추구한다. 결국, 역사공동체 한국의 문화적 진화는 "가장 세계적인 것"과 "가장 한국적인 것" 사이의 관계 맺음 속에서 일어난다. 전자만을 추종하면 정체성을 상실하고, 후자에만 매몰되면 국수주의에 빠진다. 문화적 진화의 돌연변이는 둘 사이의 긴장과 균형의 '좁은 회랑'에서 일어난다. 한국문명의 계보학은 이 같은 한국문명의 '좁은 회랑'이 어떻게 형성됐고, 그 안에서 일어난 한국이 세계 문화강국으로의 도약 과정을 해명하는 것을 목표로 한다.

20세기 한국 역사학에서 근대 한국인의 기원과 정체성은 무엇인가를 둘러싸고 크게 식민지 근대화론과 내재적 발전론의 두 담론이 충돌했다. 전근대 한반도에 거주했던 사람들을 가리키는 조선인과 근대 한국인의 삶의 좌표를 설정하는 의미의 그물망에는 단층선이 존재한다. 전자에서 후자의 한국 문화의 불연속적인 단층선을 잇는 '조선인'에서 '한국인'으로 문화적 변환을 설명하는 한국사의 계보를 어떻게 작성할 것인가? 근대 한국인으로 문화적 진화가 '탈아입구'를 선취한 일제의 지도 덕분인가, 아니면 내재적 역량을 가졌는데 일제 침략으로 좌절됐다가 독립 국가를 형성한 후 부활해서 오늘날 세계가 인정하는 문화강국으로 도약했는가?

일제 식민지로 전락하기 이전 한반도 상황을 판단할 때, 하나의 객관적 관찰로 인용되곤 하는 사료가 이사벨라 버드 비숍의《조선과 그 이웃 나라들(Korea and Her Neighbour)》(1897)이다. 비숍은 조선 왕국을 회생의 가망이 없는 불치병 환자라고 진단했다. 양반에 의한 가혹한 착취 구조를 철폐하지 않는 한 왕조의 멸망은 피할 수 없다고 보았다. 그러면서도 그는 한국인이 가진 잠재력을 조선왕조의 지배 영역 밖으로 이주한 조선인에게서 발견했다. "조선에서 나는 그들이 열등 민족이었고 삶의 희망이 없는 존재라고 생각했으나 프리모르스크에서 나는 나의 이런 의견을 수정해야 할 이유들을 발견했다. 그들 자신을 부유한 농민층으로 끌어올리고 러시아 경찰이나 러시아 정착민들, 군인들과 똑같이 근면하고 좋은 품행을 가진 우수한 성격을 얻은 이 조선 사람만이 예외적으로 근면하고 검소한 사람들로 구성된 것이 아니라는 점을 명심해야 한다. 그들은 대개 기근으로부터 피난 온 굶주린 사람들이었다. 그들의 재산과 일반적인 태도는 조선에 있는 그들의 동포들이 정직한 행정과 수입에 대한 정당한 방어가 있다면 천천히 인간으로 발전해 갈 수 있으리라는 희망을 나에게 안겨주었다."[18]

비숍의 평가대로 국가 제도를 바꾸지 않은 한 한반도에서 근대를 향한 내재적 발전은 불가능했다. 그렇다면 대한제국을 강제 병합해서 멸망시킨 일제가 한반도를 근대화시켰는가? 문화적 진화를 이끄는 두 요인은 환경과 행위자다. 식민지 조선은 일제 조선총독부에 의해 대륙침략의 전초기지로 근대화됐다. 그와 더불어 역사적 행위자인 조선인들 역시 대한제국의 멸망과 함께 '양반의 나라'에서 해방됐다. 일제강점기에 '조선인'이 '한국인'으로 탈바꿈할 수 있는 문화적 진화가 일어나는

18 I. B. 비숍, 신복룡 역주,《조선과 그 이웃 나라들》, 집문당, 1999, 240쪽.

한국사의 단층선이 그어졌다는 것은 이미 일어난 과거의 사실이다. 박은식 선생이 썼듯이, "나라는 형체와 같고, 역사는 정신과 같은 것"이기 때문에, "정신이 존속해 멸망하지 않으면 형체는 부활할 때"[19]가 도래한다. 따라서 1945년 해방이 선물처럼 주어져 한국이란 역사공동체가 부활하는 조건 속에서 한반도의 남쪽은 1948년 정부를 수립하는 선택으로 대한민국의 성공을 이룰 기회를 잡았다.

한국문명의 계보학을 위하여

올해 노벨 경제학상을 공동 수상한 대런 애쓰모글루, 제임스 로빈슨은 국가의 운명을 결정하는 가장 큰 요인은 포용적 제도를 가졌는지 아닌지이고, 그것을 입증하는 가장 명확한 사례가 한반도의 남한과 북한 사이의 차이라고 했다.[20] 남북한은 분단되기 전에는 비슷한 수준이었지만 서로 다른 제도로 시간이 지나면서 경제 격차가 열 배 이상 벌어졌다. 이미 한국은 원조 받던 나라에서 원조를 주는 선진국에 진입했다. 그런 한국의 도약을 독일의 분단시대 서독의 '라인강의 기적'에 빗대어 '한강의 기적'이라 불렀다. 거기에 더해 2024년 노벨 문학상 수상은 제2 '한강의 기적'이 일어난 것이다. 첫 번째 한강의 기적이 빠른 추격을 통해 선진국에 진입한 것이라면, 문화 영역에서 일어난 두 번째 기적은 추격자에서 선도자로 세계 문명 속의 한국의 위치를 바꾼다는 의미가 있다. 그렇다면 이 같은 문화적 진화의 돌연변이가 어떻게 또 일어났는가?

19 박은식, 최혜주 옮김, 《韓國痛史》, 지식을 만드는 지식, 2014, 6-7쪽.

20 대런 애쓰모글루·제임스 A. 로빈슨, 최완규 옮김, 《국가는 왜 실패하는가》, 시공사, 2012.

제임스 로빈슨 미국 시카고대학 교수는 노벨 경제학상 수상자로 발표된 직후 한국의 언론과 했던 인터뷰에서 이런 말을 했다. “나는 요즘 한국을 보면 창의성을 본다. 한국의 성공을 말할 때 삼성만 말하는 것이 아니다. 음악을 생각해 보라. K팝, 영화, TV를 생각해 보라. 한국은 하나의 문화 현상이다. 이 현상의 근본엔 ‘창의성(creativity)’이 있다. (문화를 통해) 국민의 잠재력을 끌어낼 수 있는 방법을 찾아낸 것이다. 그래서 나는 한국인들이 새로운 시대의 경제난을 해결할 수 있을 거라고 매우 낙관적으로 생각한다. 한국의 가장 큰 매력은 ‘문화적 폭발’이다. 이는 단순 무역 정책이나 외주화(아웃소싱) 등을 넘어서는 놀라운 성과다. 내 아들은 한국이 세계에서 가장 멋진 곳이라고 생각한다.”[21]

우리 자신은 그렇게 생각하지 않는 경향성이 있지만, 세계인들이 보기에 한국은 세계에서 가장 멋지고 신기한 나라다. 그들은 K-컬처에서 포스트모던 이후 인류 문명을 선도할 대안을 찾는다. 그런 경향성은 한국 문화가 한국문명으로 질적 전환할 잠재력을 가진다. 실제로 그런 대전환이 일어나려면, 먼저 “가장 한국적인 것이 가장 세계적인 것”이란 문화국수주의에서 탈피해야 한다. 한류가 세계로 확대되는 결정적 계기가 싸이의 〈강남 스타일〉 열풍이다. 그런데 만약 〈강남 스타일〉을 ‘가장 강남적인 것’ 또는 ‘가장 한국적인 것’으로 독점했다면, 전 세계가 그토록 열광했을까? 그런 맥락에서 “한강을 ‘K문학’이란 범주에 가두지 말자”[22]는 주장에 귀를 기울여야 한다.

근대는 서구 문명이 비서구 문화의 문명화를 사명으로 하는 문화제

21 〈노벨 경제학상 로빈슨 ‘박정희 수출 정책에 한국 폭발적 성장… 아직 유효한 성공 모델’〉, 《조선일보》 2024.10.15.

22 정희진, 〈한강을 ‘K문학’이란 범주에 가두지 말자〉, 《한겨레》 2024.10.21.

국주의를 내포한다. 그런 맥락에서 후쿠자와 유키치(福澤諭吉)는 'Civilization'을 '문명(文明)'이라 번역하고, 탈아입구(脫亞入歐)를 일본 근대화의 지향점으로 설정했다. 따라서 한국 문화에서 한국문명으로 위상 전환, 곧 "한국 문화의 문명화"가 갖는 세계사적 의미는 근대 담론을 지양하는 포스트식민주의 문명 패러다임의 가능성을 갖는다는 점이다.

우리가 보편 문명을 받아들이는 위치에서 발신지로 전환한 이유는 K-culture의 세계화 덕분이 아닌 인류문화적 진화의 첨단에 서 있기 때문이다. 하버드 대학의 마틴 푸크너 교수는《문화: 우리의 이야기, 케이브 아트에서 케이팝까지(Culture: The Story of Us, From Cave Art to K-Pop)》[23]에서 그런 현상을 부제로 부각했다. 인간의 위대함은 "과거의 작은 파편들을 가져와 새롭고 놀라운 의미 생산 방식을 만들어내는 거대한 프로젝트"[24]인 문화를 만드는 종이라는 점이다. 푸크너는 인간의 그런 문화 기획은 동굴 예술부터 시작해서 오늘날의 K-pop까지 이어진다고 했다. 요컨대 인류의 여러 집단이 교류를 통해 문화적 DNA를 복제해 진화시켜 온 최첨단에 K-pop이 있다는 것이다. 적어도 제2 '한강의 기적'이 일어나기 전에는 우리는 인류 문화 기획의 오디세이 항해를 선도할 한국문명이 탄생할 가능성이 있다는 것을 실감할 수 없었다. 한강의 노벨 문학상 수상은 한국 문화에서 한국문명으로 전환을 알리는 신호탄이다.

23 Martin Puchner, *Culture: The Story of Us, from Cave Art to K-Pop*, W. W. Norton & Company 2023; 어떤 이유에서인지 우리말 번역을 원서의 부제를 살리지 않고 다음과 같은 제목으로 출간했다는 점은 유감이 아닐 수 없다. 허진 옮김,《컬처, 문화로 쓴 세계사-하버드대 마틴 푸크너의 인류 문화 오디세이》, 어크로스, 2024.

24 마틴 푸크너, 같은 책, 25-26쪽.

한국 문화가 한국문명으로 도약하는 한국사의 정점에서 지금 대한민국은 절체절명의 위기에 직면해 있다. 미래에는 한국이란 국가가 멸망해서가 아니라 한국인이 사라져서 한국사가 종말을 고할 수 있는 초유의 사태를 맞고 있다. 초저출산 시대에 대처하기 위해 다문화사회로 변모할 수밖에 없는 조건에서 한국인의 문화적 진화는 어떻게 전개될 것인가? 과거의 사실에 대한 해석 문제로 퇴행적인 역사 전쟁을 벌이는 악순환에서 벗어나, 한국 문화의 지속 가능성과 한국문명으로 도약을 고뇌하는 21세기 한국문명의 계보학이 필요하다.

참고문헌

제1부 문명론의 한국적 담론

한국·동아시아·세계 문명 조동일

조동일, 《한국문학통사》 1-6, 지식산업사, 1982, 제4판 2005.
______, 《동아시아문학사 비교론》, 서울대학교 출판부, 1983.
______, 《한국문학과 세계문학》, 지식산업사, 1991.
______, 《하나이면서 여럿인 동아시아문학》, 지식산업사, 1999.
______, 《공동문어문학과 민족어문학》, 지식산업사, 1999.
______, 《문명권의 동질성과 이질성》, 지식산업사, 1999.
______, 《세계문학사의 전개》, 지식산업사, 2002.
______, 《세계·지방화 시대의 한국학 6-비교연구의 방법》, 계명대학교 출판부, 2007.
______, 《동아시아문명론》, 지식산업사, 2010.
______, 《문학사는 어디로》, 지식산업사, 2015.
______, 《동아시아 문명의 심층 대등한 화합》, 지식산업사, 2020.
______, 《대등의 길》, 지식산업사, 2024.

伊東俊太郎, 《比較文明》, 東京:東京大學出版會, 1985.
Braudel, Ferdinand, *Grammaire des Civilizations*, Paris: Arthaud-Flammarion, 1987.
Huntington, Samuel P., *The Clash of Civilizations and the Remaking of World Order*, London: Penguin Books, 1996.

한국 학문의 역사와 K-인문사회과학의 전망 정수복

강명숙, 〈제도화된 학술장으로서의 대학과 국가통제: 1960-1970년대를 중심으로〉, 서은주·김영선·신주백 편, 《권력과 학술장: 1960년대-1980년대 초반》, 혜안, 2014.
구장률, 《근대 초기 잡지와 분과학문의 형성》, 케포이북스, 2012.

김건우,《대한민국의 설계자들》, 느티나무책방, 2017.
김기석,《국립서울대학교와 김일성종합대학의 창설》, 교육과학사, 2001.
김도형,《일제하 연세 학풍과 민족교육》, 혜안, 2015.
______,《민족문화와 대학: 연희전문학교의 학풍과 학문》, 혜안, 2018.
김성은,《한국 사회과학의 전문화와 대중화》, 서울대학교 사회학과 박사학위 논문, 2015.
______, 〈1950-1960년대 미국의 교육원조와 미국 유학 선호: 미네소타 프로젝트와 풀브라이트 프로그램을 중심으로〉,《사회와 역사》제122집, 2019.
김윤식,《한국 근대 문예비평사 연구》, 일지사, 1976.
______,《한국 근대문학사상사 연구 1: 도남과 최재서》, 일지사, 1980.
노관범,《대한제국기 박은식과 장지연의 자강사상 연구》, 서울대학교 대학원 국사학과 박사학위 논문, 2007.
박명규, 한국사회사학회 편, 〈지식운동의 근대성과 식민성: 1920-30년대를 중심으로〉,《지식 변동의 사회사》, 문학과지성사, 2003.
______, 〈한국사회의 전개와 분과학문으로서의 제도화〉, 이화여자대학교 한국문화연구원 편,《사회학 연구 50년》, 혜안, 2004.
방기중,《한국 근현대 사상사 연구》, 역사비평사, 1992.
손인수,《한국개화교육연구》, 일지사, 1980.
송호근,《시민의 탄생》, 민음사, 2013.
______, 〈학문의 후진성에 대한 지성사적 고찰: 사회학 또는 사회과학의 역사적 굴레와 출구〉, 일송기념사업회 편,《한국 인문사회과학 연구, 이대로 좋은가》, 푸른역사, 2013.
신용하,《박은식의 사회사상 연구》, 서울대학교 출판부, 1982.
______,《신채호의 사회사상 연구》, 한길사, 1984.
신주백, 〈'조선학' 학술장의 재구성〉, 신주백 편,《한국 근현대 인문학의 제도화: 1910-1959》, 혜안, 2014.
이광린, 〈개화 초기 한국인의 일본 유학〉,《한국 개화사의 제문제》, 일조각, 1980.
이나미, 〈리영희, 박현채, 문익환, 장일순: 1980년대의 급진사상〉, 강정인 등 공저,《인물로 읽는 현대 한국 정치사상의 흐름》, 아카넷, 2019.
이동진, 〈한국 사회학의 제도화와 배용광〉,《동방학지》제168집, 2014.
이봉범, 〈1960년대 권력과 지식인 그리고 학술의 공공성〉, 서은주·김영선·신주백 편,《권력과 학술장: 1960년대-1980년대 초반》, 혜안, 2014.

이충우·최종고,《다시 보는 경성제국대학》, 푸른사상, 2013.
정병준, 〈한말 미국 유학 지식인의 서구 '사회과학' 수용과 현실 인식〉,《이화사학연구》 제44호, 2012.
______, 〈식민지 관제 역사학과 근대 학문으로서의 한국 역사학의 태동: 진단학회를 중심으로〉,《사회와 역사》 제110집, 2016.
정수복,《한국사회학의 지성사》 1-4권, 푸른역사, 2022.
______, 〈대항 이데올로기로서의 민중론〉,《의미세계와 사회운동》, 민영사, 1993.
정준영, 〈1910년대 조선 총독부의 식민지 교육 정책과 미션스쿨〉,《사회와 역사》 제72호, 2006.
정종현, 〈다산(茶山)의 초상: 최익한과 홍이섭의 정약용 연구를 중심으로〉, 김성보·김예림 편,《분단시대의 앎의 체계》, 혜안, 2016.
______,《제국대학의 조센징》, 휴머니스트, 2019.
조동일,《우리 학문의 길》, 지식산업사, 1993.
______,《인문학문의 사명》, 서울대학교 출판부, 1997.
조희연·김동춘, 〈1980년대 비판적 사회이론의 전개와 '민족·민중사회학'〉, 한국사회학회 편,《한국사회의 비판적 인식: 80년대 한국사회의 분석》, 나남, 1990.
조혜정,《탈식민지 시대의 글읽기와 삶읽기》 1-3권, 또하나의문화, 1992-1994.
피에르 부르디외·로제 샤르티에, 이상길 · 배세진 역,《사회학자와 역사학자》, 킹콩북, 2019.

Bellah, Robert, *Religion in Human Evolution*, Cambridge, Massachusetts: The Belknap Press of Harvard University Press, 2011.
Habermas, Jürgen, *Also a History of Philosophy. Volume 1: The Project of a Genealogy of Postmetaphysical Thinking*, Cambridge: Polity, 2003.

문명론의 관점에서 본 한국의 근현대사 – 문명소와 문명상을 중심으로 신중섭

김용섭,《동아시아 역사 속에서 한국 문명의 전환: 충격, 대응, 통합의 문명으로》, 지식산업사, 2008.
노대환,《문명》, 소화, 2010.
대런 애쓰모글루·제임스 A. 로빈슨, 최완규 옮김,《국가들은 왜 실패하는가: 권력, 번영 그리고 빈곤의 기원들》, 시공사, 2012.

______, 장경덕 옮김, 《좁은 회랑: 국가, 사회 그리고 자유의 운명》, 시공사, 2020.
박명림, 〈내란저지·탄핵소추 이후의 최고 과제〉, 《중앙일보》 2024.12.27.
박양신, 〈후쿠자와 유키치에 있어서의 문명과 독립〉, 《한양일본학》 제9집, 2001.
윤평중, 〈정치적 초인에 과잉 기대, 제왕적 대통령제와 맞물린 비극〉, 《중앙일보》 2024.12.28.
이한구, 《문명의 융합》, 철학과현실사, 2019.
정용화, 《문명의 정치사상: 유길준과 근대 한국》, 문학과지성사, 2004.
정운찬, 〈그래도 희망의 끈을 놓지 말자〉, 《중앙일보》 2025.01.08.
진인권·정선태·이승원, 《1898, 문명의 전환》, 이학사, 2011.
후쿠자와 유키치, 임종원 옮김, 《후쿠자와 유키치의 가쿠몬노스스메》, 홍익출판사, 2007.
Durant, Will, *The Story of Civilization: Part I, Our Oriental Heritage*, Simon and Schuster, New York, 1954.

열린 문명이 우리의 미래다 – 현대문명의 두 패러다임에 대한 철학적 성찰을 기반으로 이한구

강상중, 이경덕·임성모 역, 《오리엔탈리즘을 넘어서》, 이산, 1997.
강정인, 《서구중심주의를 넘어서》, 아카넷, 2004.
김민정 외, 《문명 안으로》, 한길사, 2011.
김종헌, 《문화철학과 문화정치》, 철학과현실사, 2003.
뚜웨이밍, 김태성 역, 《문명들의 대화》, 휴머니스트, 2006.
박이문, 《문명의 위기와 문화의 전환–생태학적 세계관을 위하여》, 민음사, 1996.
______, 《문명의 미래와 생태학적 세계관》, 당대, 1997.
송영배, 《동서 철학의 교섭과 동서양 사유방식의 차이》, 논형, 2004.
신응철, 《문화철학과 문화비평》, 철학과현실사, 2003.
이한구, 《역사학의 철학》, 민음사, 2007.
전홍석, 《문명 담론을 말하다》, 푸른역사, 2012.
정수일, 《고대문명교류사》, 사계절출판사, 2001.
______, 《문명담론과 문명교류》, 살림출판사, 2009.
정용화, 《문명의 정치사상: 유길준과 근대 한국》, 문학과지성사, 2004.

조동일,《동아시아 문명론》, 지식산업사, 2010.

한국철학회 편,《다원주의, 축복인가 재앙인가》, 철학과현실사, 2003.

Allemand, Sylvain & Ruano-Borbalan, Jean-Claude, 김태훈 역,《세계화》, 웅진지식하우스, 2007.

Amin, Samir, 김용규 역,《유럽중심주의》, 세종출판사, 1989.

Arjomand, S. A. & Tiryakian, E. A. (eds), *Rethinking Civilizational Analysis*, SAGE Publications, 2004.

Berdyaeff, Nicholas, 김영수 역,《문명의 실패와 인간의 운명》, 현암사, 1984.

Buruma, Ian & Margalit, Avishai, *Occidentalism: The West in the Eyes of Its Enemies*, Penguin USA, 2005.

Collins, Randall, A *Global Theory of Intellectual Change*, Harvard University Press, 2000.

Cox, Robert W., "Thinking about Civilizations," *Review of International Studies*, Cambridge, 2000.

Elias, Norbert, 박미애 옮김,《문명화 과정 I》, 한길사, 1996.

Fox, Jonathan, "Clash of Civilizations or Clash of Religions: Which is a More Important Determinant of Ethnic Conflict?" *Ethnities*, Sage, 2001.

Fukuyama, F., 이상훈 역,《역사의 종말》, 한마음사, 1992.

Gong, Gerrit W., *The Standard of 'Civilization' in International Society*, Clarendon Press, 1984.

Herder, Johann G., *J. G. Herder on Social and Political Culture: In Yet Another Philosophy*, ed. F. M. Barnard, Cambridge University Press, 1969.

Herder, Johann G., 안성찬 역,《인류의 교육을 위한 새로운 역사철학》, 한길사, 2011.

Horkheimer, Max & Adorno, Theodor W.,《계몽의 변증법》, 문예출판사, 1995.

Huntington, Samuel P., 이희재 역,《문명의 충돌》, 김영사, 1997.

Jenks, Chris, 김윤용 역,《문화란 무엇인가》, 현대미학사, 1996.

Kant, I., *Gesammelte Schriften, Preussische Akademie der Wissenschaften*, Berlin, Abteilung I, Band 9, 1923.

Katzenstein, Peter J. (ed.), *Civilizations in World Politics: Plural and Pluralist Perspectives*, Routledge, 2010.

Levin, Michael, *J. S. Mill on Civilization and Barbarism*, Routledge, 2004.

L'with, K., *Meaning in History*, University of Chicago Press, 1949.

Mazlish, Bruce, "Civilization in a Historical and Global Perspective," *International Sociology*, Sage, 2001.

Mozaffari, Mehdi, *Globalization and Civilizations*, Routledge, 2002.

Müller, Harald, 이영희 역,《문명의 공존》, 푸른숲, 2000.

Quigley, Carroll, *The Evolution of Civilizations: An Introduction to Historical Analysis*, Macmillan Company, 1961.

Rifkin, Jeremy, 이경남 역,《공감의 시대》, 민음사, 2010.

Sacks, Jonathan, 임재서 역,《차이의 존중》, 말·글빛냄, 2012.

Said, Edward, 김성곤·정정호 역,《문화와 제국주의》, 도서출판 창, 1995.

______, 박홍규 역,《오리엔탈리즘》, 교보문고, 1995.

Tomlinson, John, 강대인 역,《문화 제국주의》, 나남출판, 1994.

Toynbee, Arnold, 원창화 역,《역사의 연구 I·II》, 홍신문화사, 2007.

Ünay, Sadik & Senel, Muzaffer (eds.), *Global Orders and Civilizations: Perspectives from History, Philosophy and International Relations*, Nova Science Publishers, 2009.

Yukichi Fukuzawa, Dilworth, David A. & Hurst, G. Cameron (trans.), *An Outline of a Theory of Civilization*, Columbia University Press, 2008.

제2부 한국문명의 전환과 역사

고조선 문명의 특징과 그 현재성 신용하

김두진, 〈三韓 別邑社會의 蘇塗 신앙〉,《한국 고대의 국가와 사회》, 일조각, 1985.

김용간·석광준,《남경 유적에 관한 연구》, 백산자료원, 1984.

국립문화재연구소,《한국 신석기시대 고고식물 압흔분석보고서》, 2015.

노치준·민혜숙 역,《종교 생활의 원초적 형태》, 한국사회과학연구소, 민영사, 1992.

박선희,《고조선 복식문화의 발견》, 지식산업사, 2011.

박태식·이융조, 〈고양 家瓦地 I지구 출토 벼 낟알들과 한국 선사시대 벼농사〉,《농업과학논문집》 제37집, 1995.

손보기·신숙정·장호수, 〈일산1지역 고고학 조사〉, 《일산 새도시 개발지역 학술조사 보고 Ⅰ: 자연과 옛사람의 삶·자연환경 조사-고고학 발굴 보고》, 한국선사문화연구소, 경기도, 1992.

손진태, 〈蘇塗考〉, 《조선 민족문화의 연구》, 을유문화사, 1948.

신용하, 《고조선 국가 형성의 사회사》, 지식산업사, 2012.

______, 〈고조선 문명의 형성에 들어간 貊족의 紅山문화의 특징〉, 《고조선 단군학》 제32호, 2015.

______, 《한국 민족의 기원과 형성 연구》, 서울대학교 출판문화원, 2017.

______, 〈고조선 문명의 10진법 기원과 성립〉, 《서울대학교 명예교수 회보》 제14호, 2018.

______, 《고조선 문명의 사회사》, 지식산업사, 2018.

이융조, 〈중원지역의 구석기문화〉, 《중원광장》 창간호, 중원포럼·《충북일보》, 2009.

이융조·김정희, 〈한국 선사시대 벼농사의 새로운 해석: 식물규소체 분석자료를 중심으로〉, 《선사와 고대》 제11집, 1998.

이융조·박태식·우종윤, 〈고양 가와지 볍씨의 발굴과 농업사적 의미〉, 《고양 가와지 볍씨와 아시아 쌀농사의 조명》, 고양 600주년 기념 국제학술회의 논문집, 2013.

임효재, 〈경기도 김포반도의 고고학 조사연구〉, 《서울대학교 박물관보》 제2집, 1990.

______, 《흔암리 주거지 Ⅳ》, 서울대학교 박물관, 1978.

임효재 편저, 《한국 고대 도작문화의 기원: 김포의 고대 미를 중심으로》, 학연문화사, 2001.

우실하, 〈요하 문명·홍산 문화 지역의 지리적 기후적 조건〉, 《고조선 단군학》 제30호, 2014.

한창균·김근완·구자진, 〈대천리 유적 신석기시대 집자리에 대한 고찰〉, 《옥천 대천리 신석기 유적》, 한남대학교 중앙박물관·한국고속철도건설공단, 2003.

Chang, Kwang-chih, *The Archaeology of Ancient China,* Fourth Edition, Yale University Press, 1986.

Durkheim, Emile, *The Elementary Forms of Religious Life*, Translated by Karen E. Field, Free Press, 1995.

Institute of Korean Prehistory, *Recent Discoveries and Interpretations from Korean Paleolithic Sites* V, 2014.

Kim, Kyeong Ja, Yung-jo Lee, Jong-Yoon Woo, A. J. Timothy Jull, "Radiocarbon ages of Sorori ancient rice of Korea," *Beam Interactions with Materials and Atoms* (Nuclear Instruments and Methods in Physics Research B), vol. 294, January, 2013.

Levi-Strauss, Claude, *Totemism*, Merlin Press, London, 1964.

Miyamoto, Kazuo, "The emergence of 'Transeurasian' Languages in northeast Asia as Viewed from Archaeological Evidence," *Evolutionary Human Sciences*, vol. 4, Cambridge University Press, 2022.

"Triangulation Supports Agricultural Spread of the Transeurasian Language," *Nature*, vol. 599, November 25, 2021.

Robbeets, Martine, "Proto-Transeurasian: Where and When?" *Man in India*, vol. 97(1), 2017.

Robbeets, Martine et al., "Triangulation Supports Agricultural Spread of the Transeurasian Language," *Nature*, vol. 599(7886), 2021.

《三國志》 卷30, 魏書 烏丸鮮卑東夷傳, 韓傳, 弁辰條, "以大鳥羽送死 其意欲使死者飛揚."

《三國遺事》 卷1, 古朝鮮(王儉朝鮮)條, "魏書云 乃往二千載有壇君王儉 立都阿斯達(經云無葉山 亦云白岳 在白州地 或云在開城東 今白岳宮是) 開國號朝鮮 與高同時."

徐秉琨·孫守道,《中國地域文化大系》, 上海遠東出版社, 1998, 그림 149.

鄭寅普,《조선사 연구》, 서울신문사, 1946.

郭大順,《紅山文化》, 2005.

張星德,《紅山文化研究》, 2005.

蘇秉琦, 〈遼西古文化古城古國—試論當前田野考古工作的重點和大課題〉,《文物》 第8期, 1986.

두 거대 문명의 주변에서 – 청인과 조선 이혜경

강상규, 〈중국의 만국공법 수용에 관한 연구〉,《동양철학》 제25집, 2006.

강유위,《대동서(大同書)》, 錢定安校本, 上海中華書局, 甲部 緒言, 1935.

______,《대동서》, 庚部, 제3장, 1935.

______, 《대동서》, 乙部, 제1장, 1935.
강정인, 〈서국중심주의의 사상사적 연원과 전개 과정〉, 《한국과 국제정치》 제19권 3호, 2003.
강정인 · 안외순, 〈서구중심주의와 중화주의의 비교연구〉, 《국제정치논총》 제40권 3호, 2000.
김헌, 〈문명에 관한 논의를 시작하며〉, 《인물과사상》 2008년 12월호, 2008.
마스이 츠네오, 이진복 옮김, 《대청제국》, 학민사, 2004.
몽테스키외, 이명성 옮김, 《법의 정신》, 2004 (강정인, 2003에서 재인용).
안성찬, 〈문명 속의 야만 1-차별의 문명 담론〉, 《인물과사상》 2009년 2월호.
이성규, 〈중화사상과 민족주의〉, 《철학》 제37집, 1992.
이시바시 다카오, 《대청제국 1616~1799》, 2000 (홍성구 옮김, 휴머니스트, 2009).
이혜경, 《량치차오(梁啓超): 문명과 유학에 얽힌 애증의 서사》, 태학사, 2007.
조너선 스펜서, 이준갑 옮김, 《반역의 책: 옹정제와 사상통제》, 이산, 2004.

Montesquieu, *The Spirit of the Laws*, 1748.
朴殷植, 〈教育이 不興이면 生存을 不得〉, 《서우》 제1호, 1906.
______, 〈몽배금태조〉, 《白巖朴殷植全集》 권4.
______, 〈명립답부전〉, 《白巖朴殷植全集》 권4.
北澤紘一, 〈康有爲の華夷觀〉, 《日本中國學會報》 第五十七集, 日本中國學會, 2005.
章炳麟, 《太炎文錄初編》, 上海人民出版社, 1985.
______, 《訄書初刻本》 제3책, 1985.
那波利貞, 《中華思想》, 岩波書店, 1936.
黃宗羲, 《明夷待訪錄》, 〈原君〉, 〈原臣〉.
《춘추좌씨전》, "非我族類, 其心必異", 成公傳四年.
《춘추좌씨전》, 孔穎達疎: "戎狄之心, 若豺狼之獸, 不可厭足也", 閔公傳元年.
《춘추공양전》, "春秋內其國而外諸夏, 內諸夏而外夷狄," 성공 15년.
《맹자》, 〈양혜왕상〉, 〈진심상〉, 〈등문공상〉.
《주자어류》, 4:11.
《讀通鑑論》 권4, 〈漢昭帝〉.
《大義覺迷錄》, (清雍正內府刻本) 권1, 54b, 北京出版社, 2000.
《湘報》 제5호, 1898.03.11, 〈論中國宜講求法律之學〉.
《變法通議》 (一), 《時務報》 제1冊, 1896.08.09.

《世宗憲皇帝實錄》 권83, 4b.
《華西先生文集》 上, 권3, 〈疏箚〉.
《華西先生文集》 下, 권10, 〈尊攘〉.
《페레올문서》, 한국교회사연구소, 1997.

자유, 평등, 권리 개념의 등장 – 19세기 후반 개화파 지식인들의 공적 가치 연구 김충열

《독립신문》(1896.4-1899.12), LG상남언론재단, 1996.
朴泳孝, "朝鮮國內政ニ關スル朴泳孝建白書", 《日本外交文書》21卷, 1888.
兪吉濬, 《西遊見聞》(兪吉濬 全書 1), 일조각, 1971.
《漢城旬報》(1883.10-1884.12)/《漢城週報》(1886.1-1888.7).
https://nl.go.kr/newspaper/index.do.
《협성회회보》/《매일신문》(1898.1-1899.4). https://nl.go.kr/newspaper/index.do.
《皇城新聞》(1898.9-1910.9). https://nl.go.kr/newspaper/index.do.
김성갑·전경목·박성호 외, 《소송과 분쟁으로 보는 조선사회》, 새물결, 2017.
김원모 편역, 〈遣美使節洪英植復命問答記〉, 《사학지》 15집, 1981.
김현철, 〈박영효의 1888년 상소문에 나타난 민권론의 연구〉, 《한국정치학회보》 33(4), 1999.
문유미, 〈민권과 제국: 국권상실기 민권개념의 용법과 변화, 1896-1910〉, 하영선·손열 편, 《근대한국의 사회과학 개념 형성사 2》. 창비, 8장, 2012.
문준영, 〈근대 초 한국에서의 권리, 법, 정치번역어 '권리'의 수용과정 연구〉, 《강원법학》 37집, 2012.
민종묵, 〈聞見事件〉, 허동현 편, 《조사시찰단관계자료집》 12, 국학자료원, 1999.
신용하, 《독립협회연구》, 일조각, 1976.
안옥선, 〈업설에 나타난 불교 생명관의 한 특징: 인간과 동물의 평등〉, 《철학연구》 89, 2004.
유인석·서준섭 외 역, 《(유인석의 20세기) 문명충돌 이야기: 宇宙問答》. 의암유인석선생기념사업회, 2002.
이근관, 〈동아시아에서의 유럽 국제법의 수용에 관한 고찰: 만국공법의 번역을 중심으로〉, 《서울국제법연구》 9(2), 2002.
정용화, 《문명의 정치사상: 유길준과 근대 한국》, 문학과지성사, 2004.

정종원, 〈개항기 한글신문의 평등 개념 연구〉, 《사학연구》 129, 2018.

최경옥, 〈일본 근대 번역한자어의 성립과 한국 수용: Right의 번역어 '권리'를 중심으로〉, 《번역학연구》 8(1), 2007.

______, 〈메이지기, 번역한자어의 성립과 한국 수용 고찰 [liberty]가 [자유(自由)]로 번역되기까지〉, 《비교일본학》 42집, 2018.

최종고, 《한국의 서양법 수용사》, 박영사, 1982.

한국고문서학회, 《조선시대 생활사 4: 조선의 일상, 법정에 서다》, 역사비평사, 2013.

Chandra, Vipan, *Imperialism, Resistance, and Reform in Late Nineteenth-century Korea: Enlightenment and the Independence Club*, Institute of East Asian Studies, University of California Press, 1988.

Gadamer, Hans-Georg, *Truth and Method*, 2nd edition. Trans. Joel Weinsheimer and Donald G. Marshall. New York: Continuum, 1998.

Koselleck, Reinhart, "Linguistic Change and the History of Events." *Journal of Modern History* 61, 1989, 649-666.

______, *The Practice of Conceptual History: Timing History*, Spacing Concepts, Trans. Todd S. Presner and Others. Stanford University Press, Ch.2, 2002.

Liu, Lydia H., *Translingual Practice: Literature, National Culture, and Translated Modernity-China, 1900-1937*, Stanford University Press, 1995.

Masini, Federico, 이정재 역, 《근대 중국의 언어와 역사: 중국어 어휘의 형성과 국가어의 발전, 1840~1898》, 소명출판, 2005.

Tierney, Brian, "The Idea of Natural Rights—Origins and Persistence," *Northwestern Journal of International Human Rights* 2(1), 2004.

Zhang, Qing, "Interpreting 'liberty': an analysis of the history of ideas," *Journal of Modern Chinese History* 5(1), 2011.

福澤諭吉, 《西洋事情》, 初編, (福澤諭吉著作集 vol. 1), 東京: 慶應義塾大學出版會, 2004.

月脚達彦, 朝鮮開化思想の構造: 兪吉濬《西遊見聞》の文明論的立憲君主制論, 《朝鮮學報》159, 1996.

柳父章, 서혜영 역, 《번역어 성립사정》, 일빛, 2003.

한국문명의 계보학 – 우리는 어떻게 세계 문화강국이 됐는가 김기봉

김기봉, 〈6강 글로벌 시대, 한국 역사학이 나아갈 방향〉, 《내일을 위한 역사학 강의》, 문학과지성사, 2018.

김부식, 고전연구실 옮김, 《삼국사기》 下, 신서원, 2004.

김현구, 〈한국사회과학의 한국화 논리: 이론의 보편성 확보〉, 《한국정치학회보》 제54집 4호, 2020.

김한규, 《동아시아 역사상의 한국》, 세창출판사, 2015.

대런 애쓰모글루·제임스 A. 로빈슨, 최완규 옮김, 《국가는 왜 실패하는가》, 시공사, 2012.

박은식, 최혜주 옮김, 《韓國痛史》, 지식을 만드는 지식, 2014.

스타니슬라스 드앤, 엄성수 옮김, 《우리의 뇌는 어떻게 배우는가—배움의 모든 것을 해부하다》, 로크미디어, 2021.

알라이다 아스만, 변학수·채연숙 옮김, 《기억의 공간-문화적 기억의 형식과 변천 기억의 공간》, 그린비, 2011.

우경섭, 《송시열의 세도정치사상 연구》, 2005, 서울대학교 박사학위 논문.

I. B. 비숍, 신복룡 역주, 《조선과 그 이웃 나라들》, 집문당, 1999.

일연, 이가원·허경진 옮김, 《삼국유사》, 한길사, 2006.

정구복, 《삼국사기의 현대적 이해》, 서울대학교출판부, 2004.

조동일, 〈한국·동아시아·세계문명〉, 한국문명연구회 《한국문명론》 세미나 발표집, 2024.11.15.

《조선왕조실록》, 「태조실록」 태조원년 8월 11일.

조지프 헨릭, 주명진·이병권 옮김, 《모 사피엔스-인류를 지배종으로 만든 문화적 진화의 힘》, 21세기북스, 2024.

한명기, 《임진왜란과 한중관계》, 역사비평사, 1999.

후쿠자와 유키치, 임종원 옮김, 《후쿠자와 유키치의 가쿠몬노스스메》, 2007, 홍익출판사.

〈노벨 경제학상 로빈슨 '박정희 수출 정책에 한국 폭발적 성장… 아직 유효한 성공 모델'〉, 《조선일보》, 2024.10.15.

〈[일문일답] 한강, '어떤 책부터 권하겠나' 물음에 이렇게 답했다〉, 《경향신문》, 2024.10.11.

정희진, 〈한강을 'K문학'이란 범주에 가두지 말자〉, 《한겨레》, 2024.10.21.

Assmann, Jan, "Collective Memory and Cultural Identity," New German Critique, No.65, Cultural History/Cultural Studies, 1995,129.

Durant, Will, *The Story of Civilization: Part I, Our Oriental Heritage*, Simon and Schuster, New York, 1954.

Puchner, Martin, *Culture: The Story of US, from Cave Art to K-Pop*, W. W. Norton & Company, 2023.

문명연구 총서 6

한국문명론

초판 1쇄 인쇄 2025년 11월 20일
초판 1쇄 발행 2025년 11월 30일

지은이 이한구, 김기봉, 신중섭, 김충열, 신용하, 이혜경, 정수복, 조동일
펴낸이 김진상
편집 윤민혜, 한승희
디자인 최성경

펴낸곳 경희대학교 출판문화원
주소 서울시 동대문구 경희대로 26
전화 02-961-0106~8
팩스 02-961-0291
설립 1960년 9월 16일 제5-8호
등록 1977년 11월 8일 제6-5호
홈페이지 www.khupress.com
전자우편 press@khu.ac.kr

ISBN 978-89-8222-814-8
978-89-8222-662-5 (94300) 세트